Flower A. Newhouse
Christus-Bewusstsein und der Weg in die Stille

FLOWER A. NEWHOUSE

CHRISTUS BEWUSSTSEIN
UND DER WEG
IN DIE STILLE

(Gesammelte Werke, Band 1)

Aquamarin Verlag

1. Auflage 2007
2. Auflage 2009
© Aquamarin Verlag GmbH
Voglherd 1 • D-85567 Grafing

Titel der amerikanischen Originalausgabe:
The Collected Works Vol. 1
© The Christward Ministry, Escondido, California, USA 2006

Deutsche Übersetzung: Dr. Edith Zorn

Umschlaggestaltung: Annette Wagner
Satz: Sebastian Carl
Druck: Bercker • Kevelaer

ISBN 978-3-89427-364-4

Inhalt

Vorwort

Selten inkarniert sich eine Seele, die einen unmittelbaren Zugang zu jenen inneren Lebenswahrheiten besitzt, die den meisten Menschen verborgen bleiben. Flower A. Newhouse, eine Mystikerin des 20. Jahrhunderts, die von 1909 bis 1994 lebte, **war** eine solche Seele. Sie besaß nicht nur die außergewöhnliche Gabe der Hellsichtigkeit, sondern den Mut und die Integrität, ihre Fähigkeit in den Dienst des Christus zu stellen und das Bewusstsein und den Charakter der Menschen zu heben. Ihre tiefgründigen Lehren vermittelten den ernsthaft Suchenden ein Gefühl des Erwachens und der Wiederentdeckung vergessener Wahrheiten.

Als Flower im Alter von sechs Jahren erkannte, dass nicht jeder die Dinge sah, die sie wahrnahm, sprach sie nicht mehr über ihre Beobachtungen, bis sie bei einem Schulaufsatz in der High School ihrer inneren Stimme folgte und erneut darauf einging. Die Kunde von ihrer außergewöhnlichen Gabe verbreitete sich rasch, und bald waren ihre Lehren überall gefragt. Ohne in ihren freien Willen einzugreifen, wies sie ihr Schutzengel, mit dem sie in enger Verbindung stand, an, sich auf ein spirituelles Leben vorzubereiten und half ihr, weise Entscheidungen zu treffen.

Während einer Meditation unter dem Jeffrey Pine Tree in den Bergen Südkaliforniens begegnete sie Christus erneut von Angesicht zu Angesicht, und es wurden ihr zwei Aufgaben für diese Inkarnation übertragen. Sie sollte die Flamme der christlichen Mystik wieder neu entfachen und die Menschheit über das Engelreich aufklären. Für beide Aufträge eignete sie sich besonders gut. In einem vorangegangenen Leben hatte sie im Hause des Jesus von Nazareth gelebt, da sie von Maria adoptiert worden war. Sie erinnerte sich an seine strahlende, heitere Persönlichkeit und daran, dass er durch die bloße Berührung mit seiner Hand zu heilen vermochte. Obwohl zwölf Jahre jünger als Jesus, konnte sie nicht genug von seiner Weisheit in sich aufnehmen.

Die zweite Aufgabe, über die Engel zu lehren, welche im göttlichen Auftrag wirken und die Menschen sowie die gesamte Natur unterstützen, beschützen und ermutigen, entsprach ihr ganz besonders. Äonen zuvor hatte sie ihre eigene Evolution im Engelreich begonnen. Unterstützt von ihrem Schutzengel und den Meistern der Weisheit, vermochte sie sich an dieses Reich zu erinnern.

Den ihr in jener bedeutungsvollen Begegnung gegebenen Anweisungen nachkommend, lebte Flower ein spirituelles Leben und folgte dem Geistigen Pfad. In den Hügeln nördlich von San Diego gründeten sie und ihr Mann Lawrence ein Zentrum für christliche Mystik, das sie dem Christus für immer weihten. In diesem zweihundertsechzig Hektar großen Naturgebiet bauten sie das Questheaven Retreat auf, mit einer Kirche, einem Begegnungshaus, Wohnungen für das Personal und kleinen Gästehäusern. Hier wirkte sie als Kanal für die Lehren der Meister. Hier hielt sie ihre sonntäglichen Vorträge, schrieb Bücher und lehrte mit großer Überzeugungskraft, Charisma und Begeisterung die Wahrheit, wie sie diese erlebte.

Niemand liebte tiefer und bedingungsloser als Flower. Wenn man ihr das erste Mal begegnete, wurde man in jeder Zelle von dieser Seelenliebe berührt. Falls nötig, machte sie den Schüler auf seine Fehler aufmerksam, doch ohne ihn zu verletzen oder zu beunruhigen. Sie war eine Lehrerin, die den Schüler auf seinem Weg zu Gott jederzeit unterstützte. Je vielversprechender er war, desto größeren Fortschritt erwartete sie von ihm. Sie verwies ihn auf den nächsten, für ihn jetzt erforderlichen Schritt und erwartete Ergebnisse. Wissen und Training bildeten einen fortlaufenden Prozess mit häufigen Anpassungen und einer immer neuen, kreativen und klaren Zielsetzung.

Diejenigen, die Flower kannten, waren sich ihrer mystischen Eigenschaften und der Kluft zwischen ihrer Welt und der Welt, in der die meisten Menschen sich bewegen, bewusst. Sie öffnete ihnen die Augen für die innere Welt und ermutigte sie, mit geistiger Offenheit zu leben. Durch ihr Beispiel veränderte sie die Leben vieler für immer.

Bei den *Gesammelten Werken* von Flower A. Newhouse handelt es sich um eine Zusammenstellung ihrer Lehren und Vorträge, die sie im Laufe von sechzig Jahren erarbeitet hat. Die Bandaufnahmen ihrer Vorträge wurden übertragen und nach Kategorien geordnet. Sie ergänzen die zahlreichen Bücher und anderen Veröffentlichungen, die Flower hinterlassen hat.

Der erste Band dieser Serie behandelt die christliche Mystik, das Hauptthema ihrer Schriften und Vorträge. Unter „christlich" können sich die meisten Leser etwas vorstellen, weniger vertraut ist ihnen der Begriff „Mystik". Websters Schulwörterbuch definiert die Mystik *als Erfahrung der inneren Einheit oder unmittelbaren Gemeinschaft mit der höchsten Wirklichkeit, eine geistige Wirklichkeit, die sich weder den Sinnen noch dem Intellekt offenbart.* Der Begriff dient allerdings ebenfalls als Synonym für unklare Dinge, die jenseits des Verstehens liegen – doch so wird er nachstehend natürlich nicht verwendet.

Flower verstand unter christlicher Mystik den direkten Weg zu Gott, der die inneren Wirklichkeiten erfasste und mittels innerer Wahrnehmung zur Erfahrung tiefer Liebe, Schönheit und unsagbarer Wunder führte. Ihre Glaubwürdigkeit machte sie zu einer bemerkenswerten Seele. Jene, die sie kennenlernen durften, sind dankbar, dass die Aufzeichnungen es ermöglichen, ihr gesprochenes Wort einzufangen. Vielleicht gelingt es, ihre Erfahrung für die Leser wiederaufleben zu lassen.

Dr. Stephen Isaac

1.

Christliche Mystik

Wenn auch oft unbewusst, ist die Mystik das Ziel eines jeden gläubigen Christen. Der Weg besteht aus Ehrfurcht und Hingabe an Gott, verbunden mit individuellen erleuchtenden Erfahrungen. Sie ergeben sich ganz natürlich aus einem Leben, das mit zunehmender Hingabe gelebt wird. Das Bestreben nach inniger Vereinigung mit Gott führt zu tiefer Andacht und Einsicht, die das Bewusstsein erhellen. Jede Religion sieht ihre Hauptaufgabe darin, den Menschen zur Mystik zu führen. Was versteht man unter Mystik? Betrachten wir zunächst, was sie nicht ist. Viele Leute glauben, es handele sich um Phänomene, die durch übersinnliche Kräfte hervorgerufen werden. Manche halten sie für Fanatismus und andere sprechen von Esoterik. Mystik hat nichts mit alledem zu tun. Mystik ist ein Weg. Jemand, der diesen Strom geistiger Erfahrung berührt, dessen Bewusstsein wird reich gesegnet sein. Einen Mystiker interessiert vor allem, Gott so vollkommen und vorbehaltlos zu lieben, dass er in unmittelbaren Kontakt mit dem Allgegenwärtigen Göttlichen Geist zu gelangen vermag.

Die Mystik wird oft als der Pfad geistiger Vereinigung, der Weg spiritueller Liebe oder der Pfad der Hingabe bezeichnet. Einige nennen sie den Weg des Herzens. Diese Begriffe beschreiben nur teilweise und recht oberflächlich die wahre Bedeutung. *Mystik ist das Bestreben der Seele, sich Gott zu nähern.* Sie fordert das gesamte Sein eines Menschen. Von allen Annäherungen an Gott kennt nur sie die Synthese. Einige erreichen Gott über den Intellekt. Ihre unzähligen Theorien sind höchst interessant, aber sie scheinen nicht eher das Leben zu leben, als bis sie beginnen, die Mystik zu praktizieren. Diejenigen, die den philosophischen Pfad beschreiten, besitzen eine edle Seins- und Gottesvorstellung, aber ihr Leben ist oft öde. Der inspirierte Künstler nähert sich Gott durch die Verwirklichung und Anerkennung der göttlichen Schönheit.

Die christliche Mystik bietet die Möglichkeit, einen Zustand zu erreichen, der das normale Bewusstsein transzendiert und den Menschen mit jenen inneren Fähigkeiten in Berührung bringt, die eine Vereinigung mit Gott ermöglichen. In diesem Zusammenhang spricht man von „Rückbindung". Der Mensch bindet sich erneut an die Gegenwart und den Willen Gottes. Häufig begegnet man dem Begriff „Wiedergeburt". Sie verleiht dem Menschen mutige Zielstrebigkeit und ein tiefes inneres Verständnis. Die unmittelbare Gotteserkenntnis ist das höchste Ziel, für das es sich zu leben lohnt. Die Mystik ist der Weg, um dieses Ziel zu erreichen und zur göttlichen Wirklichkeit zu finden. Sie befähigt den Menschen, in diesem Leben mit dem Höchsten in Verbindung zu treten.

Die Kritiker der Mystik sind hauptsächlich Menschen, die vom Intellekt bestimmt werden und mit den Visionen, besonders der frühen christlichen Mystiker, die sich auf Symbole stützten, wenig anzufangen wissen. Doch ihre fehlende Verbindung mit dem lebendigen Licht offenbart ihrem intellektuell ausgerichteten Geist die Gegenwart Gottes nur begrenzt. Abgesehen von der erhellenden Erfahrung selbst, mangelt es ihnen an der Fähigkeit, diese zu schätzen.

Außer auf dem mystischen Weg, wird in allen Lehren das *Selbst* besonders hervorgehoben. Dies trifft für die Psychologie ebenso zu wie für die östlichen Pfade. Die Betonung liegt auf dem Selbst, doch die *Selbst*-Findung genügt nicht. Gott hat uns erschaffen, und nur Er vermag uns zu erfüllen. Wenn wir Gott gefunden haben, werden wir uns selbst erst richtig begreifen.

Jedem Glauben ist eine gewisse Mystik zu eigen, die sich in seinen Lehren, Aussagen und seinem geistigen Aspekt zum Ausdruck bringt und die es zu erkennen gilt. Mystik strahlt Liebe und Wärme aus.

Die Worte Jesu: „*Wer mich gesehen hat, hat den Vater gesehen*", beziehen sich ebenso auf diesen Aspekt wie die Aussage: „*Der Vater ist in mir, und ich bin in ihm; ich bin in euch, und ihr seid in mir.*" Paulus verkündete: „*Ich lebe, doch nicht ich, sondern Christus lebt in mir.*" Diese mystische Sprache mit ihrer Symbolik und ihrer tiefen Bedeutung wird der Durchschnittsmensch wohl kaum verstehen. Wenn Christus äußerte: „*Ich bin im Vater*", meinte er damit, dass er im Einklang mit der ewigen Quelle steht – mit dem göttlichen Schöpfer des Alls. „*Ich bin in euch, und ihr seid in mir*", bezieht sich auf das höhere Selbst des Menschen, auf sein Christus-Selbst, das eins ist mit dem Kosmischen Christus. Um die Mystik zu verstehen, müssen wir sie erfahren. Mystik ist ein Pfad unmittelbarer Gotteserkenntnis. Er ist lang und steil, aber es gibt keinen beglückenderen Weg. Wenn der aufrichtig Suchende seine eigenen Schranken durchbrochen hat, beginnt in seinem Inneren ein geistiges Licht aufzuglühen. Seine Sehnsucht nach Gott hat seine Eigenliebe überwunden und ihn befähigt, sich selbst zu vergessen und in Gott wiederzufinden.

Durch die Mystik gelangen wir zur Einheit mit Gott und erkennen unsere Seele. Die Seele wird uns über Gott belehren und uns unaufhaltsam einer ungehinderten und umfassenden Verbindung mit dem Schöpfer entgegenführen.

Der für Gott in Liebe entbrannte Christ weiß, dass er Gott nur über den mystischen Pfad zu erreichen vermag. Mystisches Schauen ist kein physisches Sehen, sondern eine Bewusstwerdung und das Begreifen des Geistes, der uns erschaffen hat. Nur denjenigen, die selbst vollkommen sind, wird dieses Schauen in seinem vollen Ausmaß zuteil werden, aber die meisten sind Anfänger. Unsere einzige Aufgabe besteht darin, unser Leben in enge Beziehung zu unserem Schöpfer zu bringen.

Ziel und Zweck der Mystik sind die Gottsuche, die Vereinigung mit Gott und die rückhaltlose Bereitschaft, Sein Werkzeug zu werden. Gott bedient sich des Menschen, der bereit ist und der sich Ihm aufgrund seiner eigenen Meinungen und Begrenzungen nicht verschließt.

Wer Gott zu verwirklichen sucht, stößt unweigerlich auf die Mystik. Mystiker zu sein bedeutet, sich nach dem Göttlichen zu sehnen, wie ein Ertrinkender nach Luft ringt. Gott muss um Seiner selbst willen ersehnt werden, nicht wegen seiner Gaben oder seiner Erhabenheit, sondern nur weil Er Gott ist.

Den Mystiker verlangt es nur danach, sich Gott zu nähern und Ihn zu erkennen. Alles andere interessiert ihn nicht, noch begehrt er es, denn er weiß, dass er für alles bereit sein wird, sobald ihn das lebendige Licht erfüllt. Die Verbindung wird niemals abbrechen, selbst wenn er die dunkle Nacht der Seele durchschreiten, ernsthafte gesundheitliche Prüfungen oder sogar den Märtyrertod erleiden muss. Diese auf wahrer, geistiger Hingabe basierende Ausrichtung auf Gott wird er niemals verlieren.

Was ist ein christlicher Mystiker?

Warum fehlt es zahlreichen gottgläubigen Menschen an geistigen Erfahrungen? Viele werden immer gelassener, aber nicht demütiger. Sie werden mutiger, aber nicht gläubiger. Sie werden dynamischer, aber wachsen nicht im geistigen Sinne. Mit Sechzig mögen sie charakterlich noch auf derselben Stufe stehen wie mit Zwanzig. Ihr Glaube ist konventionell.

Und dann gibt es Menschen, die Gott auf dem Wege der christlichen Mystik suchen und ihn von Anfang an bis zu einem gewissen Grad finden. Je weiter sie diesen Pfad emporklimmen, desto umfassender, wunderbarer und stärkender werden ihre Erkenntnisse sein.

Worin unterscheidet sich der Mystiker von jemandem, der sich nur dem Namen nach Christ nennt? Der Christ glaubt an Gott. Der Mystiker *kennt* Gott. Den Mystiker verlangt es nach unmittelbarer Erfahrung. Sie wird ihm nicht aus eigener Kraft zuteil. Sein Herz hungert in jedem Gebet danach, und er erkennt sein tiefes Verlangen nach dem Göttlichen. Er öffnet sich, wartet und findet schließlich Erfüllung. Die göttliche Gegenwart heißt ihn willkommen. Für ihn ist Gott die All-Einheit und unmittelbare Gegenwart. Lehren sprechen ihn nicht an, obwohl sie notwendig sind, um auf intellektueller Ebene für ein gewisses Verständnis und für Fortschritt zu sorgen. Mehr als alles andere verlangt ihn nach der direkten Begegnung mit dem Ursprung seines Seins, mit dem Geist, der ihn schuf, und nichts anderes wird ihm genügen.

Das höchste Ziel des Mystikers ist die Gotteserkenntnis. Das Göttliche in sich zu entfalten, erfüllt ihn mit tiefer Demut. Diese Demut schützt ihn vor intellektuellem Stolz und Eigeninteresse. Aus diesem Grunde wollen wir mit unserem ganzen Sein die unmittelbare Verbindung anstreben. Sie wird uns mehr bedeuten als jedes geschriebene oder gesprochene Wort. Sie verkörpert unsere Sehnsucht nach der Ewigkeit.

Es gibt viele Bewusstseinsebenen, und die meisten von uns denken im Alltag auf der Ebene der Vernunft. Von den zahlreichen weiteren Denkebenen gehören einige nicht der äußeren Welt an. Die Tatsache, dass wir sie nicht nutzen, bedeutet nicht, dass sie nicht vorhanden sind. In Augenblicken höchster Aufmerksamkeit, Bereitschaft und

Notwendigkeit bringen sie sich durch uns zum Ausdruck. Die höheren Bewusstseinszustände besitzen ihre eigene Anpassungsform, ihre Kräfte, Wunder und Segnungen. Es ist unser großer Vorzug, die Fähigkeit zu besitzen, uns im Alltag auf die Obertöne dieser Bewusstseinsbereiche einzustimmen, um Gott besser zu erkennen.

Die mystische Erfahrung lässt die Seele erwachen. Zuvor ging es um Charakterbildung. Wir freuen uns über jeden, der die Früchte des Glaubens erntet, aber wenn wir auch nur den geringsten Einblick gewonnen haben, müssen wir uns auf die unmittelbare Erfahrung konzentrieren. Der Mystiker sehnt sich vor allem danach, Gott immer besser kennenzulernen.

Wenn das Bewusstsein des Mystikers geläutert ist und sich seine gesamte Aufmerksamkeit auf Gott richtet, sieht er in allem das Göttliche leuchten, sei es in einem Menschen oder in einem Grashalm. Meister Eckhart drückte es mit den Worten aus: „Alle Grashalme, Holz und Stein sind eins." Der Mystiker besitzt eine universale Schau. Für ihn ist die gesamte Schöpfung eins, ist gut und ist ein Teil Gottes.

Wenn wir die wahren Tiefen des Christentums berühren, sind wir Mystiker, ob wir uns dessen bewusst sind oder nicht, da uns der Wunsch beseelt, Gott in selbstvergessener Weise zu lieben, so dass Er immer klarer aus uns hervorzuleuchten vermag. In diesen Augenblicken sind wir uns Seines Willens, der still in uns wirkt, bewusst. Vielleicht dürfen wir an dem Tag, an dem wir diese Welt verlassen werden, umfassendere Gottesaspekte und größere Tiefen der Liebe und Aufrichtigkeit, des Idealismus und des geistigen Verbundenseins erkennen als im Augenblick. Darin liegt das reine und hohe Ziel, die Lebenskraft der Mystik.

Der Mystiker kennt die innere Freude – eine Freude, die der Gottesbewusstheit, seiner Bewusstseinserweiterung und seiner Kraft entspringt, Begrenzungen und Ängste zu transzendieren. Zunächst erlebt er in zunehmendem Maße eine Befreiung von seinem Selbst und den Fesseln der Persönlichkeit und der äußeren Welt, gefolgt von einer tiefen Liebe zu Gott, so dass ein gewöhnlicher Augenblick zur Verzückung werden kann. Die Nähe Gottes, der er sich immer stärker bewusst wird, ist sein größter Lohn. Einfachheit sowie zunehmende Bestätigung und Unmittelbarkeit sind die Merkmale inneren Wachstums.

Die Suche nach der Nähe des erhabenen Gottes-Geistes, basierend auf Ehrfurcht, Liebe und Verehrung, kennzeichnen den mystischen Weg. Wenn Geist und Seele hellwach sind und der Körper in stiller Ehrfurcht verharrt, kann sich völlig unerwartet eine geistige Erhebung einstellen, ein Moment, der dem Individuum Zuversicht und Selbstvertrauen schenkt, noch härter daran zu arbeiten, sich Gott völlig hinzugeben.

Der Mystiker übt sich in der Selbstaufopferung, da er um die große Bedeutung der Selbstaufgabe weiß. Um Gott dienen zu können, muss er sich von allem befreien, was der Persönlichkeit angehört. *Ich will mich selbst verlieren, um das Leben zu gewinnen.* Nur wenn das Seelenlicht leuchtet, erkennt der Mensch das Licht, die Schönheit, Tiefe und Liebe, denen er überall dort begegnet, wo Gott verehrt wird. Ein Mystiker ist jemand, in dessen Bewusstsein das lebendige Licht erstrahlt und der sich Gott immer stärker bewusst wird. Das Göttliche in sich zu verwirklichen, erfüllt ihn mit tiefer Demut. Je reiner, hingebungsvoller und selbstloser wir das Leben leben, desto reicher werden wir belohnt. Die Freude ist so groß, dass die Erkenntnis dessen, was der Seele widerfährt, mitunter den Schlaf raubt. Gott hat viele Geschöpfe, er weiß genau, wo sie sind und wann sie erleuchtet werden.

Jemand, der darauf achtet, dass sich sein Wesen nach Gott sehnt, zu ihm emporblickt, die Bereitschaft aufbringt, durchzuhalten, standhaft und loyal zu sein, wird die Fähigkeit der Intuition und geistigen Sensitivität in Bezug auf den göttlichen Plan entwickeln und das Wunder und die Herrlichkeit der Schöpfung erahnen. In tiefer Ehrfurcht wird er erkennen, dass seine Beharrlichkeit, Geduld und Ausdauer, sein Vertrauen und seine selbstlose Liebe der Mühe wert sind, da er reich belohnt wird.

Der Mystiker sucht den direkten Weg zu Gott. Lehrmeinungen und theologische Systeme interessieren ihn nicht. Autoritäten kümmern ihn wenig. Sein Gebets- und Meditationsleben, seine Kontemplations- und Konzentrationsübungen ermöglichen ihm eine lebendige Einheit mit dem ewigen Gottes-Geist, den er anbetet. In Christi Namen bemüht er sich, diese Beziehung im unmittelbaren Jetzt aufrechtzuerhalten. Es spielt keine Rolle, auf welchem Strahl oder durch welche Religion der Einzelne emporsteigt. Irgendwann auf seinem Weg wird ihn nach einem direkten Beweis, einem unmittelbaren Zeugnis verlangen. Er sehnt sich nach Gott und muss spüren, dass der Weg zwischen der Allgegenwart und ihm offensteht. Er bedarf keiner fremden Autorität, nur der Gewissheit, dass Gott in seinem Herzen gegenwärtig ist.

Ein Mystiker hat einen Punkt erreicht, an dem er alle Dinge vereinfacht und auf ihre schlichte Schönheit reduziert, denn mystisches Leben beginnt mit der Einfachheit. Es gibt unterschiedliche Arten von Mystikern, aber sie alle führen in gewisser Weise ein einfacheres Leben als die übrigen Gottsucher. Auf den inneren Ebenen haben die Meister ihre Schüler oft belehrt: *„Du bist zu wortreich, du bist zu abstrakt – niemand wird das Leben leben, wenn er eine solche weitschweifige, theoretische Abhandlung liest."*

Je mehr man sich bemüht, desto wahrhaftiger und rechtschaffener wird man. Es gibt Augenblicke, in denen die Meditation einem geistigen Freudenfeuer gleicht und man bis dahin unbekannte Dinge erkennt, die nun zur inneren Gewissheit werden. Dies geschieht nicht in jeder Meditation oder bei jedem Gebet, aber wenn man sich darauf vorbereitet und danach sehnt, wird es sich einstellen. Das ist Mystik.

Meine eigene Kindheit wurde vom Glauben der Quäker geprägt, in dem man oft von dem inneren geistigen Licht sprach. Als Dreijährige sah ich meine Großeltern jeden Morgen und jeden Abend in ihrem Wohnzimmer neben ihrem Stuhl niederknien und beten. Die laut vorgetragenen Gebete waren nicht vorgefasst, sondern drangen jedesmal neu aus ihrem Herzen. Meine Großmutter begann, gefolgt von meinem Großvater und danach das Enkelkind, das gerade anwesend war. Es wurde erwartet, dass sich jeder auf das innere Gotteslicht einstimmte. Es handelte sich um eine wunderbare Vorbereitung, die zu einer inneren Verbindung mit Gott führte, anstatt sich auf abstrakte Begriffe zu stützen.

Meister Eckhart bediente sich (wie alle Mystiker) der Symbolsprache, wenn er meinte: *„Ich gab mich selbst auf und fand Gott. Wo ich mich fand, verlor ich Gott."* Sobald wir frei von Selbst-Bewusstsein, frei von Selbstüberschätzung sind, zu den Wurzeln unseres Seins vordringen und das Wesentliche erkennen, werden wir unsere Quelle und unseren Schöpfer finden. Wir erkennen unser Ziel, und alles andere wird verblassen.

Wer sich Gott verschreiben will, sollte das Leben der Mystiker und ihre erhellenden Schriften studieren. Wir sollten für jeden Mystiker dankbar sein, der jemals gelebt hat und uns mit dem Leben derer befassen, zu denen wir uns hingezogen fühlen, denn sie reden mit uns in der Sprache unserer geistigen Heimat. Sie sprechen jeden an, gleichgültig, welchen Pfad er beschreitet, beseitigen Hindernisse und Schranken und befreien mit einem starken Wort oder einem überzeugenden Hinweis von allem Überflüssigen.

Es leben mehr wahre Mystiker in der Welt, als wir annehmen. Viele von ihnen führen ein ganz normales Leben in stillem Dienst. Wir sollten lernen, uns auf die Symbolsprache, die tiefe Ehrfurcht und die Selbstaufgabe jener Seelen einzuschwingen, in denen sich die Mysterien dieser inneren Herrlichkeit bemerkbar machen. In der Welt, die uns umgibt, werden wir vieles entdecken und lernen. Den mystischen Aspekt finden wir überall, und wir danken den Seelen, die uns den Weg gewiesen haben.

Mystiker

In jedem Jahrhundert hat es solche Leuchtfeuer gegeben, Menschen, deren inbrünstige Liebe zu Gott, ihre Hingabe und Ehrfurcht die verstandesmäßige Gottesvorstellung des Durchschnittsmenschen überragte. Nicht die Vernunft, sondern die höheren, intuitiven See- lenkräfte ermöglichten es ihnen, einen Blick in die anderen Welten zu erhaschen, in jene ewigen Wirklichkeiten, derer wir ein Teil sind. Sie brachten die lebendige Flamme in Form ihrer Botschaften zurück. Ohne sie wären wir verarmt.

Die Hauptmerkmale des wahren Mystikers sind:

1. Einfachheit
2. Demut
3. Selbstaufgabe
4. Hingabe über das übliche Maß hinaus
5. Edelmut
6. Ein ungewöhnliches Verlangen nach Gott
7. Der Wille, das menschliche Bewusstsein zu heben

Die vielleicht auffallendste Eigenschaft des Mystikers ist seine De- mut. Sie gibt ihm Kraft. Die Demut befreit vom Selbst. Die Sorge zu versagen oder die Befürchtung, was andere von ihm denken mögen, fällt weg. Eitelkeit und Selbstgerechtigkeit nehmen ihn nicht länger gefangen. Wahre Demut bedeutet absolutes Gottvertrauen. Der Mystiker beherrscht die Kunst der Meditation und Kontemplation. Die Meditation bewegt sich ruhig und forschend von einem Gedankenpunkt zum nächsten. Die Vernunft strebt von außen nach innen. Sie besitzt die Fähigkeit, mit Hilfe des geistigen Willens tiefgründig zu denken. Die Kontemplation öffnet eine Bewusstseinspforte, durch die das Licht des höheren Bewusstseins einströmt. Dieses Bewusstsein bringt Läuterung und Heiligkeit. Der Kontemplationsweg führt uns an die Schwelle unseres höchsten Seins. Die Wahrheit wird intuitiv erfasst, und wir berühren die tiefsten Ebenen der Stille. Die Kontemplation aktiviert den Geist, indem sie ihm Bilder und Erkenntnisse vermittelt, über die er nachsinnt. Es gibt nichts, das uns für die Gegenwart Gottes und die inneren Wirklichkeiten so stark öffnet. Liebe und Dankbarkeit gewähren den Eintritt in das Reich der Engel. Durch die Ausübung der Kontemplation und ihre Erfahrungen finden wir leichteren Zugang zu unserem Geist, gleichgültig ob wir gerade meditieren oder wandern.

Es ist gut, sich mit den oft zitierten Mystikern zu befassen und Näheres über sie zu erfahren. Seit Christus diesen Planeten verließ, hat allein die Vitalität und Kreativität der Mystiker das Christentum lebendig erhalten. Wenn das Christentum in einer Krise steckt oder erstarrt in Dogmatik, tritt eine mächtige Stimme auf, wie etwa die eines Franziskus oder einer Theresa von Avila. Die Menschen, die ihre Worte vernehmen, leben auf, werden geheilt und regeneriert. In der jahrhundertelangen Geschichte christlicher Mystik traten Menschen auf, welche die Lehren Christi bestätigten und oft zu Kirchenheiligen erklärt wurden. Heilige sind keineswegs vollkommen, aber fromm. Sie üben sich in Demut, Selbstdisziplin und großer Integrität, was sie weit über den nicht geistig orientierten Durchschnittsmenschen erhebt.

Im Neuen Testament erfahren wir von der Bedeutung der Mystik. Wie alle Juden, lebte der Pharisäer Saulus gemäß den geltenden Gesetzen. Sein Erlebnis auf dem Weg nach Damaskus verwandelte ihn in Paulus, der vom gewöhnlichen Leben in den „dritten Himmel" erhoben wurde, wie er es nennt, also auf eine höhere Bewusstseinsebene. Er berichtete, er habe in diesem Moment nicht gewusst, ob er sich in seinem physischen Körper oder außerhalb befand. Er sei sich nur eines strahlenden Lichtes bewusst gewesen, das ihn einhüllte und erneuerte. Von diesem Zeitpunkt an kannte er keine Furcht mehr. Sein Geist schwang sich empor, und er erkannte in Jesus von Nazareth den lebendigen Christus.

Vom ersten Jahrhundert nach Christi Geburt bis zum heutigen Tage sind zahlreiche Mystiker unterschiedlicher geistiger Tiefe aufgetreten. Im ersten Jahrhundert verkündeten Clemens von Alexandrien und andere Kirchenväter Botschaften mystischen Inhalts. Die Schriften des hohen Eingeweihten und Kirchenlehrers Origenes sind reich an Symbolen mystischer Tiefe.

Unter den ersten Christen befand sich der Athener Dionysios, der angesehene erste Anwalt des Hohen Gerichtshofs, der geistig erwachte, als Paulus auf dem Mars-Hügel in Athen sprach. Vierhundert Jahre später inkarnierte er sich erneut unter dem Namen Dionysios Areopagita. Er war ein Meister, und seine zahlreichen Schriften inspirierten die größten Geister des christlichen Glaubens, die sich aufrichtig um die Wiedervereinigung mit Gott und den Pfad der Erleuchtung bemühten. Seine Schrift *Die Hierarchien der Engel und der Kirche* handelt von der Engel-Hierarchie. Als Meister gehörte er zu den größten Seelen, die nach Jesus aufgetreten sind. Dem Weg des Herrn folgend, erreichte er als einer der ersten die Vervollkommnung.

Meister, die in einem physischen Körper leben, verschweigen meistens ihre wahre Identität, um ihre Mission ungestört ausüben zu können. Dies ist der Grund für das Geheimnis, das solche großen Seelen umgibt.

Ende des dreizehnten, Anfang des vierzehnten Jahrhunderts lebte der flämische Mönch Jan Ruysbroek. Er soll ein sehr stiller, strahlender und geistig hochstehender Mystiker gewesen sein. Seine Botschaft war inspirierend und tiefgründig. Er folgte dem Pfad der Stille und wurde achtzig Jahre alt. Sechsundzwanzig Jahre lang diente er als weltlicher Priester in Brüssel. Da ihn diese Aufgabe nicht zufriedenstellte, zog er sich in ein Kloster zurück. Als Prior schrieb er zahlreiche mystische Bücher. Dieser kontemplative Mönch hat uns die meisten Informationen über die Kontemplation geschenkt. Sein bis heute überliefertes Hauptwerk trägt den Titel *Die Zierde der geistlichen Hochzeit*. Ruysbroek vertrat die Ansicht, dass das kontemplative Leben zu Gott führt und uns befähigt, die vollkommene Liebe zu leben.

Der deutsche Philosoph Meister Eckhart war eher ein geisteswissenschaftlicher, weniger ein frommer Mystiker, der auf intellektueller Ebene mehr wusste, als er tatsächlich erfahren hatte. Doch seine Schriften leuchten im Glanz eines Eingeweihten. Er trat in den Dominikanerorden ein und lehrte Mystik an der Universität, was für ihn den Weg zu Gott bedeutete. Er verkündete: *„Obwohl die göttliche Existenz alles Sein durchdringt, offenbart sie sich am stärksten in der Menschenseele, deren Ziel die Gottesvereinigung ist."* Diese gläubige, klar erkennende Seele kannte weder Furcht noch Unentschlossenheit.

Jakob Böhme, ebenfalls ein herausragender Mystiker und Eingeweihter dritten Grades, lebte Ende des 16., Anfang des 17. Jahrhunderts. Dieser deutsche Mystiker gehörte nicht dem katholischen Glauben an und besaß aus diesem Grunde sehr viel größere Gedankenfreiheit. Seine schulische Ausbildung überstieg nicht die der Elementarstufe. Sechsundzwanzig Jahre lang arbeitete er als Schuhmacher. Dann begann er zu schreiben. Das Überbewusstsein ersetzte seine fehlende Schulbildung. Böhme wurde einer der göttlichen Kanäle, der mit seinen Schriften wunderbare Aussagen über Gott verkündete.

Der Franzose Claude de Saint-Martin lebte in der Zeit der Französischen Revolution. Als diese ausbrach, wurde er aufgrund seines guten Karmas von den Revolutionären selbst beschützt und in sein Heimatdorf geschickt, in dem er den Rest seines Lebens verbrachte. Diese edle Seele und ihre erleuchtenden Schriften, die in der ganzen Welt bekannt wurden, stießen in Frankreich auf große Anerkennung. Sein offener, vom katholischen Glauben nicht eingeengter Geist sammelte die Wahrheit, wo immer er sie fand. Obwohl ein Bewunderer von Swedenborg und Jakob Böhme, betrachtete er den spanischen Edelmann Martinès de Pasqually, der überall in Europa den Okkultismus lehrte, als seinen Lehrer.

Saint-Martin war ein bemerkenswerter Mann und lebte in der weltlichen Gesellschaft, ohne sich im Weltlichen zu verlieren. Eine kurze Zeit lang diente er beim Militär. Danach schrieb und lehrte er bis an sein Lebensende. Ein auffallendes Merkmal der Mystiker liegt in ihrer Fähigkeit, alles sehr einfach auszudrücken, was die Aussage dieses Mannes bestätigt: *„Es gibt einen Gott. Ich habe eine Seele, und das ist die ganze Weisheit."*

Arthur E. Waite gehört zu den Mystikern der heutigen Zeit. Er wirkt als herausfordernder, inspirierender Gelehrter. In seiner Schrift

Mystische Studien hebt er den Wert der Symbolsprache hervor und forscht in allem nach der geistigen Bedeutung. Die Aussagen dieser erleuchteten Seele sind glaubwürdig. *Ich halte auf beiden Seiten des Lebens nach Dir Ausschau, mein Gott.* Mehrere Schriftsteller und Komponisten haben uns in ihren Werken eine geistige Botschaft übermittelt. William Blake war ein Künstler, der später als Kahlil Gibran wiederkam. Blake wirkte als Botschafter der inneren Welten und als Dichter. Ihm gelang es, die Bedeutung und Schönheit der Worte in großartiger Weise einzufangen, während seine Zeichenkunst als weniger vollkommen erachtet wird. Betrachtet man seine Bilder, erkennt man eher einen tiefen und lebendigen Inhalt als eine künstlerische Vollkommenheit. *Ein Sandkorn birgt eine ganze Welt und eine Wildblume einen ganzen Himmel.* Der Mystiker sieht in einem Sandkorn eine ganze Welt. Er wählt nur wenige, aber ausdrucksstarke Worte.

Die Musik von Grieg, Mendelssohn, Mozart und Beethoven bringt den mystischen Aspekt zum Ausdruck. Beethovens großartige Vision des mächtigen himmlischen Kriegers durchziehen viele seiner Symphonien. Seine *Neunte Symphonie* drückt das Mystische am stärksten aus. Auch César Franck kanalisierte den geistigen Aspekt aus den höheren Ebenen. Sein *Panis Angelicus* gleicht einem geistigen, uns läuternden Mantra.

Diese Mystiker schenken Vertrauen, Zuversicht und Ermutigung, uns auf den Weg zu machen, indem wir unseren Willen Gott unterordnen. Wir können uns bemühen, Gott in einer Weise zu lieben, die es Ihm ermöglicht, unsere Schranken zu durchbrechen und diese Liebe durch uns auszustrahlen und Seinen Willen und Seinen Weg in unser Leben zu bringen.

Entwicklung zum Mystiker

Die christliche Mystik interessiert uns gewöhnlich erst, wenn wir genügend fortgeschritten sind, um uns für die Einweihung vorzubereiten. Dann helfen uns ihre Aspekte – ihre Symbolsprache, ihre Bewusstseinshebung und ihre Methoden, sich zu wandeln – um jene entscheidende Erfahrung zu durchleben, in der sich das Tor zu einer anderen Seins- und Bewusstseinsebene öffnet. Im Laufe ihres

Fortschritts wird die Menschheit die christliche Mystik immer stärker akzeptieren und praktizieren.

Der mystische Pfad beginnt mit der *Sehnsucht* nach der unmittelbaren Gotteserfahrung. Dieser Sehnsucht folgt die Gott*suche* anhand sorgfältigen Studiums von Büchern oder Vorträgen, denen man aufmerksam zuhört, um die glaubwürdigen Wirklichkeitsaspekte herauszufinden. Die dritte Phase besteht in der *Selbstaufgabe*. Eigenwille, Egoismus und alles, was im Widerspruch zu der Gotteserfahrung und göttlichen Gegenwart steht, werden preisgegeben. Der Selbstaufgabe folgt die *Weihung*. Diese Phase mag man rasch durchlaufen oder es bedarf einer langen Zeit, um sich den verschiedenen Disziplinen und einzigartigen Ereignissen zu unterziehen, die einen Teil jeder einzelnen Phase ausmachen. Auf dieser vierten Stufe fällt die Entsagung leicht. Ein Christ, der die höchste mystische Erfahrung anstrebt, verliert allmählich das Interesse an allem, was dem göttlichen und heiligen Willen entgegensteht. Er wird zunehmend schlichter, freier und unabhängiger vom Intellekt oder von den weltlichen Sicherheiten. Das Einzige, was zählt, ist Gott.

Die Leute fragen: „Wie kann ich Gott erkennen und gleichzeitig für mein tägliches Auskommen sorgen, Eltern oder Familienmitglied sein und an der Gesellschaft teilhaben, ohne meine geistige und spirituelle Orientierung zu verlieren?" Die geistige Liebe ermöglicht es, beides miteinander zu verknüpfen. Denken wir an zwei Liebende, die in aufrichtiger und ehrlicher Liebe einander zugetan sind. Der Mann oder die Frau mögen ihrem praktischen Alltag nachgehen, aber in ihrem Inneren leuchtet die Erinnerung an den geliebten Partner. Alles andere ist zweitrangig. Für den Mystiker gilt das Gleiche, um sich auf die inneren Erfahrungen vorzubereiten. Er betrachtet nichts und niemanden als isoliert oder entfernt, sondern in der Vollkommenheit Gottes als bedeutsam.

Die meisten Menschen sind einer solchen tiefen Liebe nicht fähig. Sie berühren diese Dinge nur oberflächlich, im Vergleich zu den höchsten geistigen Werten. Mit der Entfaltung einer tiefen Gottesliebe weitet sich der Bogen, und die Liebe schließt die Menschen und Geschöpfe mit ein. Der wahre Mystiker liebt die Tiere und sorgt für ihr Wohlergehen, und seine Liebe durchströmt alles Leben.

Nach der Erfahrung der Liebe gibt es Phasen der Freude und Zeiten der Prüfung. Wir müssen lernen, zu solchen Höhen und Tiefen

Abstand zu gewinnen. Geringe Vorfälle dürfen nicht überbewertet werden, gleichgültig, ob es sich dabei um einen Verdienst handelt oder ob sie uns zu Fall bringen. An erster und höchster Stelle steht die Anbetung Gottes, und erst dann folgen die anderen Dinge in ihrer angemessenen Reihenfolge.

Für den Mystiker sind drei Dinge wichtig: Gott zu *lieben*, Ihm zu *vertrauen* und Ihn zu *verwirklichen*. Das Heilige zu lieben bedeutet, die geistigen Interessen und Bedürfnisse in unserem Leben an erste Stelle zu setzen. Unser Glaube muss wachsen, bis wir den Weg zu ihm allein durch das Vertrauen finden. In einfachen und schwierigen Angelegenheiten sollten wir erkennen, dass die Allgegenwart ihre schützende Hand über uns hält. Sie hat sich nicht von uns entfernt, nur weil andere Dinge unsere Aufmerksamkeit gefangennehmen. Wir bitten um Ihren Rat und Ihren Schutz.

Die Verwirklichung Gottes erfordert, dass unsere Aufmerksamkeit das Ewige mit einschließt. Immer wieder läutern wir unseren Geist und unsere Emotionen, blicken empor und erkennen Seine Gegenwart, die Seine Schöpfung überstrahlt. Mit Ihm in Einklang zu leben, überflutet das Bewusstsein mit Inspirationen. Gott erfüllt unser gesamtes Sein. Er steht an höchster und wichtigster Stelle.

Die erste Stufe auf dem mystischen Pfad ist das *Erwachen*. Gleichgültig wie viel wir gelesen oder wie viele Orte wir aufgesucht haben, um Gott zu finden, stets werden wir erkennen, dass es noch mehr geben muss. Wenn wir immer tiefer eindringen, berühren wir das höhere Bewusstsein, und das intuitive Wissen um Gottes Gegenwart umhüllt uns.

Der Periode des Erwachens folgt die Phase der *Vorbereitung*. An diesem Punkt sehen wir uns der Notwendigkeit gegenüber, uns zu läutern und auf weitere Schulungen vorzubereiten, um fortwährend mit dem lebendigen Strom in Berührung zu bleiben. Seinem äußeren Leben entsprechend, achtet der wahre Mystiker gewissenhaft auf die erforderlichen Einzelheiten bei der Arbeit an seinem Persönlichkeits-Selbst. Wenn wir unsere Bemühungen der Vorbereitung und Läuterung vertieft haben, erreichen wir schließlich die Stufe der *Transformation*. Nicht unser eigenes Vorgehen befähigt uns, voranzuschreiten und uns zu wandeln, sondern der Geist des inneren Lichtes, der uns lenkt, unterweist und inspiriert. Unsere stufenweise Veränderung führt uns schließlich zu einem Punkt, an dem alles Vergangene schwer und erdgebunden zu sein scheint, im Vergleich zu dem, was wir in diesem lebendigen, ewigen Gottesmoment empfinden. Nach der Transformation durchschreiten wir die Pforten der *Erleuchtung.* Sie schenkt jene strahlenden, flüchtigen Augenblicke unmittelbarer Erkenntnis, in denen sich das Göttliche in uns aufmerksam auf den Allerhöchsten richtet. Es werden zahlreiche Heimsuchungen und erhellende Momente folgen.

Im Laufe vieler Zeitalter haben die Menschen das Göttliche verehrt, aber ihre Verehrung beruhte hauptsächlich auf dem Glauben. Dennoch hat es immer Seelen gegeben, die den Glauben transzendierten, indem sie in die höheren Bewusstseinsebenen eintauchten und geistig erwachten. Diese außergewöhnlichen Seelen strahlten ein Licht aus, das die schwachen Bemühungen der weniger bewussten Seelen unterstützte.

Frage dich, von welcher Bewusstseinsebene aus du deinen Alltag lebst. Wenn er aus Arbeit und Muße besteht, nutzt du nur deinen äußeren Verstand. Oder bist du dir der Herrlichkeit, die auf dich herabstrahlt, bewusst? Geistig wach zu sein bedeutet, sich Gott zu vergegenwärtigen. Einsamkeit und Furcht werden sich verlieren. Eines Tages wird das Göttliche in uns auflodern, um Gott zu begrüßen. Diese Herausforderung und dieser Weg beginnen in diesem Moment. Blicke den Menschen, denen du begegnest und mit denen du arbeitest, in die Augen, um ihre Nöte zu erkennen und ihnen helfen zu können. In den mit äußeren Pflichten erfüllten Stunden wirst du lernen, Christus näherzukommen. Wirkliches Sehen bedeutet, das Wahre im Menschen oder die Möglichkeit, die eine Situation bietet, zu erkennen.

Gott reicht uns immer die Hand und kommt uns entgegen, und wir spüren einen inneren Ruf, demgegenüber alles andere verblasst. Wir fühlen den Weg, der unser Leben lenkt und uns zum Gottesbewusstsein führt. Mut, Ehrfurcht, Demut und Hingabe befähigen uns, dieses innere Licht zu wahren und ihm zu folgen. Jeder, der eine solche Erfahrung gemacht hat, dient zwei Welten. Er ist sich der äußeren Welt bewusst und bemüht sich, ausgeglichen und konstruktiv in ihr zu wirken. In gleicher Weise öffnet er sich für die geistige Welt, deren inneres Licht und Belehrungen seiner Arbeit Bedeutung und Schönheit verleihen.

Beschränke deine Verbindung zu Gott nicht auf den Kirchgang oder deine Meditationen. Der mystische Weg bedeutet, von der Seelenebene aus zu leben. Aus dieser Sicht bildet alles Leben eine Einheit. Das mystische Bewusstsein ist intuitiv. Wir sollten die geringste Erfahrung der erhabenen Gegenwart und der strahlenden Schwingungen, die uns umgeben, aufzeichnen. Wenn wir aus der Quelle empfangen, gibt es keine Ungewissheit. Auf dem Wege der Intuition gelangt die Wahrheit von der Seelenebene in den Verstand. Sich für das Licht zu öffnen bedeutet, momentan zu wissen.

Tagtäglich sehen wir uns der Entscheidung gegenüber, dieses Wissen brachliegen zu lassen oder es immer wieder neu zu leben. Fortschritt erfolgt nicht sprunghaft. Stufe um Stufe klettern wir die Bewusstseinsleiter empor und bewegen uns vom Glauben über das geistige Vertrauen zur Gotteserkenntnis. Mit anderen Worten, die oberflächliche Annahme verwandelt sich in eine Akzeptanz, die dem geistigen Kern, dem Zentrum unseres inneren Seins, entspringt. Während der Kontemplation oder Betrachtung verschmilzt das mystische Bewusstsein mit dem Alltagsbewusstsein. Unsere Seele erkennt die Wirklichkeit. Die Einbeziehung unseres eigenen Geistes lässt uns geistig erwachen, was zur unmittelbaren Erfahrung führt.

Die mystische Erfahrung umfasst folgende Stufen:

1. Erwachen
2. Läuterung
3. Inspiration
4. Erleuchtung
5. Vereinigung

Die Entfaltung unserer geistigen Fähigkeiten erfolgt in drei Abschnitten. Zunächst betrifft es nur unseren Charakter. Wir lernen, Verantwortung zu tragen und die göttlichen Vorschriften zu beachten. Es folgt die intellektuelle und spirituelle Wahrnehmung, die unser Sein allmählich erleuchtet. Die dritte und höchste Stufe wird zuletzt erreicht. Unser inneres Selbst öffnet sich vollständig. Die physischen Sinne treten in den Hintergrund, und wir sehen und hören innerlich.

Alles sollte angesichts der Gegenwart des lebendigen Gottes geschehen. Wenn wir Gott bitten, unsere Einstimmung zu verklären und zu inspirieren, bitten wir Ihn, nicht nur einen Teil, sondern unsere ganze Individualität zu übernehmen und zu erneuern, sie zu verwandeln und mit Seiner Kraft zu erfüllen.

Jeder von uns, der in einem physischen Körper lebt, ist sich der Tatsache bewusst, dass sich unser Bewusstsein weitgehend der äußeren Welt zuwendet. Berührt es auch andere Wirklichkeitsebenen, die jenseits der irdischen Dimension liegen? Es gibt flüchtige, aber klare Momente, in denen sich die Göttliche Gegenwart zu offenbaren scheint. Sind wir ehrfürchtig und offen, wird uns eine Botschaft oder Eingebung zuteil werden, was viele von uns bereits erfahren haben. Woher kommen sie? Sie stammen aus den überirdischen Ebenen unseres eigenen Seins, jenen höchsten Bewusstseinsbereichen, die von unseren physischen Sinnen unberührt bleiben, nicht aber von unserem intuitiven Bewusstsein.

Viele Menschen glauben an Gott und praktizieren ihren Glauben, so gut sie es vermögen. Sie sehnen sich nach der göttlichen Wirklichkeit, spüren aber, dass irgendetwas fehlt. Sie sind nicht erleuchtet. Die herrlichen, Gott-erfüllten Augenblicke der Erleuchtung sind ihnen fremd, und sie wundern sich warum. Warum ist ein Individuum so unempfänglich, obwohl sich sein Herz nach solchen Momenten sehnt? Die Antwort liegt in unserem Inneren. Vielleicht verdrängt der Intellekt den intuitiven Aspekt in uns. Die Intuition steht über dem Intellekt. Wir sollten darauf achten, dass dieser nicht zum Hindernis wird und wir uns in unserer Angewohnheit verlieren, auf die Dinge, die um uns her geschehen, in praktischer, rationaler und abstrakter Weise zu reagieren. Wir müssen lernen, alles andere auszuschalten, so dass unsere Sehnsucht einzig und allein Gott gilt, um zu empfangen, unmittelbar zu erfahren und zu wissen.

Die meisten von uns haben Wege beschritten, die über die kurze Erfahrung dieses Erdendaseins hinausgehen. Wir alle haben irgendwann Lehren in uns aufgenommen, die das ethische Leben betrafen und den Wunsch nach Integrität und sittlichem Verhalten in uns weckten. Im Laufe unserer Entwicklung wurden wir vielleicht von einem Schriftsteller, einem Komponisten oder einem spirituellen Lehrer inspiriert und begegneten später der Metaphysik. Sie lehrte uns, dass wir für alle unsere Gedanken die Verantwortung tragen. Aber es befriedigte uns nicht, nur die Gesetzmäßigkeiten des Bewusstseins kennenzulernen. Die christliche Esoterik belehrte uns über den Gottesplan, aber die Sehnsucht nach Gott blieb. Nur die christliche Mystik vermag uns Gewissheit zu geben.

Ohne Mystik gäbe es heute kein Christentum, denn das Buchstaben-Christentum – Dogma, Tradition und intellektuelle Interpretation – ist fade. In der Mystik weht ein lebendiger Geist, der uns unzählige Möglichkeiten eröffnet und in der es keine Schalheit gibt.

Mystische Erfahrungen

Mystische Erfahrung bedeutet nicht unbedingt, gleichzeitig hellsehend zu sein. Die christliche Mystik zeichnet sich durch die Intuition aus oder zumindest durch das Wissen um die höheren Seinsebenen. Hellsichtigkeit ist für die mystische Erleuchtung nicht zwingend. Sie kann sich jederzeit einstellen. Bei einer recht jungen Seele mag sie völlig unerwartet auftreten oder sich im Laufe der Entwicklung erst auf der Stufe des Heiligen zeigen. Bei der übersinnlichen Erfahrung tauchen Phänomene auf, die den niederen astralen und mentalen Ebenen angehören. Seelen, die erst begonnen haben, sich mit den geistigen Wahrheiten auseinanderzusetzen, berühren diese Bereiche bei spiritistischen Séancen oder Wahrsagern.

Die mystische Erfahrung liegt auf einer höheren Bewusstseinsebene. In diesem Zustand fühlt man sich eins mit allem Leben. Jeder Einblick, jede Offenbarung oder Erkenntnis, die unsere Verbindung zu Gott, unser Verständnis und unsere Hingabe vertieft, fällt in den Bereich der mystischen Erfahrung. Sie ermöglicht es uns, um die Wirklichkeit Gottes zu wissen und nicht nur an sie zu glauben.

Strebe mit deinem ganzen Sein nach der unmittelbaren Verbindung zu Gott. Sie wird dir mehr bedeuten als jedes geschriebene oder gesprochene Wort. Sie öffnet das Tor zur Ewigkeit. Sprich des öfteren: *„Ich bin in Gott, und Er ist in mir"* oder *„Gott ist in mir, und ich bin in Gott"*. Blicke mehrmals am Tag zu dem innewohnenden Geist empor. Mit jedem Wort und jedem Gedanken, der unsere Liebe zu Gott ausdrückt, laden wir Ihn ein, sich uns zu nähern. Er ist stets gegenwärtig. Wenn wir in die höheren Bewusstseinsebenen eindringen und die Schranken, die uns von Gott trennen, durchstoßen, werden wir Ihn dort finden. Die Mühe der Vorbereitung auf diese Vereinigung und das innere Wissen lohnt sich.

Es gibt großartige Gemälde und herrliche Musik, die den mystischen Aspekt so wunderbar zum Ausdruck bringen, dass sie uns in die göttliche Gegenwart führen. Das Leben auf der inneren Ebene entspricht nicht dem physischen Dasein. Unser inneres Selbst nimmt die Schönheit, die Kräfte und tieferen Bedeutungen auf, die bei eher oberflächlicher Denkweise verlorengehen.

Die Natur bietet viele Möglichkeiten, um den mystischen Aspekt zu erfahren. Wenn wir allein auf einem Bergpfad wandern, erkennen wir die verborgene Anwesenheit Gottes. Er schuf diese Schönheit, beseelt und beschützt sie. Wir betrachten die Formen und Symbole, derer sich die Natur bedient, um uns an die Göttliche Gegenwart zu erinnern.

Die Symbolsprache besitzt ihren eigenen Stellenwert. Seit jeher haben sich die Mystiker ihrer bedient, da es keine andere Möglichkeit gibt, die gewaltigen Inspirationsströme in das äußere Bewusstsein einfließen zu lassen. Mitunter muss man aufgrund sprachlicher Begrenzungen auf die Symbolik ausweichen, um eine Gotteserfahrung zu beschreiben. So heißt es: „Der Geist Gottes oder der Geist unseres Herrn gleicht einer Lampe, deren Licht im Heiligtum ewig leuchtet."

Meditiere aus ehrfürchtigem, liebendem und andächtigem Herzen über das Symbol des Kreuzes und seine Bedeutung. Du wirst erstaunt sein, was sich dir offenbart. Die Schwere lichtet sich, und das lebendige goldene Tor, für das dieses Kreuz steht, wird sich dir öffnen und dich auf eine höhere Bewusstseinsebene tragen.

Über den stets nach Norden ausgerichteten Kompass zu meditieren, erweist sich als ein weiteres hilfreiches Sinnbild. Der Christus ist das höchste Ziel. Ihn zu erkennen, bedeutet eine Herausforderung und Sinngebung in Bezug auf unsere Verhaltensweise. Der Christus lehrt uns jene Form der Liebe und des Glaubens, die wir leben müssen. Gott wird kommen, wenn wir den Zustand erfahren, an den wir glauben. Mit anderen Worten, der Glaube wirkt nur als Angelpunkt, um die Erfahrung zu offenbaren.

Wir müssen den Mut besitzen, die einzelnen Gedankenebenen emporzusteigen und sie von allem Überflüssigen, von Förmlichkeit, dem Festhalten am Buchstaben und von allem Weltlichen befreien. Der Buchstabe darf den Geist nicht töten. Wenn wir innerlich wachsen, gelingt es uns, dieses Weltliche und Förmliche abzustreifen, bis wir einfach und geläutert als Gottes Mann oder Frau auf dieser Erde stehen.

Besäßen wir doch die überirdische Fähigkeit zu erblicken, was vor uns liegt. Es gibt nichts Alltägliches. Alles wird von einem wunderbaren Licht durchflutet, dem Licht der Ewigkeit. In dieser Ewigkeit halten sich Intelligenzen auf, die frei sind von den Sorgen und Lasten, die uns bedrücken. Sie kommen von Gott und fühlen sich zu jenen Menschen hingezogen, in deren Herzen die Sehnsucht nach Gott brennt. Wir frohlocken über die Gelegenheit, uns einen Augenblick lang auf diese Unendlichkeit, auf das Geheimnis, das Wunder und die erhabene Wirklichkeit - auf Gott - einstimmen zu dürfen. Seine lebendige Gegenwart offenbart sich uns auch durch die Natur. Viele Leute haben das Gefühl, dass sie sich zurückhält und man sie nicht zu durchdringen vermag, was aber nicht zutrifft. Jeder, der sie einmal erfahren hat, wird bestätigen, dass sie still und geduldig auf die richtige Ehrfurcht und Einstellung wartet, die ihr eine bereite Seele entgegenbringt, damit sie würdig ist, die allgegenwärtigen Geheimnisse und Herrlichkeiten des LEBENS wahrzunehmen. In den Bergen gelangen wir manchmal in ein Gebiet, in dem wir nicht wegen der landschaftlichen Schönheit ehrfürchtig innehalten, sondern weil dieser Ort die stille, wunderbare Kraft ausstrahlt, die Engel in ihn hineingelegt haben. Wer sie zu fühlen vermag, wende sich nach innen und versuche, die unsichtbare Seite zu erspüren.

Die für mich in diesem Leben höchste Erfahrung wurde mir zuteil, als ich unter einer alten Pinie saß. Ich brauchte Stunden, um das Geschehene in mein Bewusstsein herunterzuholen und meine Gedanken zu ordnen. Ich blickte vom Mount Frazier auf das vor mir liegende Tal und die sich dahinter erstreckenden Städte der Menschen. Die Stunden vergingen, während ich da saß und versuchte herauszufinden, wie das, was gekommen war, übersetzt und in das Tal und in die Städte getragen werden konnte.

Der Mensch, der nur hin und wieder an Gott denkt, wird niemals so selbstständig oder sich Gottes so bewusst sein wie jemand, der Gott voller Freude und Klarheit ununterbrochen in seinem Bewusstsein trägt. Diese wachsame Hingabe hat ihren Preis. Sie verlangt von uns Unterordnung und Selbstdisziplin. Die geringste mystische Erfahrung hüllt uns in eine Lichtwolke, und eine erhabene, für den Menschengeist unergründliche Wirklichkeit durchdringt uns. Wir fühlen uns wie neu geboren und sind nicht länger an Dinge gebunden, die uns auf der äußeren Ebene als ungeheuer wichtig erschienen.

Was bedeutet die Mystik für dich? Sie sollte eine Aufforderung sein, eine Herausforderung, dass deine geistigen Glaubensinhalte dich darauf vorbereiten, der göttlichen Wirklichkeit ins Antlitz zu blicken. Wenn du dich läuterst und in der Demut und Ehrfurcht übst, wirst du aufnahmebereiter werden und allmählich schauen dürfen. Es wird sich dabei nicht um eine parapsychologische Vision handeln, sondern um ein geistiges Schauen. Es wird deine Seele sein, die im mystischen Bewusstsein denkt.

2.

Das Geheimnis Gottes

Am Anfang war Gott. Wie gut kennen wir Gott? Wie aufrichtig wollen wir Ihn wirklich kennenlernen? Es ist nicht einfach, die Gottheit zu verstehen, denn sie birgt große Geheimnisse, die so lange bestehen bleiben, bis wir selbst Logoi sind. Anstatt uns dadurch verwirren zu lassen, sollten wir es als Herausforderung betrachten und uns täglich und stündlich darum bemühen, Gott zu erkennen und ihm zu begegnen.

Denkt nur nicht, dass Gott im Laufe unseres Fortschritts einfacher wird oder wir ihn leichter verstehen. Er ist nicht einfach. Er ist begründet in der Fülle oder wirkt durch die Fülle. Wenn wir die feinstofflichen Entwicklungsebenen erreicht haben, werden wir die Bedeutung dieser Fülle begreifen.

Am Anfang war das Wort, und das Wort war bei Gott. Am Anfang barg der schwingende Aspekt Gottes Leben, Intelligenz und den Willen, sich zum Ausdruck zu bringen, und es entstand das Universum.

Das Wort, der Plan und der Wunsch ruhten in diesem Höchsten Gottes-Geist. Dieser Gottes-Aspekt ist überall gleichermaßen gegenwärtig.

Gott, der transzendente Schöpfer, ist der absolute, ewige Geist und der aktive Gottes-Geist, der durch die Hierarchie wirkt. Als absoluter Geist ist Gott die schöpferische, allmächtige, höchste und ursprüngliche Lebens- und Kraftquelle. In der Hierarchie teilt sich die Urkraft in viele Ströme. Die höchsten regieren das kosmische Geschehen. Dazu gehören die Heilige Dreiheit, der Göttliche Geist der Gnade und „die Wolke der Schweigenden Zeugen vor dem Throne". Die Göttliche Dreiheit lässt sich mit einem kosmischen Meer vergleichen, das drei gesonderte Energien enthält, uns aber als eine einzige Kraft umhüllt.

Wir müssen uns der Heiligkeit bewusst sein und erkennen, dass es immer etwas gibt, das über uns liegt – so weit über uns, dass unsere Gedanken das Wesen dieser Wirklichkeit nicht zu erfassen vermögen. Die Heilige Gegenwart Gottes erschließt sich uns in den unterschiedlichsten Erkenntnisgraden und Lernstufen. Es gibt nur einen Gott, und diese All-Gegenwart Gottes währt von Ewigkeit zu Ewigkeit. Sie verleiht dem Universum seine Pracht – die mächtigen und ewigen kosmischen Kräfte, die allen Manifestationen des Universums zugrunde liegen.

Gott transzendiert Form und Ausdruck und besitzt die Intelligenz, die ungeheure Weisheit und schöpferische Kraft, kosmische Galaxien zu erschaffen. Niemand kann ehrlich behaupten zu wissen, was oder wer Gott wirklich ist. Über die Intuition erfahren wir durch unsere Seele von der Erhabenheit des Schöpfers. Unser menschlicher Geist ist begrenzt und begreift die Natur des vollkommenen Bewusstseins nicht eher, als bis wir wie Tautropfen in das strahlende Meer der Göttlichkeit eingehen.

Als Kind beunruhigten mich zwei unterschiedliche Bibelverse. Der erste lautete: *Unser Gott ist ein sich verzehrendes Feuer* und der zweite: *Gott ist Liebe.* Beide Aussagen stammen aus dem Neuen Testament, die eine von Paulus und die andere von Johannes. Für mich schienen sie sich zu widersprechen, aber ich spürte, dass ich mit der Zeit den Grund für diese gegensätzlichen Aussagen verstehen würde.

Erst sehr viel später erkannte ich, dass es sich um zwei verschiedene Eigenschaften desselben Geistes handelt. Gott *ist* ein sich verzehrendes Feuer. Dieses Feuer bedeutet, Gott ist *Licht* – Licht, das keine Hitze besitzt und den Menschen erleuchtet. Gott ist das Licht, welches uns von unseren Krankheiten und Leiden und unserer Selbstgefälligkeit reinigt und uns über unsere weltliche Gesinnung emporhebt.

Gott ist auch Liebe, und dies ist ein völlig anderer Aspekt. Der eine bringt die positive Ausgießung der Ewigen Quelle zum Ausdruck und der andere die sanfte, eher aktive Ausgießung der Gottheit. Der eine ist Stärke, der andere Liebe. Der eine ist Gott, der Vater, und der andere ist Gott, die Mutter. Wir müssen der Mutter heute mehr Beachtung schenken. Jahrhundertelang hat man über den Vater-Aspekt nachgedacht und ihn stark hervorgehoben. Der Mutter-Aspekt ist nicht einmal bedacht oder berührt worden.

Philosophisch gesehen, musste Gott sich eines Aspektes Seiner selbst bedienen, der noch niemals entfaltet oder offenbart worden war, wenn er auf der Erde Leben manifestieren wollte. In der Genesis heißt es, Gott habe den Menschen nach Seinem Bilde erschaffen – männlich und weiblich. Gott ist Geist und entzieht sich unserem Erkenntnisvermögen. Wenn der göttliche Geist den männlichen und weiblichen Aspekt in sich trug, wünschte er, auf der Erde Gestalt anzunehmen, wie er es auf zahlreichen anderen Planeten im Kosmos bereits getan hatte. Er stieg auf die nächst niedrige Ebene, die Er erschaffen hatte - die Schechinah oder die Adonai-Welt – und teilte sich in den männlichen und weiblichen Aspekt. Aufgrund von Involution brachten sich diese beiden Gottes-Aspekte schließlich als Gottesfunken physisch in uns zum Ausdruck. Dieser innewohnende Gott ist makellos und weilt fortwährend in dem Einen Gott, von dem wir so wenig wissen. Er bewirkt die Weiterentwicklung der gesamten menschlichen Natur. Der wahre, positive Pol Gottes als Mann und die wahre, negative Polarität Gottes als Frau müssen sich jeweils in ihrem eigenen Geschlecht vervollkommnen. Unterhalb der Ebene des Gottes-Geistes soll jedes Geschlecht die vollkommene Hälfte Gottes bilden und sich seiner Unterschiedlichkeit entsprechend entwickeln, wenn es im äußeren Leben weilt. Im Laufe der Entwicklung, vieler Erfahrungen und Überwindungen werden die völlig erwachte männliche und weibliche Hälfte Gott ihre vervollkommneten Energien zurückbringen und erneut in den ewigen Gottes-Geist eingehen.

Christus hat durch seinen tiefen Glauben und seine inbrünstige Liebe den Weg zu Gott gefunden. Aber wer diese Göttliche Gegenwart wirklich ist, das wissen wir kaum. Was wir von Gott wissen, gleicht einem Eisberg, dessen Spitze aus dem Meer ragt und dessen größerer Teil unter dem Meeresspiegel liegt. Ähnlich verhält es sich mit dem ersten großen Geheimnis der Gottheit, der Göttlichen Lebensquelle. Die Höchste Gegenwart entzieht sich unserer Kenntnis, da diese Göttliche Wirklichkeit unendlich ist, wir aber endlich sind. Gott lässt sich nicht begrifflich eingrenzen. Wir werden Ihn niemals wirklich, vollständig und als einhüllende Heilige Gegenwart erkennen, bis wir Ihn in unserem tiefsten Inneren erfassen.

Gott ist in erster Linie die Göttliche All-Gegenwart. Er ist der absolute Ursprung all dessen, was existiert. Er ist die erste Ursache, der allgegenwärtige und aktive Schöpfer. Gott ist transzendent und immanent. Transzendent bedeutet, dass Gott sich unserem Bewusstsein und unserem Begriffsvermögen vollständig entzieht. Der immanente Gott ist der aktive Gott-Geist in uns. Er ist es, der uns Leben schenkt und alle jene Gaben gewährt, die wir empfangen haben und im Laufe unserer Entwicklung auch weiterhin empfangen werden. Es gibt den persönlichen und den unpersönlichen Gott.

Betrachten wir Ihn als die mächtige Schöpfungskraft, jenen erhabenen Geist oder die höchste Intelligenz, die alles erschaffen hat, was in der Natur so gesetzmäßig, geordnet und wunderbar wirkt, dann sieht unser Bewusstsein den unpersönlichen Gott. Wir bewundern Ihn, da Er das Geringste ebenso lenkt wie die göttliche Unendlichkeit. Dies ist nur der eine Aspekt Gottes, den wir wahrnehmen. Wenn wir an Ihn als den Schöpfer des Kosmos denken, berühren wir die unpersönliche Seite – jene Grenzenlosigkeit, die unser Verständnis übersteigt und unsere tiefe und ewige Bewunderung erregt.

Die Träger des Vater-Mutter Bewusstseins sind der Solare Logos und der Planetarische Logos, denn diese Logoi tragen die Verantwortung für unser Sonnensystem und unseren Planeten. Sie sind nicht der Eine Gott, sondern eine Manifestation des persönlichen Aspektes der Göttlichen Gegenwart. Der Planetarische Logos beseelt die Erde. Unsere Erdkugel selbst dient ihm dabei als physisches Gewand. In jedem Atom dieses Planeten wirkt sein Bewusstsein. Er umhüllt alle Ebenen unserer Welt und hält die inneren Ebenen in seinem Einflussbereich. Wenn wir die strahlende Leuchtkraft dieser mächtigen Intelligenz sehen könnten, würde uns tiefste Ehrfurcht erfassen.

Es gibt eine Intelligenz, gleichsam ein göttlicher Archetyp, dem es obliegt, die einzelnen Ausdrucksformen der göttlichen Energie zu verteilen. Diese erhabene Intelligenz, der Herr der Welt – der Sanat Kumara –, ist jenes heilige Wesen, welches die Verantwortung für die Offenbarung Gottes als Vater-Mutter-Geist trägt.

Der persönliche Aspekt Gottes, den auch Christus verkörperte, stellte uns die Göttliche Gegenwart als *Vater* vor. Christus lehrte, dass der Geist, der uns schuf, für uns Sorge trägt und unser Leid und unsere Nöte versteht. In unserem Gott-Selbst ist der immanente Gott vollständig offenbar, in der physischen Welt hingegen nur als potenzielle Energie. Jeder Träger, den die Gottheit schuf, bis in die physische Welt hinab, unterliegt stärkeren Begrenzungen als der darüber liegende höhere Körper. In unserem Astralkörper wissen wir mehr über Gott als in unserem physischen. In unserem Seelenkörper kennen wir Ihn intuitiv und daher noch genauer. Wir sollten darauf vertrauen, dass Gott einen Plan und ein Ziel hat, dessen Ausgang Er vorhersah, als er uns schuf. In der Bibel heißt es: *Und der Geist Gottes schwebte über den Wassern.* Diesem Schutz-Aspekt Gottes, dieser Fürsorge, begegnen wir in der Stille und im Gebet. Gott hält die gesamte Schöpfung in Seinem All-Bewusstsein, selbst wenn ein Vogel aus seinem Nest fällt, wie die Bibel berichtet. Er empfindet für alles, das Er schuf, großes Mitgefühl. Als Eltern erinnern wir uns vielleicht, dass wir auf unser weinendes Baby in einer Weise reagierten, die wir Kindern gegenüber zuvor nicht kannten. Danach wird uns jedes Kinderleid mit der gleichen Zuneigung und dem Wunsch zu helfen erfüllen. Das Gleiche gilt für einen Vogel oder ein Tier, das schmerzlich aufschreit und dem wir augenblicklich beistehen wollen. Wenn wir Menschen bereits dieses fürsorgliche Bedürfnis verspüren, was mag dann Gott für seine Schöpfung empfinden, wenn Er den Hilferuf eines Tieres oder eines verdurstenden Baumes vernimmt.

Es ist diese liebevolle Fürsorge, an die wir uns auch in Krisenzeiten erinnern sollten, wenn wir Seinem Geist gegenübertreten. Vergessen wir für einen Augenblick den Aspekt der Unpersönlichkeit und blicken zu dem unendlichen Nachthimmel empor, an dem die Sterne wie Leuchtfeuer strahlen. Begegnen wir Ihm als unserem Schöpfer, sollten wir an beide Ausdrucksformen denken, an die unsagbare Liebe der Mutter und an die machtvolle Stärke des Vaters.

Gott sprach: *Ich bin das Alpha und Omega, der Erste und der Letzte, Anfang und Ende.* Er ist der Anfang und das Ende. Daran wollen wir uns jeden Tag erinnern, wenn wir uns auf Ihn einstimmen. Es ist wichtig, uns die Facetten der göttlichen Natur immer bewusster zu machen und Wege zu finden, unsere Erkenntnis zu erweitern. Gott sprach: *Es werde Licht, und es wurde Licht.* Hierin bringt Gott Seine schöpferische Kraft und Seine Freude zum Ausdruck, Leben und Licht zu erschaffen. Gott ist der Ozean oder das Meer von Licht und Leben, in dem wir uns bewegen und unser Sein haben. Wir haben es Gott zu verdanken, dass wir leben, Intelligenz, Dasein, Form und absolutes Bewusstsein besitzen. Wir sollten über dieses wunderbare Licht und das geistige Feuer nachdenken. Jemand, in dem das Gottbewusstsein erwacht ist, macht dieses geistige Feuer sichtbar, indem er das Licht erdet und in anderen erweckt.

Die Gottheit ist *allgegenwärtig*, das bedeutet, überall besteht ein Zugang zum unmittelbaren Bewusstsein der Göttlichen Gegenwart. Gott ist *allwissend*. Er versteht alles. Gott ist *allmächtig*. Wenn wir unsere Probleme dem ewigen Geist unterbreiten, sollten wir uns diese drei Aspekte vergegenwärtigen. Wir treten dem allmächtigen, alles verstehenden, allgegenwärtigen Geist des Lebens und des Lichtes gegenüber, den unsere Gedanken erreichen, den wir aber nicht erfassen.

Gott befindet sich nicht nur außerhalb von uns, als der Höchste Gott, der das Universum lenkt. Er ist hier und jetzt als Seelenfunken in uns, den wir niemals gesehen und viele niemals gefühlt haben. Diese Gottesflamme wird auch *Monade* genannt. In wunderbarer Weise trägt sie die Verantwortung für die Lebenskraft in den einzelnen Körpern. Haben diese ihre Aufgabe erfüllt, streift der innewohnende Gott sie ab, um zur gegebenen Zeit eine neue, verbesserte Form anzunehmen, weiterhin darum bemüht, das Leben in diesen physischen Trägern anzuheben. Im Laufe seiner Entwicklung wird die gesamte Natur des Menschen zunehmend vergeistigt und selbstlos. Die Aktivität seiner Atome wird rhythmischer und feiner. Dieser läuternde Einfluss verschafft ihm das Recht für einen besseren Körper im nächsten Leben.

Zwiesprache mit Gott

Wenn wir uns an *Gott, den Vater-Mutter-Geist*, wenden, rufen wir den allwissenden, allmächtigen und allgegenwärtigen Schöpfer des Alls an. Wir stehen im Einklang mit der unendlichen Lebensquelle unseres Seins. Das Leben entspringt allein diesem Gottesaspekt. Wenn wir beten, sollten wir daran denken, dass das Leben aus dieser einen Quelle strömt und es mit jedem Atemzug in unser ganzes Wesen einfließen lassen, während wir zu Gott sprechen. Dies ist der wichtigste Gebetsschritt. Die Kraft und alles, was Gott ist, ergießt sich genau in diesem Augenblick in diesen Bereich und in diese Erfahrung – genauso wie es im gesamten Universum der Fall ist.

Der Verstand vermag Gott nur theoretisch und intellektuell zu interpretieren. Wir müssen den Verstand transzendieren, da wir das Göttliche niemals über diesen Kanal erkennen werden. Es bedarf eines tieferen, umfassenderen Aspekts, unserer göttlichen Seele, die sich über die Intuition mit uns in Verbindung setzt. Die sich entfaltende Intuition wird allmählich zur geistigen Wahrnehmung. Wenn wir uns auf sie verlassen und von ihr lernen können, wird sie uns immer höher führen, und wir werden für die erhabene Gegenwart zunehmend empfänglich werden.

Es wird eine Zeit kommen, in der sich der wahre Christ nicht mehr damit zufrieden gibt, einfach nur an Gott zu glauben. Ihn verlangt danach, Gott zu *kennen*. Alle anderen Bedürfnisse verblassen vor dieser überwältigenden Notwendigkeit. Diese Sehnsucht muss alle übrigen Wünsche an Inbrunst übersteigen. Die Sehnsucht nach Gott sollte so stark sein, wie es einen Kranken nach Gesundheit verlangt. Dieser Wunsch muss unablässig im Vordergrund unseres Bewusstseins stehen. Erst wenn dieses starke innere Bedürfnis gefühlt wird, ist ein Individuum, im geistigen Sinne, wirklich lebendig.

Warum sollten wir so ernsthaft danach trachten, diesem einen, verzehrenden Bemühen alles andere unterzuordnen, wenn wir nicht in einem Kloster leben? Die Gottesliebe steht im Mittelpunkt der Lehre Christi. Irgendwann in unserer Entwicklung wird diese Art der Hingabe gefordert, und wir sollten jetzt schon beginnen, damit ihr strahlender Glanz unsere gesamte Lebensspanne segnen möge. Es wäre wünschenswert, wenn sich der Mensch vor seinem Tod Gott nähert. Falls er sich Ihm aber nur in seiner letzten Stunde zuwendet, sind die übrigen Tage und Aktivitäten seiner Inkarnation umsonst gewesen.

Um mit Gott Zwiesprache zu halten, streben wir danach, uns des Heiligen bewusst zu werden – etwas, das weit jenseits unseres Denkens liegt und das nicht auszudrücken vermag, was diese All-Gegenwart eigentlich ist. Der wichtigste Teil des Gebetes besteht darin, denjenigen zu erkennen, den wir ansprechen. Was fühlen wir? Was steht uns gegenüber? Der Geist Gottes ist nicht statisch. Es bedarf der vollen Aufmerksamkeit, um nur Seinen Namen richtig anzurufen. In jedem Gebet bietet sich uns eine neue Gelegenheit, über die Unendlichkeit Gottes, die Reinheit Gottes, die Helligkeit Seines Lichtes, die Tiefgründigkeit Seiner Intelligenz und Seine Liebe, die jenseits unseres Begriffsvermögens liegen, nachzusinnen.

Niemand kann ohne Gott leben. Jeder muss verwandelt werden – nicht durch sich selbst, sondern durch die Göttliche Kraft. Im Zuge seiner Entwicklung verlangt der Mensch lange Zeit nach Gott. Es macht ihn glücklich, wenn er feststellt, dass auch andere erkennen, wie wichtig Gott ist und wie sehr es dem Leben an Bedeutung, Kraft und Sinnhaftigkeit mangelt, wenn jene erhabene Gegenwart es nicht erfüllt.

Wie sprechen wir mit dem Göttlichen Urgrund, der uns und den gesamten Kosmos, die äußere und die innere Welt, erschuf? Dieser gewaltigen All-Gegenwart und diesem einzigartigen All-Geist, der solche Wunder erdachte, treten wir im Gebet gegenüber. Die Verehrung Gottes steht in unserer Begegnung mit Ihm an erster Stelle. Jede Spur Seiner Gegenwart sollte uns mit großer Dankbarkeit erfüllen. Jede echte Kommunikation mit Gott geschieht durch Erleuchtung. Es gibt Wahrheiten, die jenseits der Erscheinungsformen unserer Welt und unseres Denkens liegen. Die Erleuchtung, das Wirken des Seelenbewusstseins, offenbart uns diese Wahrheiten, um sie zu verehren.

Seinen Namen aussprechend, sollte unser erster Gedanke der Allmacht, Größe und Unendlichkeit dieses Einen gelten, den wir GOTT nennen. Sein Wesen durchdringt den gesamten Kosmos mit seinen Millionen von Galaxien. Führen wir uns diese Tatsache vor Augen, wenn wir uns an Gott wenden, wird unser Gebet würdiger sein, da wir uns für Seine Unermesslichkeit öffnen. Wir müssen unseren Geist weiten, um Seine erhabene, alles umfassende Gegenwart und seine Schöpferkraft zu erkennen. Jeder Planet, auf dem Leben existiert, besitzt eine andere Art der Evolution. Alle Mitglieder der Hierarchie, die den einzelnen Planeten dienen, durchlaufen ihre physischen und feinstofflichen Evolutionsstufen, die zum Wachstum des jeweiligen Planeten gehören. *Wie mächtig Du bist, oh Gott!*

Haben wir jemals die Tatsache richtig eingeschätzt, dass uns unsere Bedrängnis mit Gott in Berührung bringt? Unsere Nöte, unsere Unvollkommenheit und unsere mangelnden Fähigkeiten zwingen uns in die Knie. Die reinigenden Kräfte der Demut lassen uns für Seine Gegenwart durchlässiger werden. Wir sollten unsere Nöte als Wachstumsschmerzen begrüßen, um größer zu werden. Sie dehnen das Gefäß unseres Geistes, damit es gefüllt werde und wir den Göttlichen Urheber erkennen, der uns erhält und erfüllt.

Bei unserer Einstimmung denken wir zuerst daran, dass Gott über uns wacht und für uns Sorge trägt. Dann können wir sprechen. Obwohl wir die Göttliche Gegenwart nicht zu sehen vermögen, wissen wir intuitiv, dass Gott da ist – aufmerksam, interessiert und bereit zu helfen. Wenn wir Ihn begrüßen, öffnen wir uns für Ihn, und unsere Not wird gelindert. Die Vergegenwärtigung Gottes bildet den ersten Schritt. Dann folgt die Erinnerung, dass Er die Quelle ist, die jedes Verlangen stillt. Während wir beten, prägt sich unser Bedürfnis der lebendigen Essenz des Göttlichen Schöpfers ein. Wenn wir in der richtigen Weise gebetet und unsere Sorge der Allmacht Gottes übertragen haben, verlässt sie unsere Aura, und der ewig wachsame Geist nimmt sie in sich auf. Danach müssen wir in dem aktiven Glauben leben, dass Gott auf unsere Nöte antwortet. Wir haben sie Seiner Fürsorge anvertraut, damit er uns zu Seiner Zeit und in Seiner Weise antworten möge, in der wir Seine Antwort verdienen und erkennen.

Wenn wir uns mit Gott verbinden, bedürfen wir einer Liebe zu Ihm, die unser persönliches Interesse übersteigt sowie eines Vertrauens, das unser Selbst-Vertrauen transzendiert. Je selbstloser und lichtvoller wir werden, desto erfüllter und beglückender wird unsere Gebetszeit sein. Sie kann zu unserer glücklichsten Tageszeit werden, einer von aller Last befreiten Periode, in der uns Gott neue Gedanken, Kräfte und Einsichten schenkt. Welch eine heilige Zeit!

Es ist wichtig, Gott zu berühren und von Ihm berührt zu werden. Es gibt nichts Höheres, als sich Gott immer wieder neu, schöpferisch und mit tieferer Liebe zu nähern. Alles andere ist weit entfernt von dieser erhabenen Wirklichkeit. Aus der Vereinigung mit Gott wird das Bewusstsein für die in Gott ruhenden Welten erwachen.

Wir sollten spüren, dass wir nicht einmal die Oberfläche dessen angekratzt haben, was Gott für uns bedeuten kann und mit einer alles übersteigenden Inbrunst nach einer Verbindung mit Ihm verlangen. Wenn wir diese erst einmal erfahren haben, werden wir nach Gott mehr verlangen als nach Gesundheit, Leben, Familie oder sogar der Bindung an unser eigenes Selbst. Die Nähe zu Gott im Hier und Jetzt ist unser höchstes Bedürfnis. Nichts anderes wird uns ermöglichen, aufrichtig, gelassen und erfolgreich zu leben. Durch diese Nähe zu Gott wird jede Beschäftigung, jede Beziehung und jedes Vorhaben erhöht und gesegnet werden. Unser erster Gedanke beim Erwachen am Morgen sollte sein: *Allmächtiger Gott! Dich verehre ich. Möge ich mir während aller Stunden dieses Tages und dieser Nacht Deiner bewusst sein.* Es sind einfache Worte, aber sie enthalten den Kern dessen, was unser Herz und unsere Seele zum Ausdruck bringen möchten. Unsere Aufmerksamkeit ist auf Gott gerichtet, und unser gesamtes Sein ist auf

Ihn eingestimmt. Im Laufe des Tages erinnern wir uns immer wieder daran, dass es nichts Wichtigeres gibt als die Nähe zu Gott. Unsere Liebe zu Ihm drückt sich in der Art aus, in der wir unseren Pflichten nachkommen und unseren Mitmenschen begegnen. Diese ausströmende Liebe vereinigt sich mit der Liebe für Familie und Freunde. Wir betrachten unsere Umwelt in einer neuen Weise. Die Weite des Himmels wird uns an die Erhabenheit und Größe des Geistes erinnern. Farben und einfache Dinge, die wir bemerken, belehren uns über die Schöpfung Gottes. Wenn wir Gott inbrünstiger und inniger lieben, erwachen wir aus dem Schlaf zur Bewusstheit. In dieser Bewusstheit gibt es kein Selbst-Bewusstsein, denn Gott wird um Seiner selbst willen geliebt, gefühlt und verehrt. Das eigene Selbst weicht zurück – und Gott tritt ein.

Wir denken oft, es bleibe keine Zeit für die Anbetung Gottes, aber das trifft nicht zu. Es ist möglich, sich auf Seine Anwesenheit einzustimmen, während andere reden, wenn wir uns disziplinieren und darauf konzentrieren, dass dies den Vorrang hat. Wir stimmen uns auf Gott mit dem Gedanken ein: *Heilige Gegenwart, erfülle diesen Augenblick mit Deiner wunderbaren Kraft, damit ich an diesem Tag erfrischt und geistig wach sein möge.* Wenn diese Worte aus tiefer Liebe zu Gott geäußert werden, öffnen wir uns innerlich für neue Ebenen. Wir konzentrieren uns augenblicklich auf unsere Mitte und sind bereit, die richtigen Worte zu finden. Halten wir Gott im Vordergrund unseres Bewusstseins, bedient sich eine größere Kraft unserer Augen, und unser Geist wird von Gedanken erfüllt, die nicht unsere eigenen sind.

Sich momentan, still und aufmerksam auf Gott zu besinnen, wird zum heiligen Erlebnis. Denken wir an Gott, an Seine Unendlichkeit und Nähe, öffnen wir uns für Seinen Segen und Seine Stärkung. Jeder Tag in Seiner Nähe sollte unsere Einstimmung vollkommener gestalten, so dass die Liebe für Gott zum größten Abenteuer unseres Lebens wird. Die Dinge verändern sich zum Besseren. Menschen erfahren Unterstützung, die sie niemals erträumt hätten. Zu erkennen, in welcher Weise Gott wirkt, erfüllt uns mit großer Freude und Zufriedenheit. Wir müssen uns nur zurücknehmen und beobachten, warten, lieben, verehren und nach innen blicken, indem wir die Liebe Gottes durch uns hindurchströmen lassen und an der Erfahrung dieser Entfaltung teilhaben.

Es ist möglich, den Zustand der Hingabe inmitten eines aktiven äußeren Lebens zu erreichen, wenn wir die äußeren Dinge aus geistiger Sicht betrachten. Wenn wir den Toast als Toast sehen und die Kaffeemaschine als eine leere, zweckbestimmte Hülle, werden wir nichts Erhebendes fühlen. Wenn wir aber diese Dinge zu schätzen wissen und die Liebe Gottes durch uns hindurchströmen lassen, werden selbst die alltäglichen äußeren Dinge mit Ihm verknüpft und gesegnet sein.

Obwohl sie Ihm gegenübertreten, gelingt es vielen Menschen nicht, Gott zu erfahren, weil sie sich nicht von sich selbst lösen können. Gott zu suchen und zu finden, sollte die Ichbezogenheit eines Individuums beseitigen. Wenn das Selbst noch auffällt, müssen wir zum Ausgangspunkt zurückkehren und erneut beginnen, Gott zu verwirklichen und Ihn, mehr als irgendjemanden, um Seiner selbst willen zu lieben lernen. Bevor wir nicht frei von uns selbst sind, berühren wir nur den Saum der Wirklichkeit, ohne die wahre Mitte zu kennen.

Gott wird die Seele, in der nur noch die Sehnsucht nach Ihm brennt, durchdringen. Alles, was dazu beiträgt, uns von uns selbst zu befreien, ist hilfreich. Die Liebe zu den Mitmenschen, zu den Geschöpfen und zu allen Dingen im Himmel und auf Erden vertieft unsere Reaktion auf das Leben außerhalb von uns selbst. Die Liebe Gottes kann durch uns Seine Schöpfung segnen, wenn wir Ihm die Gelegenheit dazu bieten.

Wir würden aufhören zu existieren, wenn Seine Heilige Gegenwart es nicht wollte. Alles Wahre und Dauerhafte in uns kommt aus dem Göttlichen. Ebenso wie Flüsse zahllose Lebensformen in ihren Wassern tragen, hält die fortschreitende Zeit unzählige Ereignisse bereit, die Geschenke Gottes oder Gnaden sind, die vor Sein Antlitz führen. Wie der Bauer den Samen ausstreut, sollten wir unsere Stunden mit Erfahrungen und Ereignissen füllen, die reiche Ernte bringen.

Wir werden vom Geist in dem Maße beherrscht, in dem wir den Geist erkennen, aber wir besitzen auch äußere Körper und sind uns ihrer Natur bewusst. Der Geist muss erkennen, was stets vorhanden ist, aber oft vergessen wird. Um unsere geistigen Fähigkeiten offen und wach zu halten, sollten wir folgende Regeln beachten:

1. Gott zu verwirklichen, nicht nur an Ihn zu denken.
2. Den innewohnenden Gott zu erkennen.
3. In Verbindung mit der Allgegenwart Gottes zu leben.
4. Die Gebote Gottes zu erfüllen.

Beachten wir diese Regeln und wissen, dass es Gott glücklich macht, wenn wir für Ihn erwachen, wächst unser eigenes Glück, und wir werden uns Seiner immer bewusster.

Im Zentrum unserer reinsten Liebe für Ihn liegt die Antwort auf alle unsere Fragen, wie wir mit Gott in Verbindung treten können. Im Augenblick aufrichtigster Liebe wird sich Gott uns plötzlich offenbaren. Dieser Kontaktpunkt ist unser Hafen, der uns sicher mit Ihm verankert.

Unsere einzige Aufgabe besteht darin, Gott überall zu entdecken, auch in der äußeren Welt. Es kann geschehen, dass unsere Liebe zu Gott so stark ist, dass wir plötzlich eine Verwandtschaft mit den Bäumen, Gräsern, der Luft und jedem, der uns begegnet, spüren. Diese Entrückung entspringt der jubelnden Liebe zu Gott. In solchen Augenblicken lösen sich alle anderen Bedürfnisse und Ziele in unserem Verlangen nach der Gottheit auf. Sich Ihrer Präsenz bewusst zu werden, gleicht einer Errungenschaft, einer Erfüllung. Gott erschuf uns als menschliche Wesen und legte die Vervollkommnung seines Werkes in unsere Hände. Im Bewusstsein jenes größten aller Bedürfnisse, unseres Verlangens nach Gott, erkennen wir die Tatsache, dass uns Seine Barmherzigkeit zu läutern, zu vergeistigen und zu erheben vermag. Dies erreichen wir nur, wenn es etwas in uns gibt, das uns von den Schlacken, Unreinheiten und Hindernissen sowie der Last der Begrenzungen befreit, so dass uns diese Liebe vollkommen erfüllt.

Obwohl wir spüren, dass unsere höchste Aufgabe darin besteht, Gott kennenzulernen und uns mit Ihm zu verbinden, lassen wir es bisweilen zu, dass eine Armee von Eindringlingen unser Bewusstsein belästigt. Wir lassen uns von unserem geistigen Ziel ablenken. Als Mensch halten wir unser Versprechen nicht fortwährend ein. Aus diesem Grund bedarf es immer wieder der erneuten Hingabe, Sein Licht in uns leuchten zu lassen.

Wenn wir uns im Bewusstsein auf Gott ausrichten und uns dann schwierigen Situationen gegenübersehen, beginnen Wachstum und Fortschritt. Es ist wichtig, den Unterschied zwischen unserem gewöhnlichen Bewusstsein und der Gott-Bewusstheit zu erkennen. Situationen, die uns normalerweise missfallen, irritieren oder verärgern, werden uns nicht mehr erregen, wenn wir in Einklang mit dem Göttlichen stehen. Konstruktive Erwiderungen ersetzen defensive Reaktionen. Liebe ersetzt Ärger. Ein Gespür für größere Schönheit, Bedeutung und Freiheit durchdringt unsere Verhaltensweise, wenn wir die Nähe Gottes in unserem Leben spüren. Ein Hauptmerkmal der Verbindung mit Ihm zeigt sich in der Gelassenheit. Es gibt keine Anspannung, nur entspannte Wachsamkeit.

Eine Jahrhundertpflanze erblüht nicht in einer Saison. Es bedarf vieler Jahre, ehe sie eine Blüte hervorbringt. Ähnlich verhält es sich mit uns. Ein einziges Retreat oder ein Jahr anhaltender Bemühungen genügen nicht, um geistig zu erwachen. Sofortige Vollkommenheit von uns oder anderen Menschen zu erwarten bedeutet, dass wir den Wert geduldiger Vorbereitung übersehen, ohne die eine Erleuchtung unmöglich wird.

Wenn wir an Gott denken, um Seinen heiligen Namen in der Meditation anzurufen, wie denken wir an Ihn? Welche Form hilft uns, die Bewusstseinsleiter emporzuklettern? Verlassen wir uns auf die Ehrfurcht des uralten Seelenfunkens, der Gott kennt. In diesem Universum herrschen Ordnung und Gesetzmäßigkeit. Hinter dieser wunderbaren Ordnung liegt eine Ursache, und hinter dieser Ursache steht eine Intelligenz. Hinter dieser Intelligenz gibt es eine Höchste Präsenz, die wir Gott nennen.

Wie können wir Gott in Seiner Herrlichkeit erkennen? Wir müssen danach trachten, die göttliche Schönheit in den Seelen jener zu sehen, die das Gute anstreben. Bis wir selbst Meister sind, wird es viele Rückfälle geben, aber wir dürfen nicht aufhören, uns zu bemühen. Jene starken, mutigen und weitblickenden Individuen, welche die Meisterschaft errungen haben, werden unser größter Ansporn sein. Sie beginnen auf ihrer Stufe von „Angesicht zu Angesicht" zu schauen. Sie können Gott nicht definieren, aber sie können uns von dieser wunderbaren Präsenz und Macht berichten.

Lebe in enger Verbindung mit Gott. Die kleinen Dinge werden wegfallen und alles in die richtige Perspektive rücken. Wir werden das Wichtige vom Unwichtigen zu unterscheiden lernen. In Seiner Nähe werden wir die Geduld besitzen, so lange zu warten, bis wir in der Lage sind, die Verantwortung zu tragen, welche die selbstsüchtige Seele jetzt gleich übernehmen will. Verlassen wir uns auf die göttliche Eingebung.

Gotteserfahrung

Trifft es nicht zu, dass es uns oft stärker nach den Gaben Gottes verlangt als nach Ihm selbst? Wir möchten erhoben, bereichert, inspiriert und erleuchtet werden und vergessen, dass es viel wichtiger ist, als Vorposten des göttlichen Bewusstseins zu wirken. Wir erfüllen die Göttliche Absicht erst, wenn es viele dieser bewussten, geläuterten und engagierten Außenposten gibt, damit Gott den Menschen für Sein Vorhaben einsetzen kann.

Es bedarf einer ungeheuren Anstrengung, seine Aufmerksamkeit in erster Linie auf Gott zu richten. Aber wir verfügen über die Fähigkeit und die Entschlusskraft, uns unseren Schöpfer vor Augen zu halten und ihm gegenüber verantwortlich zu sein. Gott fortwährend, Tag für Tag und in jedem Augenblick zu lieben, läutert und befreit uns. Der Gedanke an diesen erhabenen Lichtrhythmus vergeistigt uns in Seiner Weise und in Seinem Sinne.

Ein befreundeter Geschäftsmann glaubte zwar an Gott, besuchte die Kirche aber nur, um seine Frau zu begleiten. Dann sah er sich einer schwierigen Situation gegenüber. Er fühlte sich genötigt, für einen in große Not geratenen Freund zu beten. Er schloss die Augen und richtete sein Gebet mit einer bestimmten Absicht an den Ewigen. Plötzlich fühlte er sich umhüllt und in dem, was er gehört hatte, bestätigt. Er wusste, dass während des Betens etwas Wunderbares geschah und ging darin auf. Sein Gebet glich einem Magneten, der diesen Mann in die Ewigkeit Gottes zog, denn er änderte sein Leben.

Die Musik vermag ebenfalls wie ein Magnet zu wirken und uns Gott näherzubringen. Manchmal genügt bereits das Summen einer Hymne oder einiger Takte einer klassischen Komposition. Die wunderbaren Töne heben uns auf eine höhere Bewusstseinsebene und verwandeln uns. Wir haben uns für den göttlichen Geist geöffnet.

Einige Leute stimmen sich mit Hilfe eines Grundgedankens auf Gott ein, wie etwa mit dem folgenden: *Im Hier und Jetzt weile ich in Deiner heiligen Nähe.* Wenn wir einen solchen Satz oder ein inhaltsvolles Gedicht sprechen, beeinflussen uns deren Gedankenschwingungen, und wir verwandeln uns. Einige Menschen gehen in die Natur hinaus. Gott in allem, was er erschaffen hat, zu lieben, schenkt uns die Fähigkeit, den Allerhöchsten zu sehen, nicht mit unseren physischen, sondern mit unseren inneren Augen. Wir sehen Ihn in wundersamer Weise aus Seiner Schöpfung hervorleuchten. Wir müssen Wege finden, um uns Gott bewusst zu machen. Wenn wir den ersten Schritt in diese Richtung unternehmen, wird uns seine Gegenwart auf halbem Wege entgegenkommen.

Bei einem Aufenthalt in den Bergen überkam mich das Gefühl, dass ein ganzer Monat umsonst gewesen war, da ich die Heiligkeit Gottes nicht geschaut hatte. Als ich meine Vorsätze überprüfte, geschah es plötzlich. Da war dieses Licht, das mich mein Menschsein vergessen ließ. Ich war mir nur bewusst, wie die Engel Ihm huldigen, denn in diesem Augenblick betete ich in vollkommen selbstvergessener und wundersamer Weise. Später bemerkte ich eine große Veränderung, die etwa einen Monat lang anhielt. Alles, was mein physischer Körper unternahm, geschah auf eine völlig neue Art. Wie oft spüren wir doch die Last und Unbeholfenheit unseres Körpers! In jenen Tagen war ich mir nicht bewusst, in einer physischen Hülle zu leben. Ich bemerkte nur den Lebensatem und die Tatsache, dass ich mit meinen Freunden sprach. Ich erinnere mich, ein Glas Wasser in der Hand gehalten zu haben. Niemals in meinem Leben hatte ich Wasser so sehr geliebt. Nicht, dass ich durstig gewesen wäre, aber die Bedeutung des Wassers veränderte sich plötzlich. Diesen wunderbaren Monat habe ich niemals vergessen. Jeder Augenblick unseres Wachbewusstseins in diesem Leben lohnt sich, um einen solchen Zustand der Verzückung wieder einzufangen.

Bei einem anderen Aufenthalt in den Bergen bemerkte ich nach meiner Morgenmeditation, dass sich mir etwas bewusst machen wollte. Andächtig und aufmerksam wartete ich. Zunächst tauchte der Gedanke auf, dass jeder von uns die Verantwortung trägt, dass sich die Grundprinzipien entfalten und zum Ausdruck bringen. Dann vernahm ich die Worte: *Göttliche Gegenwart*. Diese beiden Worte übermittelten etwas, das mehr bedeutete als jeder andere Ausdruck für Gott, den ich jemals benutzt hatte. Er erfüllte meine Aura mit neuen Betrachtungen und neuer Erkenntnis. Plötzlich befand ich mich außerhalb meines physischen Körpers auf der höheren Mentalebene. Liebliches, sanftes, durchsichtiges Licht umgab mich, und ich ließ die Worte *Göttliche Gegenwart* erneut anklingen. Mein gesamtes Sein nahm diese *Göttliche Gegenwart* auf. Ich erkannte die Bedeutung dieser Haltung, wenn wir uns auf Gott einstimmen – dass Er uns umhüllt, wir in Seiner Mitte stehen und nicht nur an Ihn denken, als sende Er einen Lichtstrahl von oben herab.

Dann befand ich mich wieder in meinem Körper, blickte aufmerksam nach oben, und es kamen die Worte: *Göttliche Wirklichkeit*. Diese Worte erfüllten mich erneut, und es wurde mir bewusst, dass in der Göttlichen Wirklichkeit alles existiert – alle elementaren Bestandteile, Lebensströme, Fähigkeiten und Möglichkeiten des Lebens und der Evolution. Wenn die Göttliche Wirklichkeit alles in sich birgt, sind die Entdeckungen in Wissenschaft, Religion und anderen Disziplinen, die der Menschheit dienen, mit ihr verbunden – die Zukunft und das *Jetzt* sind vereinigt. Die telepathische Vorahnung bildet die Brücke. Es gibt unzählige Möglichkeiten, wenn wir diese Prämisse akzeptieren.

Als Nächstes tauchten die Worte *Göttliche Intelligenz* auf, die mich freudig erzittern ließen. „Worauf bezieht sich Göttliche Intelligenz?", dachte ich bei mir. Die Antwort kam augenblicklich. „Etwas, das man jederzeit und auf allen Seinsebenen besitzen sollte, um einer Herausforderung wach zu begegnen." Der Gedanke drängte sich auf, dass zwischen Intelligenz und Intellekt ein großer Unterschied besteht. Es folgten die Worte *Göttliche Weisheit*. Weisheit ist die Essenz der intelligenten Aufnahme der Wahrheit, die durch richtige Entscheidungen angewendet und lebendig wird. Weisheit bedeutet Erleuchtung. Als ich in meinem Gedankengang innehielt, erhoben sich gleich einer wundervollen Flamme die Worte *Göttliche Liebe*. Diese Eigenschaft ist das größte Geschenk an die Schöpfung, an alles, was Gott erschuf.

Die nächsten Worte, die die Meister mir übermittelten, lauteten: *Göttliche Fähigkeit* – der einfachste und stärkste Aspekt der Göttlichen Gegenwart. Der Begriff *Fähigkeit* kann erstens Geschicklichkeit bedeuten und zweitens Stärke oder Kraft. Wenn wir etwas nicht zustande bringen, vermag die Göttliche Fähigkeit die Kraft zu senden, damit es gelingt. Die Worte *Göttliche Macht* eröffneten einen weiteren Bereich. Als Grundgedanke beziehen sie sich auf die Kraft, alles zu transzendieren, das uns an die Erde bindet – die Kraft, die erhebt und verwandelt. Die Göttliche Macht besitzt die Fähigkeit, uns zu erschaffen, zu heilen, zu beschützen und zu segnen. Dieser Aspekt, der dem Allerhöchsten und dem Gottesfunken in uns zu eigen ist, verfügt über die entsprechenden Mittel, Wege, Segnungen und Gnadengeschenke. Er lässt uns wachsen, voranschreiten und vollkommen werden, wenn wir uns der Göttlichen Gegenwart hingeben.

Unter diesen Bezeichnungen kann die höchste Präsenz während der Meditation oder im Laufe des Tages angerufen werden, um neue Einsichten und tiefere Gotteserfahrungen zu gewinnen: *Aus freier Entscheidung lebe ich inmitten der aktiven Göttlichen Gegenwart, Göttlichen Wirklichkeit, Göttlichen Intelligenz, Göttlichen Weisheit, Göttlichen Liebe, Göttlichen Fähigkeit und Göttlichen Macht.* Zwischen den einzelnen Anrufungen halte man einen Augenblick lang inne. Die Göttliche Gegenwart, die den gesamten Kosmos erfüllt, stärkt mit diesen Anrufungen Ihre einzelnen Funken in uns. Sie durchdringen uns dann mit den Energien des göttlichen Geistes. Wir müssen es zulassen, dass sie sich auswirken, wodurch sich auch unsere eigenen göttlichen Kräfte verstärken und entwickeln.

Wenn sich das Bewusstsein des Menschen von der Welt abwendet und auf den Geist konzentriert, bedeutet dies, dass seine gesamte Aufmerksamkeit der ihn einhüllenden Gottesgegenwart gilt. Sie ist immer unmittelbar vor uns, auch wenn wir uns Ihr in vielen Leben willentlich verschließen. Wie gut zu wissen, dass wir nicht unendlich weit und lange reisen müssen, um Ihn zu finden, denn Gott ist immer dort, wo wir gerade sind.

Bei der Gotteserkenntnis handelt es sich nicht um eine mentale Vorstellung, sondern um eine Realität, der wir uns in der Anbetung gegenübersehen. Diese Wahrnehmung kann gefördert werden. Zu Beginn unseres Gebetes, wenn wir sprechen: *Geist des Lebens, wir lieben dich,* mögen unsere inneren Fähigkeiten noch brachliegen. Wiederholen wir die Worte: *Wir lieben dich* unzählige Male mit tiefer Inbrunst und Verehrung, erwachen unsere schlummernden Sinne, und wahre Gottesliebe entfaltet sich.

Alle unsere geistigen Bemühungen konzentrieren sich auf das Bedürfnis, die unmittelbare Gegenwart Gottes wahrzunehmen. Wie können wir diesen Gedanken fördern, damit er zur Gewohnheit wird? Der Einsiedler Bruder Lawrence erklärte: *Man muss sich stufenweise an diese kleine heilige Übung gewöhnen.* Mit anderen Worten, wir müssen Gott in den Mittelpunkt unseres Alltags und jeder einzelnen Tätigkeit stellen. Dann wird diese Übung zur Routine, macht die Pflicht zur Freude und verleiht schwierigen Situationen oder ereignisreichen Zeiten ihren angemessenen Stellenwert, da wir der Anwesenheit Gottes den Vorrang geben. Wenn wir uns nicht ins Gedächtnis rufen, dass Gott in diesem Augenblick vor uns steht, uns beobachtet und unsere

Bemühungen unterstützt, werden die kleinen Dinge pflichtbewusst und ungeduldig erledigt und den größeren Ereignissen allzu große Bedeutung beigemessen. Die Gegenwart Gottes, die wir als liebevollen Beobachter bewusst erfahren, segnet alles gleichermaßen, so dass wir das Geringste in einer Weise ausführen als sei es das Höchste, und dem Großen ebenso viel Beachtung schenken wie dem Kleinen.

Fühlen wir uns verloren, ziehen wir die wachsame Gegenwart still und bewusst in unser Vertrauen, indem wir dankbar anerkennen, dass in Gott die Weisheit, Macht und Kreativität für alles im Himmel und auf der Erde liegt. Wir sollten unsere Angelegenheiten der Aufmerksamkeit und Hilfsbereitschaft des Geistes anheimstellen und aufhören, an uns selbst oder unsere Sorgen zu denken, da sich in Ihm alles auflöst. Achten wir auf die inspirierten Eingebungen, die im Zusammenhang mit unserem Problem auftauchen, dann erkennen wir die Führung Gottes.

Nur wenige Menschen richten ihr Leben auf Gott aus. Wir sollten uns dazu erziehen, nach Ihm Ausschau zu halten. Es gibt so viele einfache Dinge, mit denen wir beweisen können, dass wir für Ihn und in Seiner allumfassenden Obhut leben. Begrüße in deinem Alltag jeden Menschen, als sei er ein Bote des Allerhöchsten. Vielleicht bittet er uns, ihn zu führen. Seine Bitte kann für uns ein Zeichen Gottes sein, für Ihn im Christus-Bewusstsein zu wirken.

Betreten wir eine Kirche oder ein spirituelles Bauwerk, können wir unser Herz für die Gegenwart Gottes öffnen. Zu Hause kann jeder Raum dem Geist des Lebens geweiht werden. Wir können uns Seine strahlende Nähe inmitten wimmelnder Menschenmassen vor Augen führen. Öffnen wir ein Fenster für Sein Licht, ergießt sich ein goldener Strom der Erneuerung auf uns, der uns von Niedergeschlagenheit befreit und uns an die Heilige Gegenwart in unserer Mitte erinnert, wodurch wir mit Hoffnung erfüllt werden. Angesichts der vielen kranken, elenden und unglücklichen Menschen können wir im Herzen den unfehlbaren Geist des Mitgefühls anflehen, sein alchemistisches Werk zu vollbringen und ihr Leben zu heilen und zu verwandeln.

Wenn wir uns aufrichtig und inbrünstig nach der Gegenwart Gottes sehnen, geschieht etwas Wunderbares. Wir werden fähig, uns Gott hinzugeben. Wir bitten darum, Er möge uns von allen alten, negativen Angewohnheiten befreien. Wir werden erleben, wie Gott unsere aufrichtigen Gebete beantwortet und sich uns nähert. Wir verehren

Ihn nicht nur um Seiner Göttlichkeit willen, sondern auch wegen dieser Freundschaft und Unterstützung.

Wenn wir Gott die Verbesserung unseres Charakters überlassen, ändern wir uns. Mit zunehmender geistiger Reife werden wir dann verantwortungsbewusster und übernehmen schließlich die volle Verantwortung für unser eigenes inneres Wachstum. Diese Reife wird erreicht, wenn wir unser Bewusstsein immer wieder von einer Ebene auf die nächst höhere erheben.

Es gibt Augenblicke, in denen wir alles geben würden, um für die Heilige All-Gegenwart offen und empfänglich zu sein. Schließlich geschieht es völlig unerwartet, und wir spüren, dass sich eine Tür geöffnet hat und das Licht erstrahlt. Gott segnet und erfüllt uns.

3.

Das Leben Christi

Vor über zweitausend Jahren wurde eine Seele geboren, der man den historischen Namen Jesus gab. Ihre Ankunft hatte man bereits Jahrhunderte zuvor angekündigt. Ihr geistiger Name war *Emanuel,* was so viel bedeutet wie *Gott mit uns.*

Dem christlichen Glauben zufolge erscheinen die ersten dreißig Lebensjahre Jesu recht geheimnisvoll. Die Bibel gibt nur zwei Hinweise auf jene Zeit. Viele Menschen haben gehofft, irgendeinen besonderen Sinn in jenen stillen Jahren zu entdecken und sich deshalb für falsche Lehren geöffnet. Aus diesem Grunde möchte ich von meinen Erinnerungen an das Leben Christi berichten. Da ich in jener Zeit als Miriam, der Tochter von Marias bester Freundin, lebte, kannte ich Jesus gut. Die wenigen, die ebenfalls in jener Zeit lebten, mögen durch meine Worte aufgerüttelt werden.

Maria gebar unseren Herrn in einem sehr schönen Haus. Mütterlicherseits entstammte sie einer wohlhabenden Familie. Ihre Eltern besaßen keinen großen Reichtum, aber zahlreiche vermögende Verwandte sorgten für die bestmögliche Erziehung des Kindes. Maria pflegte sie in Begleitung ihrer Mutter in ihren Häusern aufzusuchen, wo sie von Privatlehrern unterrichtet wurde. Im Hause ihres Onkels belehrte man sie über die Vergangenheit Israels und den Glauben ihres Volkes. Ein zweiter Lehrer unterrichtete sie in der aramäischen Sprache und Grammatik. Die Mathematik jener Zeit lernte sie wiederum in einem anderen Haus.

Während ihrer gesamten Kindheit stand Maria in Kontakt mit den Engeln. Sie war eine Eingeweihte vierten Grades, und die Tore zu den inneren Welten standen ihr offen. Als sie Jesus in der Stadt Davids gebar, erlebte sie eine Vision der himmlischen Boten, die jenes göttliche Wesen in seine physische Hülle begleiteten, dass sie an einen Punkt kam, an dem sie die Geburtswehen kaum noch wahrnahm.

Maria war mit Joseph verheiratet, der wusste, dass sie im Begriff stand, eine ungewöhnliche, weit vorangeschrittene Seele zu gebären. Sie war neunzehn Jahre alt und Joseph sechsundvierzig. Es bestand eine starke Bindung aus früheren Leben zwischen ihnen. Joseph war Witwer und hatte vier Kinder, drei Jungen und ein Mädchen. Bei der Geburt Jesu waren sie in ihrem Teenageralter. Sie wuchsen bei Josephs Mutter auf. Das Mädchen, Hannah, war die Älteste. Die Söhne hießen Johannes, Jakob und Taddäus. Hannah lebte später mit ihrem Mann in Jericho. Nach ihrer eigenen Verheiratung pflegten die Söhne die Familie oft zu besuchen, und Maria liebte es, die Kinder bei solchen Gelegenheiten im Haus zu haben.

Joseph und seine Familie hatten, ebenso wie Marias Eltern, der Bruderschaft der Essener angehört. Diese legten großen Wert auf die richtige Lebensweise, auf korrektes Verhalten und gesunde Ernährung. Ihre Anhänger waren tiefer in die Mystik eingedrungen als die orthodoxen Juden. Nach ihrer Heirat zogen sich Joseph und Maria von dieser Bruderschaft zurück, obwohl sie Umgang mit ihren Mitgliedern pflegten und öffentlichen Vorträgen beiwohnten. Als Jesus heranwuchs, erhoben die Essener einen gewissen Anspruch auf ihn, den er zurückwies, da er ihre Vorstellung von Ausschließlichkeit missbilligte. Die Lebensweise der Essener war edel, und ihre Lehre stand weit über den in Palästina herrschenden Philosophien, aber sie lebten ihren Glauben nicht. Ihre Religion starb mit der Zeit aus, denn ein größeres Licht, als sie es kannten, hatte die Welt betreten.

Die Eltern Jesu lebten die meisten Jahre ihres Lebens in Nazareth, einem wunderschönen Ort im Herzen Palästinas. Wenn Jesus in der Wildnis meditierte, konnte er von ihren Höhen im Osten den hinter Nazareth gelegenen See Genezareth sehen. Blickte er nach Norden, erstreckten sich vor ihm die Weinberge und Obstgärten dieses fruchtbaren Landstrichs. Im Westen erblickte er das Mittelmeer. Die Meere lagen weit entfernt von Nazareth, aber die Hügellandschaft um diesen Ort herum bot eine einmalige Aussicht.

Selbst als kleiner Junge zog es Jesus vor, diese Gegend alleine aufzusuchen. Als er älter wurde, reiste er weite Entfernungen und pflegte bisweilen alleine mit dem Boot hinauszufahren und zu meditieren. Alles, was er tat, geschah mit dem Ziel, sich auf das Christus-Amt einzustimmen und die Verantwortung zu erkennen, die er als der Christus der Erde übernehmen sollte. Später wusste er, dass es eine strategisch äußerst wichtige Periode geben würde, in der er sich offenbaren durfte, aber bis dahin wartete er und bereitete sich auf diese Zeit vor. In den achtzehn Jahren des Schweigens widmete er sich der inneren Vorbereitung auf seine Mission. Diese Jahre verbrachte er nicht auf Reisen und wurde auch nicht in einer Mysterienschule unterrichtet, sondern lebte im Haus seiner Eltern. Durch den Tod Josephs, der vierzehn Jahre lang sein Vormund gewesen war, wurde Jesus mündig.

Maria wusste, dass ihr Sohn ein Meister war, denn sie besaß die Fähigkeit inneren Schauens. Sie erahnte sein Werk, da sie beobachtet hatte, dass er das Bewusstsein der Menschen, denen er begegnete, anhob und ihre Körper heilte. Weder ein Wort noch ein Zeichen seinerseits rief diese Veränderung hervor. Es schien ganz natürlich zu geschehen, obwohl Maria glaubte, dass ihr Sohn in gewisser Weise für diese Transformationen verantwortlich war. Sie zeigte sich sehr bescheiden und verschwiegen, da die Meister ihr auf geistiger Ebene mitgeteilt hatten, nichts über ihren Sohn zu erzählen. Er sollte sich selbst offenbaren.

Als Jesus fünfzehn Jahre zählte, gebar Marias Freundin ihre Tochter Miriam. Nach dem Tode dieser Freundin holte Maria das Kind zu sich und übernahm die mütterliche Verantwortung. Ich erinnere mich, wie ich in ihre Familie aufgenommen wurde. Ich empfand eine große Kluft zwischen mir und Jesus, dieser ungewöhnlich edelmütigen, starken und inspirierenden Person, in deren Schatten ich lebte.

Maria dagegen wirkte auf mich und alle anderen sehr inspirierend. Sie war von kleinem Wuchs, mit einem wunderschönen aristokratischen Gesicht, braunem Haar und violett-blauen Augen. Sie trug die Verantwortung für die kleinen Kinder ebenso wie für jeden von uns, der in ihrem Haus weilte. Ihr Heim wurde zum Treffpunkt für Leute aus vielen Ländern, die von jenem höchst ungewöhnlichen jungen Mann gehört hatten, der ihnen aufgrund seines Wesens und seines Mitgefühls für alles Leben großen Respekt abnötigte.

Sein ganzes Leben lang was Jesus außergewöhnlich. Er zeigte schon sehr früh, dass er den anderen Jungen nicht ähnlich war. Von Anfang an besaß er große Würde und eine erstaunliche Selbstbeherrschung. Es gab Zeiten, in denen er ungemein lustig sein konnte. Als Schuljunge war er stets der Anführer. Er gewann alle Spiele, bis er schließlich beschloss, nicht mehr daran teilzunehmen, damit auch andere Jungen gewinnen konnten. Wäre Jesus nicht ein Meister gewesen, wüssten wir mehr über seine frühen Lebensjahre. Aber da er alle geistigen Prüfungen abgeschlossen hatte, verlief sein Leben ruhig und ereignislos.

Als Jesus sich inkarnierte, lag eine gewaltige Vergangenheit hinter ihm. In der Akasha-Chronik entdeckte ich, dass er der Einzige ist, der in vielen Leben herausragte. Im Alten Testament war er Joshua, der Nachfolger Moses nach dessen Tod. Er erklärte: *Ich bin die Wurzel und der Nachkomme Davids und der leuchtende Morgenstern.* Die *Wurzel* bedeutet: *Ich war David.* Der Nachkomme besagt, dass er nach David eine weitere Inkarnation hatte, in der er sich voll entfaltete. David war eine Inkarnation Jesu. Im Hinblick auf seine Liebe, sein Mitgefühl und seine große Stärke wird diese Persönlichkeit oft als *Vorläufer Jesu* bezeichnet. Als ägyptischer Pharao Echnaton war er ein Eingeweihter vierten Grades und glaubte an den Einen Gott, an das Gute und eine reine Lebensweise. Er war sehr gebildet.

Vor zweitausend Jahren war der Name Jesus sehr gebräuchlich. Aus diesem Grunde haben viele Seher mehrere Persönlichkeiten, die denselben Namen trugen, aber nicht der Christus waren, verwechselt. Der eklatanteste Fehler zeigte sich in der Erklärung, dass Jesus, der Christus, später Apollonius von Tyana wurde. Diese Schlussfolgerung erweist sich als offensichtlich unlogisch, denn Apollonius war nicht halb so bedeutend wie Jesus. Dieser Irrtum entsprang der Tatsache, dass es in Bethlehem einen anderen, älteren Lehrer gab, der ebenfalls den Namen Jesus trug. Der beliebte Essener und Eingeweihte bereiste Ägypten, Griechenland und Indien. Hätte dieser Lehrer nicht den gleichen Namen getragen, den man dem Messias gab, wäre der Irrtum bezüglich der Identität niemals aufgetreten.

Jesus, der spätere Christus, heilte, verbrachte Wunder und besiegte den Tod. Es gab keinen Grund, ihm etwas zu lehren, denn er kam mit einem erleuchteten Mentalkörper in diese Welt. Er wusste, warum er kam und war darauf vorbereitet, seine Botschaft zu verkünden. Niemand auf dieser Erde wäre in der Lage gewesen, ihn über die geistige Aufgabe, die vor ihm lag, zu belehren. Lange vor seinem Leben als Jesus war er in die Mysterien eingeweiht worden. Niemand konnte an sein Bewusstsein heranreichen. Jesus stimmte sich einfach auf die universale Lehre ein, welche die Welt umhüllt.

Jesus war ein ausgesprochen gutaussehender Mann, hochgewachsen, athletisch gebaut, mit großen braunen Augen und braunem Haar, das wie Bronze in der Sonne leuchtete. Er sprach stets ermutigend und mit weisem Humor. Seine ungewöhnliche Ausstrahlung zog die Leute an. Sie verehrten ihn und schmeichelten ihm. Sie folgten ihm, denn seinem Mund entströmten Worte der Stärke, des Lebens und der Verwandlung. Bisweilen fühlten sie sich in seiner Anwesenheit unwohl, da er die Fähigkeit besaß, ihre geheimsten Gedanken wahrzunehmen. Sie wussten es, denn er pflegte ihnen zu sagen, was er sah, ob ihre Gedanken gut oder schlecht waren. Jesus klagte und frömmelte niemals. Unentschlossenheit kannte er nicht. Als Gottes Sohn besaß er für solche negativen Züge zu große Stärke und Ausgeglichenheit.

Selbst ehe er bekannt wurde, ereigneten sich in seiner Anwesenheit viele wunderbare Dinge. Ich erinnere mich an einen klumpfüßigen Jungen, der auf Marias Knien saß. Jesus betrat den Raum, und der Kleine streckte ihm seine Hände entgegen. Dieser nahm ihn hoch, hielt ihn eine Weile und setzte ihn wortlos zurück. Zunächst bemerkten wir nichts, bis eine Frau plötzlich ausrief: „Er ist geheilt worden, schaut!" Wir schauten und sahen, dass der Fuß des Kindes normal war.

Bei einer anderen Gelegenheit bemerkte ich ein etwa vierjähriges Mädchen den Hof betreten, in dem Jesus zu seinen siebzig Jüngern sprach. Sie trug eine Katze in ihren Armen, die von den anderen Kindern arg gequält und misshandelt worden war. Das Kind brachte das Tier zu Jesus. Er unterbrach seine Rede und streichelte die Katze. Diese streckte sich und sprang aus den Armen des kleinen Mädchens. Sie war geheilt. Alle Blutspuren waren wie weggewischt. So stark war seine Heilkraft. Derartige Dinge ereigneten sich des öfteren, ehe er die Aufmerksamkeit zahlreicher Menschen erregte. Vor seinem dreißigsten Lebensjahr verhielt er sich in diesen Dingen so unauffällig, dass die meisten Leute erst später erkannten, dass er ein Wunder vollbracht hatte. Er empfand es als ganz natürlich, die Nöte des Alltags zu sehen, sie zu segnen oder zu heilen.

Seine Mission

Als Meister wusste Jesus, dass seine geistige Aufgabe eine weite Verbreitung erfahren würde, gleichgültig ob er ihr drei Jahre oder ein langes Leben widmete. Nur einem Meister war es möglich, in drei unvergleichlichen Jahren so viel zu erreichen.

Ihm war bewusst, dass seine Mission mit dem Tag begann, an dem ihn sein Vetter Johannes taufte. Die Taufe bedeutete für ihn die Reinigung von der Vergangenheit. Er wusste, dass jene Wasser elektrisch aufgeladen waren, so dass nichts aus den früheren Leben seine Worte als Christus beeinträchtigen konnte. Sein gesamtes Sein war so stark mit den Christus-Kräften verbunden, dass er fortan nicht mehr sich selbst, sondern dem öffentlichen Leben gehörte.

Als Johannes der Täufer Jesus erblickte, rief er aus: *Es gebührt mir nicht, dich zu taufen. Du bist weitaus würdiger als ich, so taufe du mich.* Johannes war ein Asket, der seinen Körper durch häufiges Fasten disziplinierte, denn er besaß einen starken animalischen Instinkt, und er wusste es. Monate bevor Jesus zu ihm kam, hatte er gepredigt, den Weg für den Einen zu bereiten, der größer war als er, *dessen Schuhe ich nicht würdig bin zu tragen. Ich taufe dich mit Wasser. Er wird dich taufen mit dem Feuer des Heiligen Geistes.*

Jesus wusste um den geistigen Plan und wählte Johannes als Instrument, ihn in sein neues Wirken einzuführen. Bei seiner Taufe geschah etwas Wundervolles in den inneren Welten. Er wurde der *Herr Emanuel*. Durch die Tauf-Zeremonie wurde er mit der Verantwortung und dem Amt des Christus für diesen Planeten betraut. Johannes, ein Eingeweihter vierten Grades, erkannte ebenso wie Jesus, dass die Christus-Kraft Jesus nun vollständig beseelte. Er war der Christus bei seiner Geburt sowie nach der Taufe, aber für die physische Offenbarung dieser großen Mission bedurfte es jener speziellen Vorgehensweise.

Nach der Taufe zog sich Jesus von seiner Familie zurück und lebte oder übernachtete niemals mehr in ihrem Haus. Während der vierzig Tage in der Wüste versorgte ihn die Familie mit Nahrung und betrachtete es als eine große Ehre, ihm den Korb mit dem von Maria frisch gebackenen Brot bringen zu dürfen. Er ernährte sich ausschließlich von ihrem Brot und von Wasser, und es gab Tage, an denen er nichts zu essen hatte. Dies war der Fall, als der Versucher an ihn herantrat.

Die Versuchung in der Wüste kennzeichnet das wichtigste Geschehen, ehe er sein öffentliches Leben begann. Jesus stärkte seinen Geist während jener vierzig Tage. Er überlegte, wie er sich in bestimmten Prüfungssituationen verhalten und die Kraft kanalisieren sollte, um Seelen zu erleuchten und zu heilen. Als er über diese Dinge nachsann, leuchtete das Licht, das ihn umgab, so hell, dass es die Finsternis anzog.

Dies gilt bis in die heutige Zeit, denn je höher der Bewusstseinszustand, desto eher werden heftige Versuchungen an uns herantreten. Die Macht des Anti-Christen, der dunklen Seite der Evolution, will nicht, dass man der Meisterschaft entgegenstrebt. Sie versucht, uns abzulenken, damit wir momentan den Halt und die geistige Verbindung verlieren.

Diese Situation erlebte Christus, als er sich Satan, dem Prinzen der Finsternis, gegenübersah. Er wusste, dass die stärkste Kraft des Bösen danach trachtete, ihn in intelligenter Weise zu versuchen. Alles in ihm erhob sich, um Satan zu bekämpfen – und er siegte. Interessanterweise begann und endete seine Mission mit der Versuchung. In beiden Fällen blieb er siegreich. Jesus trat in der Wüste und bei der Kreuzigung dem Widersacher wie jedem anderen Gegner gegenüber. Die dunklen Kräfte können uns erschlagen, aber wenn wir das Licht annehmen und ihm wirklich treu bleiben, gehen wir im Licht auf. Wir verlieren nichts. Im Gegenteil, es ist ein Gewinn, denn eine weitere Seele hat ihre Kräfte gemessen.

Matthäus berichtet von der Begegnung Jesu mit dem Prinzen der Dunkelheit: *Bist du Gottes Sohn, so gebiete, dass die Steine zu Brot werden.* Trotz seines hohen Bewusstseinszustandes verspürte Jesus physischen Hunger, was sich der Versucher zunutze machte. Er wollte ihm nicht befehlen, sondern ihn überreden und glaubte, Jesus werde ihm auf diese Weise Folge leisten: *Ist es nicht ein Leichtes für dich, Steine in Brot zu verwandeln?* Jesus wäre dazu in der Lage gewesen, denn später, als er zu den Menschenmengen sprach, vermehrte er Brot und Fische und speiste Fünftausend. Er wusste, dass man dem Aufwiegler nicht nachgeben darf. Er erkannte, dass sein Gegner ihn zu verführen suchte, mit seinem Können zu *protzen*. Jesus bewies Satan, dass sich nach dem Willen Gottes der Mensch vom Brot der Wahrheit und der Wahrheit allein ernähren und nicht etwas heraufbeschwören soll, das als Zauberei aufgefasst werden könnte.

Daraufhin nahm der Versucher ihn mit in die heilige Stadt, stellte ihn auf die Zinne des Tempels und sprach: *Bist du Gottes Sohn, so stürze dich hinab.* Unser Herr dachte still und sorgfältig über dieses Ansinnen nach. Er wollte den Versucher erlösen und wusste, dieser würde an Kraft verlieren, wenn er ihm den Sieg verwehrte.

Dann kam die dritte Versuchung. Satan nahm ihn mit auf einen sehr hohen Berg, zeigte ihm die Schönheit und Herrlichkeit der Umgebung und sprach: *Dies alles werde ich dir geben, wenn du dich unterwirfst und mich anbetest.* Da wurde Jesus noch deutlicher und erwiderte: *Hinweg, Satan, denn es steht geschrieben: „Du sollst den Herrn, deinen Gott, anbeten und Ihm alleine dienen."*

Diese Situation, der sich Jesus vor zweitausend Jahren gegenübersah, steht uns noch bevor. Es wird die Zeit kommen, in der wir nach einer besseren Möglichkeit geistiger Freude, der Entwicklung zu einem edleren Menschen, Ausschau halten. Blicken wir dem Bösen ins Auge, müssen wir uns auf jenen Christus-Aspekt großer Stärke einschwingen, auf die Art und Weise, in der er in der Wüste Satan gegenübertrat. Die Wüste versinnbildlicht die Leere in uns, wenn uns Zweifel, Bestürzung und Verzweiflung heimsuchen. Jeder Mann, jede Frau und jedes Kind muss für sich selbst entscheiden. Das ist der Weg geistigen Wachstums.

Manche Menschen lernen durch Leid. Unser Herr lernte nicht auf diese Weise. Aufgrund seiner Stärke gelang ihm alles, was er unternahm. Nach jener Versuchung kehrte er mit aufrechter Haltung zurück. Seine Augen blitzten voller Entschlossenheit. Durch seine eigene Reife offenbarte er die Hauptziele des Lebens und seinen Sieg über die Elementarkräfte. Er wurde zum gesalbten Werkzeug Gottes.

Die Jünger

Eines Tages berief Jesus seine Jünger. Er sprach zu jedem Einzelnen, indem er sich an dessen Seele wandte und in ihr Erinnerungen wachrief. Sie bewunderten seine männliche Stärke und die Klarheit seiner Ideale. Es erfüllte sie mit Freude und Stolz, ihm folgen zu dürfen. Mit Beginn ihres neuen Lebens wechselten die Jünger oft ihren Namen. Aus Simon wurde Petrus, und Levi nannte sich Matthäus. Jesus ließ die Menschen erkennen, dass sie das Alte abstoßen mussten, um neu geboren zu werden. Als sich Simon in Petrus verwandelte, wurde er zu einem tatkräftigen Anführer. Matthäus, der als Steuereintreiber das Geld geliebt hatte, änderte sich in einem Maße, dass seine wahre Größe hervorleuchtete.

Jesus liebte es, sich im Freien aufzuhalten. Er lehrte nicht gerne im Tempel, obwohl auch dies vorkam. Er mochte die Städte und ihre Straßen nicht. Er bevorzugte die Natur. Oft konnte man ihn mit seinen Jüngern und Anhängern irgendwo draußen an den Ufern des Sees Genezareth oder in den Gebirgsausläufern nahe Nazareth, Bethlehem oder der anderen Städte, die er besuchte, finden.

Es gab Zeiten, in denen Jesus wochenlang nicht erschien. Die Jünger berichteten denjenigen, die sich dafür interessierten, was er in dieser Zeit tat und sprach. Johannes war immer voller Begeisterung. Bevor er Jesus folgte, besaß er ein ungestümes Temperament. Seine Wesensart änderte sich so plötzlich, dass seine Freunde diesen sanftmütigen, liebevollen Mann kaum wiedererkannten. Er hatte blonde Haare und blaue Augen. Er muss dem vierten Strahl angehört haben, denn er verstand es gut, die Gebärden und die Stimme Christi nachzuahmen.

Petrus war liebenswert, aber er besaß ein hitziges Gemüt und prahlte gerne. Jeder bemerkte ihn, denn er machte auf sich aufmerksam. Ich liebte Petrus, aber am meisten liebte ich Jakobus, den Jüngeren, den Halbbruder Jesu. Es gab zwei Jünger mit dem Namen Jakobus, aber Jakobus, der Jüngere, stach von allen am meisten hervor. Er war ein Eingeweihter vierten Grades und ist jetzt der Meister Amiel, ein Meister der Heilung. Er erlitt als erster den Märtyrertod, gefolgt von Andreas und später von Petrus.

Ein anderer Jünger, den ich sehr gerne mochte, war Bartholomäus. Er war ausgesprochen kräftig, rau, stark und sehr männlich. Seine Erfahrung mit Christus mäßigte ihn. Thomas, dem Zweifler, fiel es schwer, den mystischen Aspekt des Amtes Jesu zu akzeptieren. Er zweifelte von Anfang an, aber er gab niemals auf. Als er schließlich die Wundmale an den Händen Christi fühlte, wusste er, dass dies der Messias war und rief aus: „Mein Herr und mein Gott!"

Stephan war der Jüngste. Er war ein Apostel – und er war mein Liebling. Er kam wohl aus dem Engelreich, denn er besaß diese Fröhlichkeit, dieses Licht und diesen unbesiegbaren Geist, den niemand zu brechen vermag. Stephan stand Jesus sehr nahe.

Es gab eine Gruppe von siebzig Aposteln, die in den inneren Lehren unterwiesen wurden. Maria und einige andere fortgeschrittene Frauen gehörten dazu. Wir liebten die Zeiten, in denen Jesus das Haus von Marias Onkel Jairus besuchte, der einen großen Weinberg besaß. Dort, in dem weiträumigen Hof, pflegte Jesus zu den Siebzig zu sprechen, die sich vor ihm niedergelassen hatten. Ruhig hörte er sich ihre Fragen an und beantwortete sie. Manchmal brachte er sie zum Lachen.

Jesus sprach über die herrlichen Wirklichkeiten und die wunderbaren Erfahrungen, die sich im Laufe unserer Entwicklung einstellen würden und die wir alle ja anstrebten. Er lehrte uns, dass der Mensch auf die Erde kommen müsse, um seine verborgene Göttlichkeit zu verwirklichen. Sobald diese beginnt, sich zum Ausdruck zu bringen und Blütenblatt um Blütenblatt zu entfalten, machen sich die höheren Kräfte des Menschen bemerkbar, lassen ihn seine Möglichkeiten erkennen und dasselbe Bewusstsein und die freudige Einstimmung berühren, welche die Meister kennen, die Gott lieben. Er hob hervor, dass sich unter jenen, die die innere Gruppe seiner Anhänger bildeten, noch Individuen aus anderen Reichen befanden und bezog sich auf das Engelreich, als er sagte: *Ich habe noch andere Schafe, die nicht zu dieser Herde gehören.* Wenn der Mensch Gott am meisten liebt und es ihn aufrichtig danach verlangt, jene höheren Fähigkeiten zu entwickeln, wird er diese strahlenden Boten des Alls wahrnehmen, was seine eigene Entwicklung beschleunigt.

Die durch seine Gegenwart inspirierten Jünger und Apostel erkannten immer noch nicht, wer er war. Die Kreuzigung und Auferstehung Christi beeindruckte sie zutiefst. Erst nach diesem entscheidenden Ereignis, das den Herrn ihrem irdischen Blick entzog, wussten sie es. Sie vermochten sich auf ihn einzuschwingen und erkannten, dass in den inneren Welten ein völlig neues Licht erstrahlte, denn wieder war es einem Boten Gottes gelungen, dem Feind nicht nachzugeben. Er hatte sich als wahrhaftig erwiesen, obwohl sein physischer Körper vernichtet worden war. Ich kann aus meiner eigenen Rückerinnerung bezeugen, dass er zurückkam und seinen Körper nochmals benutzte. Er war Herr über Leben und Tod.

Nachdem Jesus seine Jünger verlassen hatte, schlossen sich mindestens siebzig seiner Anhänger zusammen und wiederholten die Dinge aus dem Gedächtnis, die der erhabene Gottesbote ihnen offenbart hatte. Selbst bei diesen Zusammenkünften wurden einige von ihnen belehrt und versanken in tiefe Meditation. Ein einzelner Geist glich einem entflammten Reisigbündel und wirkte für die Gruppe als „Sprachrohr", um die durch den Christus-Geist offenbarte Botschaft weiterzuleiten.

Die seit Jahrhunderten überlieferte Botschaft Jesu stammte zunächst nur von vier Jüngern – Johannes, Jakobus, Petrus und Matthäus. Paulus übte später einen starken Einfluss auf die Menschen aus. Er war eng befreundet mit dem Arzt Lukas. Aufgrund dieser Freundschaft sammelte Lukas die Berichte von Leuten, die ihre persönlichen Eindrücke über Jesus erzählten. Auf diese Weise entstand sein Evangelium. Markus, den Neffen von Barnabas, beeindruckten die Lebensweise seines Onkels und die Berichte über jene große Seele so stark, dass er ebenfalls die Christen befragte und ihre Eindrücke zusammentrug, die uns in der Bibel überliefert wurden.

Die Lehre Christi

Christus war ein tiefsinniger Lehrer. Wenn er sprach, hatte man das Gefühl, im Dunkeln gewesen zu sein, als das Sonnenlicht den Geist plötzlich erleuchtete und den vor einem liegenden Weg strahlend und verheißungsvoll erhellte. In seinem Alltag war Jesus kein Mann vieler Worte. Er sprach kein unnützes Wort und gab sich auch nicht geistreich, um die Leute zu unterhalten. Er wählte seine Worte sehr sorgfältig. Schweigend forschte er in den Herzen seiner Zuhörer. Als er erkannte, was die Menge insgesamt und jeder für sich dachte, wusste er, welche konkrete Form seine Botschaft an die Menschen annehmen musste, denn er hatte spirituell vieles zu offenbaren.

Obwohl tiefgründig, waren die Lehren Jesu einfach und direkt. Es handelte sich nicht um theoretische Gedankengebäude, sondern um eindrucksvolle, klare Aussagen, die das Leben betrafen, wie er es wahrnahm. Jede Botschaft enthielt die Aufforderung: *Gehet hin, und tut desgleichen.* Er überschätzte die Kräfte der Leute nicht, aber er forderte sie heraus, die Mühe und Notwendigkeit zu erkennen, dem Leben Ausdruck zu verleihen.

Die Nacht, bevor er zu den Mengen sprach, verbrachte er im Gebet. Man stelle sich vor, welche Zwiesprache dieser erhabene, voll bewusste Sohn Gottes während dieser Nächte, in denen er wachte und in Kontemplation versank, gehalten haben mag. Er vermochte sich auf jene hohe Bewusstseinsebene zurückzuziehen, von der er herabgestiegen war, um seine Botschaft zu verkünden, die die Welt verändern sollte. Wenn er sich auf das Reich seines Vaters einstimmte, begrüßten ihn die riesigen Scharen, die ebenfalls der Welt dienten, indem sie mit Christus zusammenarbeiteten, um diese transzendente Woge der Erleuchtung und des Wachstums hervorzubringen, die Jesus übermittelte. Während solcher Nachtwachen hielt er oft Zwiesprache mit jenen, die auf den inneren Ebenen zu seiner geistigen Familie gehörten. Am Morgen kehrte er erfrischt zurück und blickte auf die Menge, die auf seine Botschaft wartete. Es war der Brauch, dass ein jüdischer Lehrer im Sitzen sprach, weshalb er sich oft auf einem Felsen niederließ. Die Jünger versammelten sich stets an seiner Seite. Die Apostel saßen in der ersten Reihe vor ihm, um nicht ein einziges seiner kostbaren Worte zu verlieren. Hinter ihnen verteilten sich die übrigen Zuhörer. Es ist bekannt, dass der Christus zwei Arten von Botschaften verkündete, die eine für die Jünger und Apostel und die andere für das Volk.

Im Neuen Testament finden sich Hinweise auf die Tiefe seiner Lehren. Er sprach von bewusster Unsterblichkeit und von der Zwiesprache mit Geistern, die längst ihren physischen Körper abgelegt hatten. Eines Tages fanden ihn die Jünger, als er sich mit Moses und Elias unterhielt. Er lehrte auch die Reinkarnation, die in seinen Tagen zum allgemeinen Glauben gehörte. Zu denen, die ihm am nächsten standen, sprach er von den bevorstehenden fünf großen Einweihungen, beginnend mit der ersten, die er als Wiedergeburt bezeichnete. Er gab ihnen einen klaren Einblick in die inneren Lehren, welche die esoterische Tradition des Christentums seit seinem Erscheinen auf der Erde belebten. Dem Volk gegenüber äußerte er sich sehr verhalten. Es war ihm bekannt, dass sich immer Spione der Pharisäer und des Sanhedrin unter seine Zuhörer mischten und darauf achteten, ob irgendetwas in seinen Worten Anstoß erregen konnte, um ihnen einen Grund zu geben, ihn als Unruhestifter zu bezichtigen. Aus diesem Grund erklärte er unmissverständlich: *Glaubt nicht, ich sei gekommen, das Gesetz oder die Propheten aufzulösen. Ich bin nicht gekommen, um aufzulösen, sondern um zu erfüllen.*

Christus bemühte sich fortwährend, jeden zu lehren, sich zu verbessern, zu verwandeln, zu erneuern und zu beherrschen. Er schöpfte aus der uralten Weisheit, die ihn in der Vergangenheit lange genährt hatte. Er sprach wie jede große Meisterseele, dass die Evolution immer in unserem Sinne arbeitet, uns verwandelt und vergeistigt, indem sie uns die vielfältigen Möglichkeiten der Erfahrung bietet. Entweder wir beachten sie oder wir treten ihnen gleichgültig gegenüber.

Sein Meisterwerk waren die Seligpreisungen, die man häufig als die schönsten Worte der Welt bezeichnet. *Selig sind die Armen im Geiste, denn ihrer ist das Himmelreich.* Was bedeutet das? Die Juden, vor allem die Rabbiner und Schriftgelehrten, besaßen oft einen leidenschaftlichen Charakter. Sie waren selbstgefällig, egoistisch, unversöhnlich, selbstsüchtig und eifersüchtig. Sie müssen um diese Eigenschaften gewusst haben, aber sie schienen es in Ordnung zu finden. Daher erklärte Jesus, dass nur diejenigen gesegnet seien, die keine Selbstgefälligkeit kannten, die sich in ihrem Menschsein verarmt fühlten und erkannten, dass sie etwas benötigten, das tiefer, geistiger und erfüllender wirkte und sie wachsen ließ. Er versprach, dass die Aufrichtigen mit den Gaben des Geistes erfüllt werden würden, auf die sie seit Anbeginn ein Recht besaßen. Sie sollten nicht an ihre Begrenzungen denken, sondern an das Königreich Gottes und an die Kräfte, Segnungen, Verheißungen und Erneuerungen, die ihnen geschenkt würden, wann immer sie darum bäten. Warum sollten sie sich verarmt fühlen, da sie doch die Erben dieses Königreichs seien?

Selig sind die Trauernden, denn sie werden getröstet werden. Viele Menschen bemühen sich, ihre Gefühle der Trauer zu verbergen, wenn sie einen geliebten Menschen verlieren. Er rät uns, die Tränen strömen zu lassen, da sie dem Regen gleichen, der den Boden tränkt und die im Winter erstarrten Samen erblühen lässt. Aus der Trauer erwächst das Bedürfnis, den Regen des Herzens zu berühren, damit der Geist aufblüht. Daran sollten wir selbst in Zeiten schwerster Prüfungen denken.

Selig sind die Sanftmütigen, denn „sie werden das Land besitzen". Wenn wir vollkommen ehrlich und demütig sind, entfaltet sich eine innere Stärke, aus der heraus wir die Weisheit und den Edelmut entwickeln, mit einer geistigen Aufgabe betraut zu werden.

Selig sind, die hungern und dürsten nach der Gerechtigkeit, denn sie werden gesättigt werden. Je stärker wir uns nach der Wahrheit sehnen, desto mehr wird uns von dem heiligen Brot gegeben werden, um unseren geistigen Hunger zu stillen.

Selig sind die Barmherzigen, denn sie werden Barmherzigkeit erlangen. Diejenigen, die Mitgefühl besitzen, ihre Mitmenschen lieben und vergeben können, denen werden ihre Fehler vergeben werden, wie Christus im „Vater unser" sprach: *Vergib uns unsere Schulden, wie wir vergeben unseren Schuldnern.* Die Barmherzigen sind mehr als nur versöhnlich. Sie bringen ihren Mitmenschen Güte und Toleranz entgegen und besitzen geistige Großmut.

Selig sind, die reinen Herzens sind, denn sie werden Gott schauen. Erneut werden wir daran erinnert, andere Menschen zu würdigen, die das Gute erkennen und preisen und die Dankbarkeit erfüllt, denn sie haben gelernt, über sich hinaus zu blicken und überall dort das Licht zu sehen, wo es leuchtet. Derjenige, der reinen Herzens ist, weiß, dass alles Gott gehört. Und diese Erkenntnis verbindet ihn ununterbrochen mit dem Königreich des Himmels.

Selig sind die Friedfertigen, denn sie werden Söhne Gottes heißen. Die Friedfertigen befinden sich in einem Zustand innerer Harmonie. Sie verbreiten ein harmonisches, Frieden stiftendes Licht. Die anderen verhalten sich wie Bienen, die nach Nektar suchen. Sie sehnen sich nach der Nähe solcher Menschen, die in ihrer Mitte ruhen und den inneren Frieden kennen.

Dies sind die sieben Seligpreisungen. Sieben ist die Zahl der Spiritualität. Es ist ein gewaltiges Bekenntnis. Wir werden es nicht eher erfüllen können, als bis wir die Meisterschaft errungen haben, aber bis dahin sollten wir es uns stets vor Augen führen. Es eignet sich besonders gut als Einstimmung auf die tägliche Meditation, für die man eine an diesem Tag besonders passende Zeile wählen mag. Nach Ablauf einer Woche hat man sich mit allen sieben Seligpreisungen befasst, was zu einem Aufbruch zu tiefer Spiritualität werden kann.

Jesus fuhr fort: *Selig sind, die um der Gerechtigkeit willen verfolgt werden, denn ihrer ist das Himmelreich.* Die meisten von uns denken an die Kreuzigung und die Spötter der Christenheit. Aber unser Geist sollte sich vielmehr auf das Ende, die Herrlichkeit, die Heiligkeit und die Weihe geistigen Bewusstseins und die Entwicklung, die der Selbsthingabe entspringt, konzentrieren.

Der Herr sprach: *Freuet euch und frohlocket, weil euer Lohn groß ist in den Himmeln. Denn ebenso haben sie die Propheten verfolgt, die vor euch gewesen sind.* Er spielte auf die Tatsache an, dass es im Laufe der Jahrhunderte alle Arten von Märtyrern auf der Erde geben wird, die der Sache Christi weniger körperlich als in zunehmendem Maße auf geistiger Ebene dienen werden. Die Vorläufer der Menschheit werden auf den Widerstand jener stoßen, die nicht mithalten können und nicht gewillt sind, das Gesamtbild aufzunehmen. Ihr Lohn wird also im Himmel sein, was bedeutet, dass sie gestärkt daraus hervorgehen, wenn sie sich auf den Ewigen einstimmen, der sie jederzeit bereichert, ermutigt, belehrt und ihnen tiefe Einblicke gewährt. Wird der Körper abgestreift, können sie in die Gemeinschaft der Heiligen zurückkehren, um von nun an der Menschheit mutig und stark zu dienen. Jede im Namen Christi erfolgte namentliche Anrufung findet Gehör und wird beantwortet.

Jesus sprach zu ihnen: *Sehet, ich sende euch wie Lämmer mitten unter die Wölfe. Seid klug wie die Schlangen und arglos wie die Tauben.* Obwohl sie als Sinnbild des Friedens gilt, ist die Taube keineswegs arglos. Sie ist energisch und versteht es, für sich selbst zu sorgen. Jesus wollte damit zum Ausdruck bringen, dass wir klug sein und die Fähigkeit besitzen müssen, die Wahrheit zu sprechen. Seid Hüter der geistigen Wahrheit, wenn ihr unter die Leute geht.

Dann gebot er ihnen: *Du sollst den Herrn, deinen Gott, lieben aus deinem ganzen Herzen und mit deiner ganzen Seele und mit deinem ganzen Denken.* Dies ist das erste und höchste Gebot, und das zweite ist ihm gleich. *Du sollst deinen Nächsten lieben wie dich selbst.* Wohlergehen, Wachstum, Heilung und Freude einer anderen Person sollten uns ebenso viel bedeuten wie ihnen, denn wieder hat jemand Eingang in das Königreich des Lichtes gefunden. Er hat sich von den einstigen Beschränkungen befreit und ist nun weitgehend in der Lage, selbst den Menschen zu dienen. Wir freuen uns über den Reichtum und das Wissen, das uns zum Wohle aller durch Offenbarung oder bewusste Entfaltung geschenkt wird. Die Freude und der Sieg jedes Einzelnen nutzt allen. Wir sollten uns immer daran erinnern, dass Christus in erster Linie kam, um ein neues Zeitalter einzuleiten, ein Zeitalter, in dem das Gesetz *Auge um Auge, Zahn um Zahn* nicht mehr gilt. Statt dessen lehrte er uns, unseren Gegner zu lieben, zu segnen und ihm zu vergeben, auf Gott zu blicken und ihm zu vertrauen. Wir dürfen nicht an die Folgen denken, sondern nur an die Beziehung zwischen dem Ewigen und dem Zeitlichen, die gewahrt und aufrechterhalten bleiben muss. Dann wird ein wunderbares Leben vor uns liegen.

Die Karwoche

An jenem ersten Palmsonntag bat Jesus seine Jünger, ihm einen Esel zu besorgen, um auf ihm nach Jerusalem zu reiten. Sein Einzug in die Stadt bestätigte, dass seine Worte begeistert aufgenommen worden waren. Die Volksmenge, die ihn mit Palmzweigen willkommen hieß, versinnbildlichte, dass die Mission Christi Anerkennung gefunden hatte.

Man würdigte Jesus aus zwei Gründen, einmal wegen seiner Werke und zum anderen wegen seiner Lehren. Seine Werke sind besonders hervorzuheben, da sie die Massen anzogen und überzeugten. Er erhärtete seine Worte durch Beispiele. Er veranschaulichte die Gültigkeit seiner Lehren, indem er sie anwendete und bestimmte Personen tatsächlich verwandelte.

Hinter dem triumphalen Einzug in Jerusalem lag eine monumentale Vorbereitungszeit. Jesus hatte viele Jahre und Leben damit verbracht, um die geistige Meisterschaft zu erreichen und die irdischen Mächte zu besiegen. Er erlangte die Christus-Würde, weil er während zahlreicher Inkarnationen bewusst und energisch dem Lichtgeist entgegengestrebt war. Kein olympischer Wettkämpfer hat sich jemals mit dem Einsatz und Eifer messen können, mit dem er sein Ziel verfolgte, sich uneingeschränkt mit dem Vater zu vereinen. Nicht Machtstreben oder Ehrgeiz motivierten ihn, der erste Sohn dieser Menschheit zu sein, der das Christus-Bewusstsein erlangte. Eine tiefe Ehrfurcht vor Gott und dem Erlangen der Vollkommenheit spornten ihn an. Stark und diszipliniert setzte er alles ein, um diese Ganzheit und Weisheit zu erlangen, welche die Vollkommenheit oder Einheit mit Gott verkörpern.

Auf seinem Weg zum Tempel begrüßte ihn die erregte Menge aufdringlich schmeichelnd. Er beachtete es nicht, denn er wusste genau, wann Lob und Ehre angebracht waren. Er war für alles bereit, was seine Aufgabe von ihm verlangte. Während vieler Zeitalter hatte er sich daran gewöhnt, den Willen höherer Wesen zu respektieren und sich ihm zu unterwerfen.

Seine erste bemerkenswerte Handlung in der heiligen Stadt bestand darin, die unwürdigen Geldwechsler aus dem Tempel zu verjagen. An diesem Tage heilte er den Blinden und den Lahmen, die ihn im Tempel aufsuchten.

An jedem Tag der heiligen Woche gab Jesus abschließende Unterweisungen, die seine Lehren zusammenfassten. Am Montagmorgen verließ er Bethanien, wo er mit seinen Freunden übernachtet hatte, und kehrte nach Jerusalem zurück. Auf seinem Weg in die heilige Stadt kam er an einem Feigenbaum vorbei, der grüne Blätter, aber keine Früchte trug. Um seinen Jüngern zu zeigen, dass alles seinen Zweck erfüllen oder sich aus der manifestierten Form zurückziehen muss, schlug er den Baum nieder, da er wohl erkannt hatte, dass er krank war. Er wollte ihnen damit zu verstehen geben, dass alle Dinge wachsen, sich verbessern und von sich selbst geben müssen. Ein statischer oder ungesunder Zustand hat keine Daseinsberechtigung.

Die Worte und Taten Jesu während jener letzten ereignisreichen Woche seines Lebens verdienen sorgfältige Betrachtung. *Und alles, was ihr im Gebet gläubig erbittet, werdet ihr empfangen* (Matth. 21, 22). Die Worte *im Gebet* sind in dieser Aussage von besonderer Bedeutung. Es wird uns nicht zugesichert, was wir begehren, sondern nur, wessen wir bedürfen oder was die nach den geistigen Gesetzen gerechtfertigte Erfüllung eines Wunsches darstellte. Jesus schenkte jeder inständigen, vertrauensvoll vorgetragenen Bitte Gehör. In seinem Geist beantwortete er sie, und der Blinde konnte sehen oder das Kind erwachte zu neuem Leben. Denselben Gedanken äußerte Jesus, als er den beiden Männern zusicherte: *Euch geschehe nach eurem Glauben* (Matth. 9, 29). Auch in diesem Beispiel wird auf die Notwendigkeit hingewiesen, die höchsten inneren Kräfte anzustreben, in denen Gedankensamen ausreifen können.

Die Ungläubigen fragten Jesus, wer ihm die Vollmacht gegeben habe, *diese Dinge zu tun*. Er gab zur Antwort, er schöpfe aus denselben Quellen wie Johannes der Täufer. Es hätte weder ihm noch den Fragestellern etwas gebracht, sich selbst und seine Kräfte den Spöttern zu offenbaren. Die Wahrheit vermochte nicht in sie einzudringen, da sie ihm gegenüber ihre Herzen verschlossen hatten.

Während des Tages belehrte Jesus die Menge. In den Abendstunden sprach er auf dem Ölberg zu seinen Jüngern über die esoterischen Wahrheiten. Viele seiner Anhänger diskutierten untereinander die Geschehnisse des Tages. Der kleinen Gruppe der Jünger prophezeite er zukünftige Ereignisse und ließ sich weitläufig über Themen aus, die er bereits bei früheren Zusammenkünften angesprochen hatte.

Die Tempellehren am Dienstag befassten sich mit den Grundzügen individueller Einweihung, ihren Voraussetzungen und Verantwortungen. Sein erstes Gleichnis an diesem Tage schloss mit der bedeutungsvollen Aussage: *Denn viele sind berufen, aber nur wenige auserwählt.* Jesus wusste, dass sich jeder, den es nach geistigem Wissen dürstet, einer Prüfungszeit unterziehen muss, die verborgene Charakterzüge ans Tageslicht bringt. Viele, die gerne als Jünger aufgenommen werden wollten, konnten nicht für die innere Schulung zugelassen werden, da sie nicht bereit oder unfähig waren, ihre Selbstliebe abzutöten.

Ein Schriftgelehrter fragte Jesus arglistig nach der Steuerzahlung an die römische Obrigkeit. Seine Antwort gilt als eine seiner scharfsinnigsten Aussagen. *Gebt dem Kaiser, was des Kaisers ist und Gott, was Gottes ist.* Dieser Rat bezog sich nicht nur auf seine Feinde, sondern auch auf seine getreuen Anhänger, die er an die Werte von Gerechtigkeit und Polarität erinnern wollte. Der Respekt des Menschen vor den geistigen Prinzipien und Bedürfnissen sowie die angemessene Achtung vor den weltlichen Gesetzen und Forderungen sollten sich im Gleichgewicht befinden.

Denn ich sage euch, ihr werdet mich von jetzt an nicht mehr sehen, bis ihr sprechen werdet: „Gepriesen sei der, der da kommt im Namen des Herrn" (Matth. 23, 39). Mit diesen Worten wollte Jesus andeuten, was wir werden sollen. Er verwendete häufig den Begriff *Erlösung*, was so viel wie *sichere Heimkehr* bedeutet. Seine Erläuterungen konzentrierten sich darauf, dem Menschen den richtigen Beweggrund und einen sicheren Weg zu weisen, bewusst in den Zustand der Göttlichkeit zurückzukehren.

Während jener letzten Woche seines irdischen Daseins legte er besonderen Wert auf die Vorbereitung. Er wies seine Jünger an, bereit zu sein, wie die Braut bereit ist, die ihren Bräutigam erwartet. Das Gleichnis von den zehn Jungfrauen berichtet, dass fünf von ihnen vergaßen, Öl für ihre Lampen zu besorgen. Die übrigen fünf nahmen außer ihren Lampen auch Öl mit und waren bereit, als ihr Bräutigam kam. Die vergesslichen Jungfrauen erwarteten von ihren Schwestern, dass sie ihnen von ihrem Öl gaben. Ihre Bitte wurde abgelehnt. Aus geistiger Sicht spielt diese Parabel auf das *Öl der Erleuchtung* an, das den Menschen mit strahlender Substanz erfüllt. In den entscheidenden Stunden müssen sich die bereiten Menschen auf ihrem Weg befinden und so handeln, wie es ihnen ihre Vorbereitung ermöglicht.

Seine Anhänger, die gerüstet waren, stärkte Jesus mit den Worten:

Kommt, ihr Gesegneten meines Vaters, ererbet das Reich, das euch von Grundlegung der Welt an bereitet ist (Matth. 25, 34). Jesus versicherte, dass er seine Anhänger ermutigen werde, die nicht auf äußeren Druck hin nach seinen Grundwahrheiten gelebt hätten, sondern weil sie aus innerer Überzeugung seinem Pfad folgen wollten. Indem sie sein Wort lebten und nach seinem Willen handelten, erfüllten sie ihre Pflicht. Wenn sie für die hungernden, einsamen, armen, kranken oder gefangenen Menschen sorgten, dienten sie ihm, denn sein Werke setzten jene fort, die ihm vertrauten. *Wiefern ihr es einem meiner geringsten Brüder getan habt, habt ihr es mir getan* (Matth. 25, 40).

An jenem schicksalhaften Donnerstag sandte Jesus Petrus und Johannes nach Jerusalem voraus, um den Saal zu finden, in dem er mit ihnen das Abendmahl feiern wollte. Er selbst und die übrigen Jünger folgten ihnen langsam von Bethanien in die heilige Stadt nach.

Im Abendmahlssaal trafen die Jünger wieder zusammen. Auch Judas war dabei. (Elf der Jünger waren Galiläer, der zwölfte, Judas, der Verräter, kam aus dem Stamme Juda.) Zu Beginn des Mahls bedrängte die kleine Gruppe ihren Meister mit Fragen hinsichtlich ihrer Entwicklung und ihrer Rechte, den Ehrenplatz neben ihm einnehmen zu dürfen. Um sie Demut zu lehren, wusch er ihnen ihre Füße. Dieses Ritual, das im Orient üblich ist, wird gewöhnlich von einem Diener durchgeführt. Jesus nahm die Stelle des Dieners an, um seine Jünger daran zu erinnern, dass ein Lichtträger immer dienen muss. Da diesem Dienst seine gesamte Aufmerksamkeit galt, konnte er sich mit solchen Banalitäten, wie einer Rangordnung, nicht abgeben. Einige aus der Gruppe besaßen lautere Beweggründe. Ihre Aura und ihre Absichten waren rein. Jenen, die auf die Erneuerung durch die Taufe reagierten, prophezeite Jesus: *Das Wasser, das ich ihm reichen werde, wird ein ewig sprudelnder Quell in ihm sein.* Da dies nicht auf alle zutraf, war die Tauf-Zeremonie vonnöten. Die Taufe (teilweise oder vollständig) versinnbildlicht die Läuterung und Erneuerung auf höheren Ebenen.

Wenn ich dich nicht wasche, hast du keine Gemeinschaft mit mir. Um die Gemeinschaft mit Christus und seiner Mission zu verwirklichen, bedürfen wir einer geistigen Läuterung, die nur der transformierende Christus-Geist zu gewähren vermag.

Nachdem er den Zwölf die Füße gewaschen hatte, führte Jesus sie in eine neue, symbolische Zeremonie ein – die Kommunion, eine

Zeremonie von tiefer geistiger Bedeutung. Die Feier trug prophetischen Charakter, denn sie verwies auf seine bevorstehende Kreuzigung und die durch ihn verliehene Vollmacht.

Esoterisch gesehen, handelte es sich bei dem ermüdenden Prozess um einen Kampf mit den dunklen Mächten, die versuchten, die Kontrolle über die Menschen zu gewinnen. Da das Gute das Böse stets besiegt, wusste Jesus, dass das Ergebnis, obgleich vorübergehend tragisch, letztendlich geistige Oberhoheit bedeutete. Aufgrund seiner absoluten Unschuld vermochten die herausfordernden Kräfte keinen Anspruch auf seinen Geist zu erheben. Sein Körper sollte gebrochen werden (versinnbildlicht durch das Brot), und sein Blut würde fließen (der Wein des Neuen Testaments), damit die Erde vom Geist der Liebe zurückgefordert werden würde.

Die Bereitschaft Christi, den Kampf mit den satanischen Mächten der Menschheit auf sich zu nehmen, sein Sieg und seine Vormachtstellung über sie, bewirkten die Erneuerung des gesamten Planeten. Die Tatsache, dass sein irdischer Körper in dieser Weise geprüft wurde, verknüpfte die gesamte Erde mit seiner Erfahrung. Der heftige Angriff des Bösen auf diesen reinen und unschuldigen Körper endete nicht in einer Niederlage des Lichtes, sondern schuf eine Möglichkeit, die Welt in die Richtung des Guten zu lenken, einer Kraft, die auf dem Kalvarienberg freigesetzt wurde. Die Aufopferung seines Lebens durchtränkte den gesamten Erdball mit einem neuen, lichtwärts gerichteten Impuls.

Nach dem Abendmahl führte Jesus seine Jünger in die Nacht hinaus. Während seiner Nachtwache auf dem Ölberg weilten sie in seiner Nähe. Zwischen zehn Uhr und Mitternacht belehrte er seine Getreuen ein letztes Mal. Obwohl er erwähnte, dass sie ihn verlassen und verraten würden, erkannte er hinter ihren augenblicklichen Schwächen die Möglichkeit geistigen Wachstums. Angesichts der zukünftigen Stufen der Jüngerschaft sprach er: *Wahrlich, wahrlich, ich sage euch, wer an mich glaubt, der wird die Werke, die ich tue, auch tun und wird größere als diese tun, denn ich gehe zum Vater* (Joh. 14, 12). *Noch eine kurze Zeit, so sieht mich die Welt nicht mehr. Ihr aber seht mich, denn ich lebe, und auch ihr werdet leben* (Joh. 14, 19). Jesus erklärte, dass diejenigen, die ihn liebten, mit seiner lebendigen Gegenwart verbunden sein würden. Er würde sich ihrer bewusst sein und sich ihnen zeigen.

Im Garten Gethsemane bat Jesus den Vater um die Kraft, Seinen Willen zu erfüllen. In seinem Gebet erwähnte er die Zukunft der Jünger und jener Menschen, denen sie das Licht bringen sollten. Er wusste genau, was ihm bevorstand. *Ich habe deinen Auftrag erfüllt.*

Eine Horde von bewaffneten Männern, die Judas anführte, weckte die schlafenden Jünger auf. Der Verräter küsste Jesus, der festgenommen und zu den ansässigen Oberen, dem ehemaligen Hohenpriester Annas und dem amtierenden Hohenpriester Kaiphas zum Verhör gebracht wurde. Bibelgelehrte nehmen an, dies habe sich zwischen ein und drei Uhr Morgens zugetragen. Jesus hob die Bedeutung dieser Stunde mit den Worten hervor: *Nun wird die Welt gerichtet werden.*

Die frühen Morgenstunden des Karfreitags waren von leidenschaftlicher Gewalt erfüllt, die sich auf Jesus konzentrierte. Im Morgengrauen schleppte der Mob ihn zunächst vor Pilatus und anschließend zu Herodes, dem römischen Statthalter von Galiläa, der sich zufällig in Jerusalem aufhielt. Da er Jesus nicht zum Sprechen bewegen konnte, schickte er ihn zurück zu Pilatus, damit dieser ihn verurteile.

Jesus hatte im Laufe seiner dreiunddreißig Jahre viele Herausforderungen erlebt, jede ein Höhepunkt, der auf noch höhere Stufen verwies. Das katastrophale Martyrium dieses Tages war der Gipfel menschlichen Durchhaltevermögens.

Die quälende Vorbereitung fand schließlich ein Ende. Um neun Uhr morgens fiel Jesus, der Christus, dem Bösen der Erde zum Opfer. Um drei Uhr am Nachmittag sprach er: *Es ist vollbracht.* Nikodemus und Joseph von Arimathea hüllten ihn in duftendes Linnen und legten ihn in das Grab. Die drei Marien wachten getreu, geduldig und hoffnungsvoll während der ganzen Nacht. Ihre traurigen Meditationen wurden oft von der derben Grobheit der Römer unterbrochen, die das Grab bewachten.

Die Auferstehung

Die Evangelien berichten wenig über jenen Karsamstag. Viele, die Jesus gekannt hatten, verbargen sich, aus Angst, von jenen verfolgt zu werden, die ihn getötet hatten. Seine wahren Freunde versuchten, sich an seine Prophezeiungen bezüglich dieses Ereignisses zu erinnern. In ihrer Ungeduld, mehr über das Leben zu erfahren, hatten sie nicht aufmerksam zugehört, und seine Anspielungen auf den Tod waren ihnen entgangen. Jetzt bereuten sie ihre Unachtsamkeit.

Ihre Erinnerungen austauschend, glaubten die Jünger nicht daran, dass alles verloren war. Soweit sie sich erinnern konnten, hatte ihr Herr seinen Sieg über den Tod gelegentlich erwähnt. Sie hatten gesehen, wie er die Tochter des Jairus zu neuem Leben erweckte und gehört, wie er Lazarus befahl: *Tritt hervor*, und Lazarus war auferstanden. Jesus hatte versprochen, zu ihnen zurückzukehren. Wenn es doch nur geschähe!

Es war durch seinen Tod, mehr als durch sein Leben, dass Jesus seinen Auftrag erfüllte. Die Aufgabe des Christus bestand darin, im Menschen die Sehnsucht nach der bewussten Rückkehr zum Vater des Lichtes zu erwecken. Der Tod klärte den Geist jener, die ihn verkannt hatten, als er unter ihnen weilte. In ihrem neuen Verständnis keimte ihre spätere Jüngerschaft auf, den Impuls Christi weiterzutragen, der letztendlich alle verlorenen Söhne auf den Heimweg führen wird.

Das Mysterium der Erlösung durch das Kreuz bestand darin, dass Jesus außer seinem physischen Körper auch Seelenenergien opferte. Sein Körper wurde zurückverlangt, aber seine Seele durchstrahlte den gesamten Planeten. Bereits mehr als ein Meister der Weisheit, vermochte Jesus nicht mehr in seinen feinstofflichen Körpern zu wirken. Daher wurde bei der Kreuzigung sein Kausalkörper (oder seine Seele) den satanischen Angreifern entgegengehalten. Anstatt durch dieses Seelenleben, das Jesus freiwillig gab, in ihrer böswilligen Weise bestärkt zu werden, durchdrangen die lebendigen Energien die gegensätzlichen Wesen mit ihrer unsterblichen und erlösenden Wirkung. So wie Radium, das vom Körper aufgenommen wird, ernsthaften Schaden anrichtet, brachte die Seele Jesu bestürzende Wirkungen hervor, als sie in seine Gegner eindrang. Ihre Kräfte wurden langsam absorbiert und erkannt, und ihr erlösender Einfluss wird schließlich den endgültigen Sieg des Lichtes herbeiführen.

Bei seinem Aufstieg in das Licht segnete Jesus jede Dimension, die Leben trug. Er sah die Geister jener, die vor kurzem auf der Erde weilten. Jubelnd begrüßten, ehrten und priesen sie ihn. Menschen, Engel, Meister, Herren und Logoi freuten sich über die größere Macht, die die Hierarchie Jesus, dem gesalbten Herrn der Erde, nun übertrug. Und er verkündete. *Der Prinz dieser Welt ist vertrieben, und ich werde alle Menschen an mich ziehen.*

Als Beauftragter des Christus-Geistes hatte Jesus, abgesehen von der Himmelfahrt, alle Stufen der sechsten Einweihung durchlebt. In seinem Leben als ägyptischer Pharao Echnaton erlitt er den Märtyrertod. Die Bezwingung des Todes war in Lazarus und anderen Personen erfolgt, aber Jesus hatte noch nicht den Versuch unternommen, den Tod in seinem eigenen Körper zu transzendieren. Die Himmelfahrt war unerlässlich. Sie bedeutete eine ungeheure Herausforderung. Diesen Schritt zu vollenden, würde ihm die volle Sendungsmacht übertragen. Seine Worte: *Am dritten Tage werde ich vollendet sein*, beziehen sich auf das Bestehen dieser äußerst schwierigen Prüfung.

Die frühen Morgenstunden des Ostertages erinnern an die Rückkehr Jesu in das dreidimensionale Reich in Gesellschaft unzähliger Lichtwesen. Er musste noch einmal seinen Körper annehmen, um Verbindung mit der Erde aufzunehmen und diese zu festigen. Ruhig und furchtlos hatte er sich dem Kampf gestellt. Als die Mächte der Finsternis sich im alleinigen Besitz der Welt-Aura wähnten, entströmte dem geopferten Körper ein Licht, das sich so weit ausdehnte, dass seine Frequenzen und seine elektrische Spannung jeden Bereich der Schöpfung durchtränkten. Anstatt zu siegen, mussten die dunklen Kräfte erkennen, dass der Tod des physischen Körpers Jesu als strahlende Läuterungskraft wirkte, welche die Seelen der Erde erweckte.

Am Ostermorgen kamen die Frauen als erste zum Grab und verkündeten die frohe Botschaft: *Jesus ist auferstanden!* Frauen reagieren rascher auf die ewige Wahrheit als Männer. Johannes und Petrus befanden sich in der Nähe der Grabstätte, als die beiden Marien von dem leeren Grab berichteten. Erstaunt überprüften sie es selbst, und ihre Hoffnung wandelte sich in unsagbare Begeisterung.

Engel, die am Grabe wachten, trugen den Frauen auf, den Männern zu sagen, sich in Galiläa auf einem bestimmten Berg einzufinden. In einer anderen Aufzeichnung heißt es, die Gruppe habe sich im Hause eines Freundes in Jerusalem versammelt. Johannes bezeugte, dass Jesus vor ihren Augen Gestalt annahm. Da er bestätigte, dass er Fleisch und Knochen besaß und sein Körper noch die Wundmale trug, erwies er sich als lebendig.

In den ersten Christen bewirkte die Auferstehung ein wahres Wunder. Zweifelnd, nörgelnd und eifersüchtig aufeinander, waren sie von Jesus abhängig gewesen. Durch die Rückkehr des Herrn wandelten sich ihre Interessen, ihre Fähigkeiten und ihr Glaube von der oberflächlichen Annahme der Worte eines großen Mannes in die stille Bewahrung der heiligen Botschaft. Endlich wurden die Lehren Jesu aus geistiger Sicht wahrgenommen und geschätzt. Jeder gab sein Bestes, um kundzutun, was ihm Jesus und seine Lehre bedeutete. Sie öffneten sich für ihn und seine Weisungen. Jeder Gläubige übernahm die Aufgabe, den Impuls des Christus zu verwirklichen, weiterzutragen und zu verbreiten. Die Rückkehr Jesu wirkte in einer Weise transformierend, dass einfache Männer und Frauen zu außergewöhnlichen Kanälen für diese lebendige Kraft wurden. Nur der tiefe Glaube an die Sendung Jesu und die Tragweite seiner Werke waren in der Lage, die Jünger aus ihrer begrenzten Menschlichkeit zu erheben und in zukünftige Heilige zu verwandeln.

Nach den Oster-Ereignissen schloss sich Jesus seiner Gruppe hin und wieder an. Am Sonntag nach Ostern erschien er ihnen im Abendmahl-Saal in Jerusalem. Er kam ihnen auf den Wogen des See Genezareth entgegen und versetzte die sieben Fischer mit seinem anteilnehmenden Beistand in großes Erstaunen. Während der vierzig Tage zwischen Ostern und Pfingsten baute Jesus eine geistige Brücke zwischen den irdischen und den überirdischen Dimensionen auf. Er durchtränkte die Aura der Erde. Seine Energien drangen in das Erdzentrum und halfen der gesamten Schöpfung Gottes, in den Herrschaftsbereich des Lichtes zu gelangen. Den Berichten zufolge, zeigte er sich zum letzten Mal auf dem Ölberg in seinem physischen Körper. Von hier aus stieg er auf. Seine physische Hülle entschwand den menschlichen Blicken. Danach erschien er in seinem strahlenden Geist-Körper, wenn es notwendig wurde, das Wort an seine Auserwählten zu richten.

Die Auferstehung ermächtigte Jesus, würdige Menschen an der Aufgabe Christi für die Welt teilhaben zu lassen. Zu dieser Arbeit gehört die Beschleunigung, Transformation und Erhebung der Lebenserfahrungen auf diesem Planeten. Die Bemühungen der Jünger und Apostel verschafften den Lehren des Christus, seinem einzigartigen Leben und seinem unvergleichlichen Einfluss Anerkennung in der ganzen Welt. Die Botschaft Christi verkündend und niederschreibend, erlebten Männer und Frauen eine neue Beziehung zu ihrem Herrn – sie wirkten als Durchlassgefäß. In einem späteren Entwicklungsstadium wurden sie zu menschlichen Hütern einer planetarischen Aufgabe, die Christus nun zu vollenden sucht. Seit dem Kommen Christi ist das Schicksal der Menschheit gewiss.

4.

Das Wirken Christi

Jesus von Nazareth, bekannt als der *Herr Emanuel* – Gott mit uns – ist eine lebendige Wesenheit, nicht bloß einfach eine historische Gestalt, die den Menschen half und in der Vergangenheit lebte. Er ist ewig. Jahr für Jahr sollten wir es mehr zu würdigen wissen, was es heißt, sich Christus bewusst zu sein. Kein anderer Name innerhalb der Menschheit besitzt eine solche geistige und persönliche Macht.

Wir schulden niemandem so viel wie Christus. Er ist der eingeborene Sohn Gottes. Keiner hat jemals diese Bezeichnung getragen, noch ist irgendjemand einer solch hohen Anrede würdig. Christus war ein Mensch, der sich wie jeder von uns entwickelte. Doch er besaß schneller als jeder andere Mensch auf der Erde die Vortrefflichkeit und überragende Fähigkeit, sich dem Höheren zu unterwerfen und hinzugeben. Diese durch ungeheure Selbstaufopferung und Überwindung erreichte Überlegenheit befähigte Jesus von Nazareth, das Christus-Amt unseres Planeten zu übernehmen. Er verkörpert die wahre Seele unseres Planeten.

Christus ist das geistige Vorbild für unseren eigenen Werdegang. Sein Dienst besteht in der Verbreitung des göttlichen Lichtes, des Lichtes der Erlösung. Sein Einfluss weckt unser eigenes Christus-Selbst. Er ist das Beispiel dafür, was es bedeutet, von der Seelenebene aus zu denken, zu fühlen, zu leben und zu streben. Dieser *Fürst der Liebe* verfügt über grenzenlose Liebe und Kraft sowie über die Weisungsbefugnis, unsere Zivilisation zu erneuern. Christus ist als das Leuchtfeuer dieses Zeitalters für die geistige Entfaltung aller Menschen zuständig, auch für diejenigen, die ihn nicht verehren. Die Schlüssel zur Entwicklung der Menschheit liegen in seiner Obhut, denn er ist der Herr über alle Weltreligionen.

Er ist Herr über Menschen und Engel und andere Reiche. *Ich habe andere Schafe, die nicht zu dieser Herde gehören.* Mit diesen Worten sprach er von den Reichen der Engel, Menschen, Tiere, Pflanzen und Mineralien. Christus ist die höchste Instanz in unserem Leben. Er lehrte uns, Gott, der uns schuf und das Leben als solches ist, zu ehren. Gott bedeutet Unendlichkeit, und Christus wirkt als Vermittler zwischen dieser Allerhöchsten Macht, die wir nicht mit unserem Intellekt erfassen, aber in unserem Herzen und in unserer Seele empfangen können. Er lehrte uns, Gott in allen Dingen zu sehen.

Christus brachte einen neuen, das Gesetz übersteigenden Impuls, in seinem Namen Gott in allem und jedem zu erkennen. Die Hauptaufgabe des Menschen besteht darin, sich den erhabensten Gottesboten, der jemals gelebt hat, ins Gedächtnis zu rufen. Er weckt unsere Seele auf. Wir werden ihn niemals übertreffen können, denn er wird uns immer voraus sein und noch größer werden, wenn wir ihm folgen. Wenn wir die Schleier von unseren inneren Augen abstreifen, erleichtern wir die Last Christi und können uns mit größerer innerer Freiheit zu höheren Bewusstseinsebenen emporschwingen, zu denen er uns führt. Religionssysteme werden auseinanderbrechen, denn Starrheit muss wahrem inneren Wachstum weichen. Alles Einschränkende wird gelockert und befreit werden. Da Christus der Evolution dient, ist er sich fortwährend der Prüfungen bewusst, denen wir gegenüberstehen, wenn uns die negativen Kräfte in die Schatten der Ichbezogenheit zurückziehen wollen.

Die Wesensmerkmale Christi

In welcher Weise ist Christus einzigartig? Seine Bewusstheit besitzt eine transzendente Tiefe. Es gibt niemanden, der ihm gleichkommt. Sein Bewusstsein kennt weder Trennung noch Spaltung oder das Empfinden, eine Sache der anderen vorzuziehen. Er forscht in allem nach dem Guten und ist sich fortwährend all dessen bewusst, was von Gott kommt. In dieser Weise ist er einzigartig.

Die Evangelien offenbaren, dass das Christuslicht ihn durchströmte. Es gab nichts Geringes in dieser erhabenen Seele. Er verkündete eine bedeutungsvolle Botschaft. Es ist dieses Christus-Bewusstsein, das wir anstreben sollen. Er hatte es nicht nötig, daran zu arbeiten, stets die Wahrheit zu sprechen oder niemanden zu verletzen. Er war ein strenger

Mann. Wenn es um das Böse ging, glich er dem Felsen von Gibraltar. Er war durch und durch ein Christus, in jedem einzelnen Atom seiner Körper, in seiner physischen, Astral-, Mental- und Kausalhülle, seinem Adonai und seinem Gottesfunken, die eine Einheit bildeten.

Christus kannte die inneren Lehren und gab sie an seine Jünger und Apostel weiter. Dreihundert Jahre später wurden sie auf dem Konzil von Nicäa gestrichen, einschließlich der Lehren über das Engelreich und die Reinkarnation, alles, von dem man glaubte, dass es der Durchschnittsmensch nicht begreifen könnte.

Eine wesentliche Eigenschaft, die wir alle anstreben sollen, ist die Christus-Natur. Sie besteht aus Liebe. Christus betrachtet das Leben als ein Ganzes. Er sieht nicht nur eine Familie, eine Rasse oder einen Kontinent mit seiner Bevölkerung. Seine Liebe und sein Interesse gilt allen Kontinenten und Völkern dieser Welt. Er liebt dieses Ganze, weil Gott es schuf. Wenn ein auf Abwege geratenes Kind oder ein Dieb aus Liebe heraus zurechtgewiesen werden, wird es als Entwicklungsprozess empfunden. Die Liebe kann aus den Augen, den Gefühlen und dem ganzen Menschen strahlen, eine Liebe, die mitfühlt, dass eine solche Person aus ihrer Begrenztheit heraus noch negative Wege beschreitet. Wir sollten uns in jeder Meditation auf das Christus-Bewusstsein, das Christus-Wesen und die Christus-Natur konzentrieren, die Liebe und Weisheit ausstrahlt.

Sein unerschütterliches Vertrauen zeichnet die Größe unseres Meisters aus. Niemand hat der Menschheit bislang solche bemerkenswerten Taten gezeigt. Der Christus besaß diese Kraft, da er alles in sich selbst überwunden hatte, was Gott entgegenwirkte. Mit seinen Werken bezeugte er, dass er bereits mehr als ein Meister war. Er kannte die Gesetze, um Lepra oder irgendeinen unnormalen und ungesunden Zustand zu überwinden. Er vermochte es, die Gedanken der Menschen zu lesen. Wir alle sollten seinen Charakter, seinen Geist, seine Entwicklung und seine Kraft anstreben.

Christus ist jahrhundertelang als sanftmütig, vergebend und zurückhaltend betrachtet worden. Andere Menschen haben ihn nur als starken, entschlossenen Mann gesehen. Als Meister und mehr noch, als Göttlicher Lehrer, besitzt Christus ein inneres Gleichgewicht. Mitgefühl, Barmherzigkeit, Entschlossenheit und Durchsetzungskraft müssen sich die Waage halten, ansonsten wäre er kein vollendetes Werkzeug der Menschheit.

In diesem Zeitalter neigen die Menschen zur Ängstlichkeit. Sie verhalten sich neutral und still. Wir sollten dem Bösen offen Widerstand leisten. Sehen wir uns ihm gegenüber, sollten wir uns auf den Christus-Aspekt innerer Entschlossenheit einschwingen und uns in einer Weise verhalten, wie er es tat, als er dem Satan in der Wüste begegnete. Wenn uns die Übel der Menschheit, Zweifel, Furcht und Verzweiflung, auf die Probe stellen, symbolisieren sie die Wüste in uns. Als Christus von der Intelligenz Satans auf die Probe gestellt wurde, erwiderte er streng und knapp: *Hebe dich hinweg, Satan!*

Der Christus-Geist

Der zweite Aspekt Gottes ist *Gott, der Sohn*, der sowohl den Christus-Geist als auch das Christus-Amt umfasst. Bei dem Christus-Geist handelt es sich um einen strahlenden Energiering, der aus dem Herzen Christi hervorgeht und wie eine Aura die Welt durchdringt. Diese Aura erstreckt sich weit über unseren Planeten hinaus. Mit jeder guten, selbstlosen Tat, mit jeder inneren Überwindung des Niedrigen und Unreinen, trägt der Mensch zu diesem Christus-Geist bei. Hierin liegt die Freude des Herrn. Alle guten Gedanken und geistigen Energien eines strebsamen Menschen oder eines Engels sowie der erleuchteten Seelen – der Meister und Gottesboten – fördern diesen Christus-Geist. Je mehr Seelen Christus lieben, desto weiter wird sich der strahlende Energiering ausdehnen.

Christus trägt die Verantwortung für dieses große Kraftreservoir, denn durch seine Ankunft auf der Erde erwachte die Seele der Menschheit, und sein Licht überstrahlte den gesamten Erdball. Als Jesus im Augenblick seiner Himmelfahrt ein Göttlicher Lehrer wurde, übernahm er die Leitung des Christus-Amtes und durchstrahlte es mit seinem eigenen Sein und den Schwingungen der Liebe. Die Seele eines Menschen, der einen Augenblick lang sein kleines Ich vergisst, gütig und selbstlos handelt, sich überwindet und sich über seine gewöhnliche Ebene hinaus erhebt, strahlt ein leuchtend weißes Licht aus, das sich emporschwingt und das Kraftreservoir, das die Erde umgibt, bereichert. Solange es diesen Impuls in Gottes Schöpfung gibt, dehnt sich die Aura immer weiter aus und nimmt an Strahlkraft zu.

Dem Leben und Sieg Christi liegt ein kosmisches Ereignis zugrunde.

In dem Augenblick, in dem er seine Sendung als der Messias vollendet hatte, unterzog sich der planetarische Christus-Geist ebenfalls einer Einweihung. Bei der Geburt Jesu inkarnierte sich der Christus-Geist. Bis zum dreißigsten Lebensjahr Jesu strahlte er durch seinen Avatar. Die Taufe Jesu versinnbildlicht die Übernahme seines Amtes. Bei diesem Ereignis erweiterte der Christus-Geist seine Energien auf die zwölf Jünger. Die Verklärung bestätigte die Ausgewogenheit der Kräfte Jesu. Der Christus-Geist konnte fortan uneingeschränkt durch ihn und seine Jünger wirken. Von diesem Zeitpunkt an bemerkte man eine Zunahme der Werke Christi. Auf jener Stufe wurde Jesus wissentlich der Amtsträger Christi.

Die Kreuzigung bewies, dass der Einfluss des Christus-Geistes tief in die Erde eingedrungen war. Die finsteren Mächte, die stets danach trachten, das göttliche Licht zu verdunkeln, bemühten sich mit ihrem gigantischen Widerstand, den Christus-Geist und seine Mission zunichte zu machen. Oft erfährt der Mensch bei seinem inneren Kampf, dass in einem momentanen Stillstand alles verloren zu sein scheint. Aber es wendet sich schließlich zum Guten und zum Sieg. Es wird zugelassen, dass das Böse vorübergehend die Oberhand gewinnt, damit die unsichtbaren Beobachter der Evolution das Ausmaß der niederen Kräfte zu beurteilen vermögen. Durch die Himmelfahrt überwand der Christus-Geist die Kräfte, die versuchten, das Licht zu schwächen, und trat in das geistige Herz der Erde ein.

Der Einfluss und die Beaufsichtigung dieser unermesslichen Christus-Energie liegen im Wirkungsbereich des *Christus-Amtes*. Das Oberhaupt des Christus-Amtes wechselt mit den einzelnen Evolutionszyklen der Menschheit. Wird ein Wechsel vorgenommen, steigt der Amtsinhaber zum Solaren Christus auf, während ein anderer die Verantwortung des Planetarischen Christus übernimmt.

Bevor Jesus das Christus-Amt übernahm, war ein großer Avatar, *der Maitreya*, der Christus der Erde gewesen. Zuvor hatte er sein Leben auf dem Planeten Venus verbracht und vervollkommnet. In der Bibel wird dieser göttliche Lehrer als „der Morgenstern" bezeichnet. Maitreya übte eine völlig andere Funktion als Christus aus. Im Gegensatz zu Jesus bediente er sich der Rolle eines Avatars. Anstatt unsere Erde in einem physischen Körper zu betreten, übernahm er den Kausalkörper seines Avatars oder Stellvertreters. Der erste war Abraham oder Henoch, was so viel bedeutet wie *Einer, der mit Gott geht.* Der erste Henoch reinkarnierte sich als Melchisedek. Christus gehörte jener Mysterienschule an, deren Oberhaupt Melchisedek, war und arbeitete so mit seinem eigenen großen Lehrer, dem Maitreya, zusammen. Andere Avatare des Maitreya waren Osiris, Orpheus und Krishna – der göttliche Lehrer in der Bhagavad-Gita – Zoroaster und Quetzalcoatl, ein großer Meister, der in der alten indianischen Zivilisation Zentralamerikas auftrat. Er hatte lichtblondes Haar und einen hellen Teint und weilte mit seinen ebenfalls hellhäutigen Schülern unter den Indianern. Die mexikanischen Ruinen geben Zeugnis von diesen Erbauern, die über eine sehr junge Menschheit wachten. Da Maitreya die Entwicklung einer Seele abwartete, die seine Pflichten übernehmen konnte, gehörte er weder damals der Erde der Menschheit an noch wird er ihr jemals angehören.

Als Jesus der Christus wurde, übernahm der Maitreya die solare Arbeit des Christus-Geistes. Er konzentriert sich nicht auf den Bereich der Venus oder der Erde, sondern dient in den interstellaren Räumen unseres Sonnensystems. Die Pfingst-Erfahrung bedeutete die Übernahme der Macht, die Jesus krönte, und gleichzeitig das Weiterschreiten des Maitreya zu noch umfassenderen Aufgaben.

Jeder bewohnte Planet besitzt einen Christus, denn das Christus-Amt ist das höchste, das ein Planet kennt. Jedes Bild, das wir vom Kosmos sehen, erfüllt uns mit jubelnder Freude, denn es gibt einen lebendigen Gott und andere Christus-Wesen auf anderen belebten Planeten. Unser Christus wird vom Planetarischen zum Solaren und weiter zum Kosmischen Christus aufsteigen, welcher der Christus für die gesamte Milchstraße ist. Wenn wir die Christus-Wirklichkeit begreifen, erkennen wir ein wenig von der Bedeutung dieser Lichtpfade, die aus weiten Entfernungen auf unseren Planeten herableuchten.

Der Christus strahlt göttliche Liebe aus und fördert jede lebende Kreatur. Die Aufgaben seines Amtes nehmen ihn fortwährend in Anspruch. Vor allem sorgt er dafür, den Menschen in einen Zustand der Neugeburt und Selbstüberwindung zu führen. Er wird so lange tätig sein, bis der ganze Planet und die gesamte Menschheit ihre höchste Entwicklungsstufe erreicht haben. Jeder von uns besitzt die Fähigkeit, seinen Teil zu diesem wunderbaren Wirken beizutragen und sollte seine Kraft und Intelligenz für den Christus-Geist zur Verschönerung und Vergeistigung der Welt einsetzen.

Das Wirken Christi ist umfassender und weitreichender als jede andere Weltlehre. Wird sein Name ausgesprochen, erstrahlt er in leuchtendem Licht, denn *Christus* steht der Gottesgegenwart am nächsten. Er ist uns so weit voraus, dass dann, wenn der Tag kommt, an dem wir Meister und Göttliche Lehrer sind, er einem Tautropfen gleicht, der ins Meer gleitet und ein Teil Gottes wird.

Christus scheint in jedem Zeitalter mit neuer Energie, geistiger Schönheit und starker, einfühlsamer Liebe aufzutreten. Aufgrund seines glorreichen Amtes lebt und wirkt er über die Jahrhunderte hinaus.

Der Einfluss Christi

In dem Augenblick, in dem wir Christus als unseren Leitstern wählen, sind wir mit ihm mystisch verbunden. Etwas von seiner Ausstrahlung umhüllt und durchdringt uns, bis der Geist und das höchste Selbst vor neuen Energien überströmt. Sein eigentlicher Einfluss macht sich dadurch bemerkbar, dass wir die Christus-Erfahrung anstreben, in dem Bemühen, Jesus auf dem Pfad der Vorbereitung und Taufe, dem Dienst, der Selbstüberwindung und der Erleuchtung zu folgen.

Christus beabsichtigte nicht, dem Menschen einen einfachen Weg zu weisen. Der Einzelne sollte an sich selbst und gemeinsam mit anderen arbeiten, um zu erstarken. Es ist nicht sein Weg, sich als Einsiedler an einen entfernten Ort zurückzuziehen und andere auszuschließen, sondern dort, wo er gerade steht, ununterbrochen transformierend zu wirken. Diese Transformation kann überall erfolgen, im Büro, in der Schule, im Krankenhaus, selbst bei den eigenen privaten Studien. Mit dieser Einstellung versuchen wir Gespräche, die Stimmung einer Gruppe oder den Grundton des Tages anzuheben. Wir geben unsere Lebenskraft hin. Wird uns dies zur Gewohnheit, erreichen wir Einheit und geistige Brüderlichkeit.

Christus erweckt den Impuls im Menschen, um sich über seine niedere Natur zu erheben und seiner inneren, höheren Natur bewusst zu werden. Seine Botschaft hebt die Tatsache hervor, dass es etwas in uns gibt, unser innewohnendes Christus-Bewusstsein, das zur gegebenen Zeit unser siebenfaches Sein überwinden und uns vollkommen erfüllen wird. Der Christus in unserer Seele wird unser Persönlichkeits-Selbst regieren und transformieren. Wenn wir den Nächsten von der Seelenebene aus betrachten, stellen uns die Unzulänglichkeiten nicht auf die Probe. Schauen wir tief und lange genug, was aus dieser Seele werden könnte, wird dieser höhere Gedanke und Einfluss ihn erreichen und sich seiner Aura einprägen, ein Archetyp, der ihm helfen wird, sich zu seinem inneren Christus-Selbst emporzuschwingen.

Die Mission Christi äußert sich darin, uns das Göttliche bewusst zu machen. Da es jedes Naturreich betrifft, sollten wir für jede Gelegenheit dankbar sein, die Erde und alles, was sie beherbergt, schützen, segnen und liebevoll umsorgen zu dürfen. Das Göttliche sollte sich in allem offenbaren, in der Art, in der wir unser Haus führen, das Essen zubereiten, leben und miteinander sprechen. Wir müssen bewusst auf den geistigen Erfolg hinarbeiten – auf den Sieg über unsere niedere Natur – um uns selbst zu verteidigen oder unser Unbehagen zum Ausdruck zu bringen. Wir dürfen nicht vergessen, wer Christus ist und dass uns sein Geist zu umhüllen vermag, wodurch wir uns bessern können. Jeder besitzt die Fähigkeit, Christus von Nutzen zu sein, falls er sich danach sehnt, anderen zu helfen.

Wenn der Christus-Geist einen wesentlichen Teil unseres Daseins einnimmt, wird sein Einfluss die weltlichen Gegebenheiten einen, heilen und transformieren. Dann wird sich die Welt von dem materiellen Überfluss und der irdischen Versklavung abwenden, um einfacher, gesünder, zufriedener und friedlicher zu leben. Geistige Bereicherung und seelische Entwicklung, um das tägliche Brot zu verdienen und gleichzeitig die geistigen Begabungen zu fördern, werden die Zeit gleichermaßen in Anspruch nehmen. Die christliche Renaissance wird ihre Erneuerung zunächst im Einzelnen beginnen, aber das Licht, das aus diesen Bemühungen hervorgeht, wird sich allmählich in jedem dafür offenen Herzen widerspiegeln. Das Christuslicht ist jener Teil des Christus-Geistes, der als Schutzschild wirkt und ein Energiefeld bildet, das alles, was innerhalb von ihm liegt, abschirmt, schützt und läutert, so dass nichts Gegensätzliches einzudringen vermag.

Jeder von uns kann sich in diesem Leben für Christus entscheiden oder gegen ihn. Seinem Beispiel folgend, sollten wir furchtlos und unter allen Umständen die Wahrheit verkünden. Sein Tod bedeutete nicht sein Ende. Er kehrte zurück und verwandelte Schwächlinge in Männer von transzendenter Stärke – Männer wie Petrus, Johannes und Jakobus, deren geistige Autorität uns bis zum heutigen Tag beeinflusst. Wir sind Kräfte im Schicksal unserer Welt. Wir müssen mutig für die

Prinzipien einstehen, die das Gotteslicht lebendig erhalten und uns an die Worte des Paulus erinnern: *Lasset euch nicht von dem Bösen überwältigen, sondern besiegt das Böse mit dem Guten.* Die Wahrheit ist das Gute. Es besitzt die Macht, alle Nationen dieser Welt zu retten und zu heilen.

Wenn sich die Seele dem göttlichen Feuer Christi nähert, entwickelt der Mensch Mut und eine neue Liebe für die Menschheit. Solche Seelen betrachten es als ihre höchste Freude, Christus zu dienen, wie Mutter Teresas Leben beweist. Wir können keine Christen sein, ohne uns Christus auf geistiger und physischer Ebene, in unserer Arbeit, unserem Leben und unseren Gefühlen zu beweisen. Wenn Christus für uns an erster Stelle steht, wird sich dies in unseren Unterhaltungen niederschlagen und keine Zeit für Nichtigkeiten bleiben. Es Christus zu überlassen, das aus uns zu machen, zu dem wir bestimmt sind, wirkt sich in wunderbarer Weise aus.

Eine Frau besuchte uns in Questhaven, die erklärte: *Ich habe viel über Christus gelesen und vieles über ihn gehört, aber ich kenne Christus nicht.* Eines Tages erhielt ich einen Brief von ihr, in dem es hieß: *Endlich erlebe ich Christus. Jetzt kenne ich ihn.* Zum ersten Mal in dieser Inkarnation hatte sie einen wirklichen Sieg errungen. Sie nahm sich selbst zurück – sie war sehr egoistisch gewesen – und diente nun dem größten aller Menschen.

Eine andere Frau, die meine Vorträge in Los Angeles besuchte, war viel gereist und hatte überall in der Welt nach geistigen Lehrern gesucht. Eines Tages kam sie zu mir und fragte mich: *Sie bringen mich immer wieder zu Christus zurück. Was ist nur los mit mir, dass ich nicht weiß, dass er der größte Gottesbote ist?* Es gibt Menschen, deren Spiritualität so schwach sein muss, dass sie eines lebenden Meisters bedürfen. Häufig ist jemand, der sich Meister nennt, keineswegs ein Meister. Es gibt nur sehr wenige, die auf der Erde weilen, und die meisten von ihnen wünschen keine Schüler. Sie erden die inneren Reiche und leben still und zurückgezogen,

In jedem Jahrhundert werden einzelne Menschen, die Christus sehr nahe stehen, auf die Erde gesandt, um seine Lehre frisch und lebendig zu erhalten, damit sie nicht aussterben kann. Wenige nur haben als Werkzeuge gedient, um das Erbe des Gedankengutes und der Bewegung weiterzuleiten. Zu ihnen gehörte Ignatius von Antiochien, ein direkter Schüler des Hl. Johannes. Er hat sehr viel geschrieben, ebenso wie

Clemens von Alexandrien. Der beliebteste war wohl Origenes mit seinen Werken, in denen er glühend über Christus berichtete. Diesen Kirchenvätern haben wir ein ungeheures Erbe zu verdanken.

Jedesmal, wenn die Finsternis das Christentum auszulöschen drohte, schien sich erneut eine Seele in dieser Welt zu inkarnieren, die damals ein Jünger oder Apostel gewesen war. Sie entfachte die schwelende Glut des Christentums, das wieder aufflammte. Franz von Assisi, ein ehemaliger Jünger, war eine von ihnen. Ähnliches geschah, als Martin Luther auftrat. Es war niemals die Absicht gewesen, dass die Menschen einem christlichen Einheitsgedanken huldigten. Jemand musste die kristallinen Strukturen aufbrechen, welche die Gläubigen in eine einzige Richtung zwangen. Das war Luthers Auftrag. Dieser Apostel kehrte zurück, um die Gedankenfreiheit zu bringen. In einem späteren Zeitabschnitt inkarnierte sich George Fox, da die Theologie kopflastig geworden war und die Glaubensbekenntnisse höher eingestuft wurden als der lebendige Geist der dynamischen Lehren. Fox, der Begründer des *Friends Movement*, setzte dieser Tatsache seine wunderbare Lehre entgegen.

Emanuel Swedenborg, ebenfalls ein ehemaliger Apostel, sollte über die Unendlichkeit des Lebens und andere Aspekte der Wirklichkeit und höhere geistige Ebenen lehren. Alle diese Seelen traten auf, wenn sie benötigt wurden, damit sich das Christentum im Laufe der Jahrhunderte entfalten konnte. Wir sind Zeuge seiner großen Macht.

Christus kümmert sich nicht um die einzelnen Bereiche seines großen Werkes. Er lehrt diejenigen, die ihn lieben und sich für seinen Einfluss öffnen, so dass eine Weltlehre jeden überzeugen und erfüllen kann. Aufgrund der Art, in der sich die Menschen entwickeln, gibt es Zeiten, in denen eine gewisse Gefühlsbetontheit durchaus ihre Berechtigung hat. Zu anderen Zeiten bewährt sich eine rein wissenschaftliche Annäherung an die Wahrheit. Diese beiden Aspekte werden Herz und Verstand allmählich ins Gleichgewicht bringen und die Entwicklung des Gelehrten und des Mystikers in einer Person fördern.

Wir verehren nicht irgendein Buch, eine Theologie oder ein Glaubensbekenntnis, sondern den Lebendigen Christus. Tief in unserem Inneren und in unseren Gebeten halten wir stille Zwiesprache mit ihm. Er allein vermag uns zu erlösen und zu erneuern. Um möglichst viel daraus zu gewinnen, müssen wir es leben. Den Glauben zu verwirklichen, ist keine leichte Angelegenheit und sollte es auch niemals sein. Die wichtigsten Dinge auf der Erde erfordern Selbstaufopferung und mutige Selbsthingabe. Dem Geringen muss entsagt werden, damit das Größere geboren werden kann. Wir schulden es diesem Jesus, diesem glorreichen Christus-Wesen. Jeder, der sich dieser Forderung bewusst ist, sollte die Verantwortung übernehmen, um sich selbst zu erneuern.

Wenn wir uns im Gebet an Christus wenden, denken wir an seine leuchtende Gegenwart auf den inneren Ebenen. Sein Licht durchstrahlt jedes Atom des vom Christus-Geist beherrschten Seelenkörpers. Wir sind uns seiner Liebe, Weisheit, Liebenswürdigkeit und Stärke bewusst. Jeden Tag sollten wir ehrfürchtig unser Gelübde erneuern, unser Bestes zu geben, um ihm und seiner Sache zu dienen.

Wir sollten in zunehmendem Maße zu schätzen lernen, was Christus, sein Leben, seine Botschaft und seine Macht für uns bedeuten. Auf diese Weise nähern wir uns Gott immer mehr. Sein Einfluss und seine Hilfe sind uns gewiss, bis schließlich jede Zelle, jedes Atom und jeder Körper unseres Seins durchlichtet sein wird.

Die Gegenwart Christi

Und an diesem Tage blieben sie bei Ihm. Eine völlig neue Bewusstseinswelt würde sich uns erschließen, wären wir uns jeden Tag seiner Gegenwart bewusst. Trägheit und Zaghaftigkeit wandelten sich in Wachsamkeit und geistige Erwartung, und wir wären in der Lage, jede Situation vertrauensvoll und weise anzugehen.

Christus weilt nicht fern von uns, im Zentrum der inneren Welten. Meistens wirkt er von der Seelenebene über dem Gebiet aus, das man heute Jerusalem nennt, wo er sein eigenes Heiligtum besitzt. Es ist nicht sein Wunsch, an diesem Punkt des Erdballs zu leben und von dort aus zu dienen, aber ein höheres Ziel macht es erforderlich, dass er, über den Jerusalem seinen Zorn ergoss, dort bleibt, um die kriegerischen und chaotischen Zustände, die karmisch einer solchen Behandlung folgten, zu transformieren. Von diesem Ort aus schaltet er sich in die Aktivitäten des Planeten und in die geistige Erneuerung der Menschheit auf allen Ebenen ein. Einen Teil des Tages verbringt er in Shamballah, dem Sitz der inneren Weltregierung. In den *Hallen des Lernens* befasst er sich direkt mit den Lehren der Meister und jenen eingeweihten Schülern, die zum Zweck der Erleuchtung an diesen Ort gerufen wurden.

Wir müssen uns enger an Christus anschließen. Er schaut auf uns. Diese Erkenntnis sollte in uns größere Wachsamkeit für seine Zeichen und Anweisungen wecken. Im Neuen Testament gibt es eine Aussage, die jenen, die Jesus verehren, sehr viel bedeutet. Die Jünger hatten ein geisteskrankes Kind geheilt. Als sie Jesus davon berichteten, zeigte er sich überaus glücklich, denn es heißt: *Und Jesus frohlockte.* Die Vorstellung, den Herrn beglücken zu können, wenn wir uns selbst überwinden und aus dem Glauben heraus siegreich handeln, sollte uns beflügeln.

Er empfängt jeden an ihn gerichteten Gedanken. Auf unserer Entwicklungsstufe mag dies schwierig zu verstehen sein, aber *Christus* ist ein Göttlicher Lehrer, der Erneuerer und Erlöser dieses Planeten. Daher weiß er, was wichtig ist und antwortet mit Lichtgeschwindigkeit. Wir sollten jubeln, wenn er uns die Kraft schenkt, einen schwierigen Tag, eine Aufgabe oder eine Herausforderung zu meistern. Christus gebührt die Ehre, das Lob und die Herrlichkeit für die Gabe seiner Gnade, denn ohne ihn stürzte unser Leben ins Chaos. Mit Christus ist alles zentriert und ruhig. Alles findet seine Ordnung gemäß dem göttlichen Plan. Selbst die unangenehmen Dinge können das Gute steigern und vermehren.

Jeder kann mit ihm in Verbindung treten, wenn er im Gebet, in der Meditation oder durch ein selbstloses Leben die Tiefen seines inneren Seins auslotet. Wenn wir die Seele zu erreichen vermögen und an diesem Bewusstsein festhalten können, beginnen die Elemente des Christus-Geistes uns mit einzuschließen – sie läutern uns und spenden uns geistige und schöpferische Nahrung. Wir sollten ihm für die Vision, die Herausforderung und die geistigen Siege, die er durch sein Beispiel ermöglicht, ewig dankbar sein. In der Meditation mögen wir erkennen, dass es uns unendlich lange Zeit kosten wird, der Christus-Natur nahe zu kommen, aber wir müssen darauf hinarbeiten. Wenn wir uns unserem Herrn zu Ehren überwinden, anderen Menschen helfen und stets die Wahrheit sprechen, tragen wir zu seiner Freude und zu jener Dimension bei, die als Christus-Geist bezeichnet wird.

Wir tragen eine zweifache Verantwortung. Erstens müssen wir an Christus und das, was er für die Menschheit bedeutet, denken und wie sich sein Leben, seine Stärke und sein Sieg auf unsere eigenen

Überwindungen und Leistungen auswirken. Zweitens schulden wir es ihm, dass sich sein Geist immer stärker ausdehnt, indem wir das Alltägliche zum Besonderen machen, das Unreine in das Reine und die Disharmonie in Harmonie verwandeln. Auf diese Weise werden wir zu Mitarbeitern Christi. Sein Königreich äußert sich durch jedes Herz, das mit ihm in Verbindung steht.

Ehren wir den Christus-Geist in allem, was wir tun. Mit der Zeit werden wir aus uns selbst heraus wissen, dass er lebt, lehrt und unter uns weilt und uns in allem unterstützt und erhebt.

5.

Der Heilige Geist

Der dritte Gottes-Aspekt, auch Heiliger Geist genannt, wirkt ebenso wie der Vater-Mutter Geist und der Christus-Geist in jedem einzelnen Atom und auf allen Ebenen dieses Planeten. Wir lernen von Christus, dass die Heilige Dreiheit aus Vater, Sohn und Heiligem Geist besteht. Der Vater ist das Lebens- und Kraft-Prinzip. Der Sohn stellt die vollkommene Individualität dar und der Heilige Geist das Licht Göttlicher Weisheit und Führung. Die Heilige Trinität kann mit einem kosmischen See Göttlichen Geistes verglichen werden, der aus drei verschiedenen Energieformen besteht. Die Fische sind sich der Eigenschaften des Wassers nicht bewusst. Sie verstehen nicht, dass die Welt, in der sie ihr Sein haben, aus Sauerstoff und Wasserstoff besteht. Sie wissen nur, dass es Wasser ist. Wir wollen die uns umgebenden Kräfte besser unterscheiden lernen. Wir bewegen uns in einem Meer dieser alles durchdringenden Gotteskraft. Unseren jeweiligen Bedürfnissen entsprechend, können wir uns auf die einzelnen Aspekte einstellen, die uns Hilfe gewähren.

Das Alte und Neue Testament sprechen wiederholt vom Heiligen Geist. Er trägt unterschiedliche Namen – Heiliger Tröster, Geist der Wahrheit oder Geist der Weisheit. Sie beziehen sich auf die wunderbare Ausgießung der Gottheit, die beschlossen hat, verschiedene Aspekte Ihrer selbst zu manifestieren. Unser Herr Emanuel machte uns auf den Heiligen Tröster mit den Worten aufmerksam: *„Ich werde den Vater bitten, und er wird euch einen anderen Helfer geben…, den Geist der Wahrheit."* (Joh. 14, 16-17) Daraus geht hervor, dass der Unendliche Gott wünschte, einen anderen Kraftstrahl aus sich zu ergießen, die Gegenwart des Heiligen Trösters, die immer mit uns sein wird.

Obwohl die Bibel – und besonders das Neue Testament – häufig vom *Heiligen Tröster* sprechen, weiß der Durchschnittschrist recht wenig über Ihn. Dies ist aber die Voraussetzung, wenn wir Seine in uns schlummernden Gaben entwickeln und von diesem dritten Aspekt der Heiligen Dreiheit geführt, gesegnet und unterstützt werden wollen. Je mehr Aufmerksamkeit wir Ihm schenken, desto stärkeren Zugang werden wir zu Ihm finden. Die verschiedenen Talente, die wir im Laufe zahlreicher Leben entfalten, beruhen auf der Tatsache, dass jene elektrischen Kräfte des Heiligen Geistes unseren Mental- und unseren Seelenkörper berühren, welche die Gaben der Heilung, Prophezeiung, tiefer Weisheit, Hellsichtigkeit oder Hellhörigkeit entzünden. Er ist die Quelle jener geistigen Gaben und Talente, die in den Heiligen Schriften erwähnt werden.

Der Heilige Geist bedeutet für die Wahrheit, was der Christus-Geist für die Religion bedeutet – die führende Gegenwart. Jesus bereitete uns darauf vor, diesen Geist, der die ewigen Wahrheiten bestätigt und offenbart, zu empfangen, wenn er erklärte: *„Es ist der Geist, der Zeugnis gibt, denn der Geist ist die Wahrheit."* Beim letzten Abendmahl sprach Jesus zu seinen Jüngern von diesem wunderbaren Gottes-Aspekt. Er verkündete, dass der Heilige Tröster den Menschen eine Kraft verleihen werde, die Wahrheiten zu erkennen, die ihr eigenes Schicksal betreffen. Der Vater habe Ihn gesandt, um unserem Herzen und unserem Verstand die volle Bedeutung der Christus-Kraft zu offenbaren.

In der Apostelgeschichte heißt es: *Ihr werdet Macht erlangen, wenn der Heilige Geist euch erfasst hat.* Dies bedeutet, dass unsere höheren Fähigkeiten sich zu entfalten beginnen, sobald wir die Wiedergeburt, den ersten Schritt der Einweihung, durchlebt haben. Es gibt Zeiten, in denen uns eine höhere Kraft erfüllt. Sobald wir die Meisterschaft erreicht haben, wird sie uns fortwährend durchdringen. Bis zu diesem Zeitpunkt umhüllt uns der Geist der Wahrheit und nimmt Einfluss auf unser Leben, falls wir bereit sind, Ihn anzurufen.

Im Wassermann-Zeitalter wird sich der Heilige Geist immer stärker offenbaren, da der Mensch seine Unterweisungen, Offenbarungen und Eingebungen besser aufzunehmen vermag. Dieser Aspekt der Gottheit bereitet uns auf die Erleuchtung und Einweihung vor. Seine erhabene Kraft ermöglicht es uns, unser Wissen zu verwirklichen und uns zu entfalten. Diese Quelle aller Weisheit wirkt und forscht durch uns, unterscheidet, sucht und findet Antworten. Der Heilige Geist repräsentiert jenen Teil Gottes, der uns zur aktiven Verehrung anregt und uns durch seine Hinweise und Eingebungen Stufe um Stufe erhebt.

Geistige Weisheit bedeutet eine zunehmend tiefer reichende Wahrnehmung und höheres Verständnis. Es gibt Wahrheiten, die jenseits der Phänomene unserer Welt und unseres Denkens liegen. Die Erleuchtung, die Aktivität des Seelenbewusstseins, lässt uns die Offenbarungen dieser Wahrheiten erkennen. Illumination ist der unmittelbare Zugang zu der inspirierten Aktivität des Geistes. Offenbarung bedeutet, etwas vom Heiligen Geist zu empfangen, das unsere Mentalebene erfassen muss, um es später möglichst genau wiederzugeben.

Ebenso wie der Christus, strahlt der Heilige Tröster eine starke geistige Kraft aus. Seine Energie durchströmt den gesamten Planeten. Wir können uns jederzeit und überall auf ihn einschwingen. Gott gewährt uns genügend Einfühlsamkeit und Lauterkeit, um seine Antworten auf unsere Bitten zu verstehen. Er lenkt die Wege unserer gesamten Inkarnation. Er ist der Lehrer, Offenbarer und die Quelle der Erleuchtung und strebt beständig danach, unser Bewusstsein zu erweitern.

Weisheit, Wissen und Kreativität liegen im Wirkungsbereich des Heiligen Geistes. Wortreichen Menschen mangelt es an Weisheit. Sie mögen klug und sehr intelligent sein und auf wissenschaftlichem Gebiet viel erreichen, aber Weisheit bedarf keines Wortreichtums. Weisheit vereinfacht die Dinge und reduziert sie auf das Wesentliche. Vor allem in Universitäten und Forschungszentren belebt der Heilige Geist das Wissen und die Weisheit.

Sein Hierarch ist der *Paraklet*, der erhabene *Mahachohan*. Er lenkt das Kraft- und Weisheitsreservoir dieses dritten Gottes-Aspektes. Er verbreitet die Wahrheit und bereitet neue Wahrheiten für zukünftige Generationen vor. Er ist ein wunderbares Lichtwesen, ruhig, freundlich und der Inbegriff der Weisheit. Er besitzt hellbraune Haare, ein eher volles Gesicht und violett-blaue Augen. Wenn er dich anschaut, kann man sich des Gefühls nicht erwehren, dass er deinen gesamten Entwicklungsweg sieht, von Anbeginn bis zu diesem Zeitpunkt. Sein Geist wirkt von der Kausalebene aus und lenkt Weisheit und Inspiration durch die anderen Lebensebenen zur Erde hinab. Er durchstrahlt die Mentalebene und belebt die grobstofflichen Dimensionen dieser Welt. Bei den großen Einweihungen und zu Weihnachten steht dieser Gottesbote hinter Christus.

Der Heilige Geist ist der aktivste von den drei Aspekten der Gottheit. Zahlreiche Helfer stehen ihm zur Seite, und Er besitzt einen weitreichenden Einfluss auf die Menschen. Wenn du plötzlich auf einen neuen Gedanken stößt, berührst du eine lebendige Strömung, eine Emanation oder Gedankenform des Heiligen Trösters, nicht des Mahachohan selbst, sondern eines seiner Vertreter. Auf diese Weise wirst du ein Leben lang belehrt und unterstützt, denn die Frequenzen dieser Ausgießung beobachten dich.

Ausgießung des Heiligen Geistes

Bei dem Geist der Wahrheit handelt es sich um eine mächtige Kraft, die in weißem Licht erstrahlt. In den meisten Fällen wird der Tröster durch eine weiße Taube dargestellt. Als Johannes Jesus taufte, öffnete sich der Himmel, *und der Heilige Geist schwebte in leiblicher Gestalt wie eine Taube auf ihn herab* (Lukas 3, 22). Sollte es geschehen, dass dich eine Inspiration erfasst und du im gleichen Augenblick einen weißen Vogel bemerkst, der sich in die Lüfte erhebt, betrachte es als ein Zeichen, dass deine Ideen in dem Tröster ihren Ursprung nahmen.

Ein weiterer Hinweis für seine Gegenwart zeigt sich in dem plötzlichen Aufkommen eines Windes. *Und plötzlich entstand vom Himmel her ein Brausen, wie wenn ein gewaltiger Wind dahinfährt..., und sie wurden mit dem Heiligen Geist erfüllt* (Apostelgeschichte 2, 2-4). Diese Pfingsterfahrung ließ einhundertzwanzig Personen die wahre Bedeutung und den Wert des Lebens und der Botschaft Christi erkennen. Der Tröster unterzog sie der geistigen Taufe und erhellte ihren Verstand.

Im Brief an die Epheser heißt es: *Ihr habt das Siegel (der Gotteskindschaft) empfangen durch den Heiligen Geist, der (in seiner ganzen Fülle) verheißen ist.* Es besteht eine Beziehung zwischen dem Heiligen Geist und der Monade, dem Gottesfunken oder der ewigen Gottesflamme in uns. Wir haben das Siegel des Heiligen Geistes empfangen, damit wir die Verheißung Seiner Herrlichkeit erkennen, womit die Herrlichkeit Gottes im Menschen gemeint ist.

Diese dritte Ausgießung entwickelt und kräftigt die höheren Seinsaspekte und sorgt dafür, dass sie sich stärker offenbaren. Das Siegel des Heiligen Geistes zu tragen, bezieht sich auf die Einweihung. Jeder Gottsucher bittet um die innere Kraft der Entsagung, um Ihm als reines Gefäß dienen zu können. Das Siegel befindet sich in seiner Aura, auf der rechten Seite, oberhalb des Kopfes. Es weist darauf hin, dass dieser Mensch eine bestimmte Aufgabe zu erfüllen hat. Es ist der Heilige Geist, der sie ihm überträgt, ihn belehrt und die Menschheit auf diese Weise unterweist.

Der Geist der Wahrheit erschien Moses in einem brennenden Dornbusch, der dennoch von den Flammen unberührt blieb. *Er führte Moses und sein Volk am Tage in Gestalt einer Wolkensäule und bei Nacht als Feuersäule in das gelobte Land* (Exod. 13, 21-22). Moses war auserwählt worden, sein Volk aus dem Land der Sklaverei in eine neue Freiheit zu führen. Maria wurde von derselben Wesenheit geweiht, um einen erhabenen Meister zu gebären. Ein Engel brachte der Mutter Jesu die Botschaft: *Der Heilige Geist wird über dich kommen, und die Kraft des Höchsten wird dich überschatten* (Lukas 1, 35).

Von dem Augenblick an, in dem Paulus den Heiligen Geist empfing, begann er zu lehren. Seine Ehrfurcht vor den Gaben des Trösters ließen ihn, abgesehen von unserem Herrn, den dritten Aspekt der Gottheit häufiger erwähnen als irgendjemand sonst in der Bibel. In der Apostelgeschichte lesen wir, dass ein Mann namens Stephanus *voll des Glaubens und des Heiligen Geistes* war. Diesem Bericht entnehmen wir, dass der Segen des Geistes der Wahrheit auf dem aktiven Glauben beruht. Wenn wir unsere geistigen Kräfte stärker in unser Gebet hineinlegen und unser Bewusstsein fortwährend läutern, werden wir uns nicht nur besserer Gesundheit, vorteilhafterer Umstände und eines geistigen Wachstums erfreuen, sondern auch der Unterweisung des Heiligen Trösters. Seine Kräfte sind so vielfältig, dass sie sich durch zahlreiche einzelne Menschen in unterschiedlicher Weise zum Ausdruck bringen.

Zwiesprache mit dem Heiligen Geist

Der Apostel Paulus fragte alle, denen er begegnete, ob sie den Heiligen Geist empfangen hätten, seit sie glaubten. Jeder Schüler bemerkt irgendwann, ob der Heilige Geist aktiv in ihm wirkt oder ob er eine Leere spürt und wie weit entfernt er sich von der Wirklichkeit befindet. Die bewusste Verbindung mit der Quelle der Wahrheit fördert das Bedürfnis nach Spiritualität. Man sollte sich liebevoll, aufmerksam, kultiviert, geduldig und selbstbeherrscht verhalten. Vollkommen mit der Hierarchie in Einklang zu stehen, muss sich in der Hingabe zum Ausdruck bringen.

Wir sprechen von dem Heiligen Tröster, dessen Frequenz und Ausstrahlung das vor uns liegende Lichtmeer erfüllen, in das wir eingehen werden, sobald wir unsere irdischen Körper abgelegt haben. Dieses Lichtmeer ist sanft, heilend, strahlend, tröstend, inspirierend und stets zugänglich. Der Tröster wird uns helfen, losgelöst von unseren Emotionen, weise zu reden. Seine Objektivität prägt sich unserem Bewusstsein und unserer Sichtweise ein, um die gegebene Situation richtig zu handhaben. Leider gelingt uns dies nicht allzu häufig. Gewöhnlich treten wir überstürzt auf den anderen zu, ohne uns innerlich einzuschwingen. Mit zunehmender geistiger Reife werden wir den Wert innerer Bereitschaft erkennen, denn die Verbindung mit dem Heiligen Geist fördert unsere zwischenmenschlichen Beziehungen. Wir tragen die Verantwortung, dass Er immer stärker in uns wirkt.

Seine fortwährende Gegenwart erleichtert die Zwiesprache mit Ihm. Wir sollten uns täglich auf den Geist der Wahrheit einstimmen, damit seine Weisheit, Führung und Offenbarung uns umhüllen. Hundert Mal am Tage muss unser Erinnerungsvermögen angeregt werden, und selbst in den Alltäglichkeiten können wir ihn um Einsicht bitten. Er versucht auf die unterschiedlichste Art, unsere Aufmerksamkeit zu wecken und auf unser Denken einzuwirken, indem er uns Kraft und Vertrauen schenkt, so dass wir Seine Botschaft in unserem Inneren vernehmen, da sie unmittelbar einer heiligen Quelle entspringt.

Der Heilige Geist erfüllt alles mit seiner Kraft. Bist du besorgt oder liegt eine schwierige Aufgabe vor dir, bitte Ihn, sich dieser Angelegenheit über dein Bewusstsein anzunehmen und dich in einer Weise zu stärken, die den Menschenverstand übersteigt. Wenn ich noch spät am Abend einen Vortrag vorbereiten muss, bete ich: „Heiliger Tröster, umhülle mich und weise mir die richtigen Worte." Wie ein Blitz erfasst es mich, und ich schreibe alles schnell nieder. Er bedient sich unserer höheren Aspekte, so dass die Dinge anstrengungs- und reibungslos und somit rascher ablaufen. Es gibt zahlreiche Wissens- und Wirklichkeitsebenen. Der höchste Einflussbereich der Wahrheit mündet in der unmittelbaren Wahrnehmung.

Wenn wir den Gaben des Heiligen Geistes folgen, werden wir an einen Punkt gelangen, an dem sie sich zum Ausdruck bringen. Ich besteige niemals das Rednerpult, ohne zuvor darum gebetet zu haben, von meinem Selbst befreit und von Seinem Geist erfüllt zu werden. Er ordnet meine Gedanken und hebt die wesentlichen Punkte hervor.

Ehe wir eine wichtige Tätigkeit beginnen, sollten wir den Tröster bitten, uns zu unterstützen. Will man mit jemandem ein Problem besprechen, bete man zuvor um Einsicht, um den richtigen Wortlaut zu finden, und um Inspiration, damit der andere aus diesem Gespräch gestärkt hervorgeht.

Der Einfluss des Heiligen Trösters sollte fortwährend spürbar sein. Bemühe dich um eine immer inniger werdende Beziehung, so dass du eines Tages in ständiger Verbindung mit Ihm stehst. Beachte den *Windhauch*, für den es keine irdische Erklärung gibt. Erfasst er deinen Mentalkörper, so dass du dich inspiriert fühlst oder spürst du ihn in deiner Seele und wirst von tiefer Liebe erfüllt, so wisse, dass es sich um den Heiligen Geist handelt, der in diesem Augenblick in besonderer Weise auf dich einwirkt.

6.

Der Geist der Gnade

Die Menschheit sollte lernen, sich den Geist der Gnade, die vierte Ausgießung der Gottheit, bewusster zu machen. In den christlichen Lehren wird Er am wenigsten bedacht. Nach den Worten des Johannes verkündete Moses das Gesetz und Jesus die Gnade und die Wahrheit. Wären wir in der Lage, die tiefere Bedeutung dieser Begriffe zu erfassen, würden wir Gott für die Augenblicke in unserem Leben, in denen uns Seine Gnade zuteil wird, lobpreisen und uns fortwährend um Güte bemühen. Das ausgeprägte und einzigartige Wirken dieses Gottes-Aspektes besteht darin, eine bestimmte unerledigte Aufgabe eines würdigen Menschen zu übernehmen und ihn auf diese Weise zu befreien, um dem Leben dienen zu können. Ohne diese wundersame Gnade könnte die Menschheit nicht existieren. Aus diesem Grund sollten wir der tiefen Liebe Gottes für Seine Schöpfung besondere Aufmerksamkeit schenken.

Die Barmherzigkeit Gottes offenbart sich in Seiner Gnade. Neunzig Prozent aller Lebensschicksale sind durch Gnade bestimmt, die uns zwar nicht zusteht, aber unsere Erfahrungen bereichert. Sie äußert sich zum Teil in der mannigfaltigen Schönheit und den Wundern der Natur. Es ist ein Geschenk Gottes, dass wir uns an den großartigen Bergen und hohen Gebirgsketten, dem Blumenduft und den Wundern dieser Welt erfreuen dürfen. Er segnet die Erde mit Sonnenschein, Regen, Schnee und Wind, die es ihr ermöglichen, allen Geschöpfen eine Heimat zu bieten. Viele Ideen, die Erfinder, Wissenschaftler, Schriftsteller und Komponisten als Inspiration empfangen, sind Gnadengaben.

Die liebevolle Hilfsbereitschaft eines Menschen erweist sich oft als ein Zeichen von Gnade. In den meisten Fällen ist es der Geist der Gnade, der für unerwartete Aufmerksamkeiten, Unterstützung und Freude sorgt. Nur etwa zehn Prozent der Segnungen, die uns zuteil werden, lassen sich auf gutes Karma zurückführen. Mit fortschreitender Entwicklung werden wir bereit sein, als bewusstes Werkzeug der Gnade zu wirken, was uns stärker an ihren Gaben teilhaben lässt, obwohl wir sie nicht unmittelbar von dieser Quelle selbst erbeten haben.

Die Ausgießung der Göttlichen Gnade steht unter der Obhut einer *Regina* (einer Göttlichen Lehrerin, die den sechsten Einweihungsgrad durchschritten hat). Diese erhabene Amtsträgerin entstammt dem Engelreich und besitzt eine violette Emanation. Sie wird immer über unseren Planeten wachen und nicht nur Männern, Frauen und ihrer besonderen Liebe, den Kindern, beistehen, sondern der gesamten Natur mit ihren Geschöpfen. Ihre Stärke liegt auf den inneren Ebenen im Bereich des femininen Aspektes. Mehrere weibliche Adepten dienen unter dieser heiligen kosmischen Mutter.

Meister Maria, die Mutter unseres Herrn, dient der Gruppe als Weltmutter und bereitet sich darauf vor, das Amt der zur Zeit amtierenden Regina zu übernehmen, wenn diese voranschreitet. Sie zeichnet sich vor allem durch ihre Barmherzigkeit aus und befasst sich mit Frauen, die den geistigen Aspekt ihrer Weiblichkeit erkennen sollen. Außerdem trägt sie die Verantwortung für die Säuglinge, die nach kurzer Zeit von der Erde zurückkehren. Die große Schar, die Maria in ihrer Arbeit unterstützt, bereitet diese Kinder liebevoll auf ihre nächste Inkarnation vor.

Meister Kwan Yin, die erhaben Göttliche Lehrerin des asiatisches Volkes, dient ebenfalls unter dem Geist der Gnade. Ihr mitfühlendes und gütiges Wirken ist überall im Orient bekannt. Alle weiblichen Meister sind der *Regina der Göttlichen Gnade* und dem Christus gegenüber verantwortlich. Nicht nur Menschen dienen dem Geist der Gnade, sondern auch eine große Anzahl von Engeln unterstehen dieser göttlichen Ordnung.

Den dritten Aspekt Gottes zeichnen vor allem Güte und Fürsprache aus. Diejenigen, die Ihm dienen, verlängern nicht nur die Lebensspanne eines Menschen, sondern übernehmen auch geistige Bürden, die zu Krankheiten führen können. Sie erlösen die Schwachen und Leidenden von ihren zerstörerischen und ungesunden Angewohnheiten, wodurch sie geheilt und transformiert werden. Das Wesen der Gnade zeichnet sich durch Selbstaufopferung, Hingabe und aktive Liebe aus. Gnade bedeutet Geben. Barmherzigkeit, der andere Aspekt dieses göttlichen Geistes, bedeutet Mitgefühl.

Tausende suchen die heiligen Stätten von Lourdes, Fatima und Guadalupe in der Hoffnung auf, Heilung und Erlösung zu finden. Nur ein geringer Prozentsatz wird geheilt, aber diese Personen stellen selbst die Ärzte vor ein Rätsel. Man mag sich fragen, warum einem Gläubigen mit tadellosem Charakter keine Heilung gewährt wird, während jemand mit scheinbar mittelmäßigen Eigenschaften genesen darf. In letzterem Falle setzte sich der Geist der Gnade für diese Person ein und übernimmt die nicht getilgte karmische Schuld. Es hat den Anschein, dass die Gottheit sie bevorzugt, was jedoch nicht zutrifft. Eines Tages werden wir die Wirkungsweise der Gnade verstehen dürfen. Bis dahin wird der Aspekt der Auswahl für uns alle ein Geheimnis bleiben.

Die Dispensation oder der sogenannte *doppelte Lohn* fällt in den Bereich der Gnade. Moses lehrte *Auge um Auge, Zahn um Zahn.* Im Neuen Testament hingegen heißt es: *Denn mit welchem Maß ihr messt, mit dem wird euch wieder gemessen werden.* (Lukas 6, 38) Wenn es uns leicht fällt, einem Bedürftigen fünf Euro zu geben, werden wir nach dem göttlichen Gesetz genau denselben Betrag zurückerhalten, und zwar nicht von demjenigen, den wir beschenkten, sondern aus einer anderen Quelle. Sind wir jedoch selbst in Not und geben trotzdem, wird uns das Leben doppelt belohnen. Aus fünf Euro werden zehn oder sogar noch mehr werden. Es geht um die innere Einstellung.

Der Geist der Gnade wirkt inspirierend und ermutigend und weitet den Blick, wenn jemand aufgrund seiner Alltagslast den spirituellen Aspekt vernachlässigt. Findet er schließlich Zeit zur Meditation und zum geistigen Studium, erfasst ihn ein Kraftstrom und hebt sein Bewusstsein.

Es ist der Geist der Gnade, der die Einweihung mit Freude und Liebe durchstrahlt. Die Erleuchtung der Seele würde zur schwierigen Prüfung werden, gäbe es nicht die Freude, welche die Kraft des herabsteigenden Lichtes mildert. Ohne diese Frequenz erfolgte die Erleuchtung mit einer solchen Wucht, dass sie dem Nervensystem des Menschen schaden könnte.

Auch die Segnungen sind auf diesen selbstlosen, wachsamen Geist zurückzuführen. Wenn ein Mensch aufrichtig und erfolgreich daran arbeitet, sich selbst zu überwinden, werden ihm geistige Gaben zuteil. Mitunter wird gewissen Menschen eine besondere Gunst erwiesen. Dies geschieht nicht, weil sie es charakterlich verdient hätten, sondern aufgrund ihres Talents. Richard Wagner gehörte zu diesen Menschen. Er war unstet und unzuverlässig, aber seine Musikbegabung war überirdisch. Sein Talent veranlasste die Menschen, ihn großzügig zu unterstützen. Ohne diese Hilfe wären seine Kompositionen wohl niemals entstanden.

Der Geist Gottes schenkt uns das Leben. Der Christus-Geist läutert und erlöst uns und gewährt uns den befreienden und erneuernden Geist. Der Heilige Geist, die geistige Wahrheit, befreit uns von Unwissenheit, Dummheit und falschen Bestrebungen. Der göttliche Geist der Gnade verleiht dem Leben Schönheit, segnet und befreit es von der drückenden Last.

Gnade und Barmherzigkeit

Die Gnade zeichnet sich durch Liebe, Mitgefühl, Weisheit, Kreativität und Barmherzigkeit aus. Liebe bedeutet Vergebung und Güte. Wir müssen lernen, uns selbst und anderen zu vergeben, um uns nicht schuldig und unterlegen zu fühlen. Mangelnde Versöhnungsbereitschaft und Intoleranz sind ein Zeichen dafür, dass wir in den unteren Bewusstseinsebenen verharren, die den Menschen begrenzen, herabsetzen und entwürdigen. Um unser Bewusstsein zu erweitern, müssen wir erkennen, dass wir nicht uns selbst gehören. Gott hat uns erschaffen, und wir sind Sein Eigentum. Mit welchem Recht verurteilen wir andere oder uns selbst, wenn wir alle Gott in uns tragen? Bedenken wir seine Gegenwart und sein Anrecht, wenn wir uns mit den täglichen Unzulänglichkeiten auseinandersetzen.

Wir sollten stets auf der Hut sein, um uns nicht im Sumpf niederer mentaler und irdischer Angewohnheiten zu verfangen. Unserer eigenen negativen Haltung oder der anderer müssen wir unser Bemühen entgegensetzen, uns in den ursprünglichen kreativen Bewusstseinszustand emporzuschwingen, *denn die Sünde wird keine Herrschaft über euch haben; ihr steht ja nicht unter dem Gesetz, sondern unter der Gnade* (Röm. 6, 14).

Das Lebensziel besteht darin, unaufhörlich Vergebung und Güte auszustrahlen. Es wird die Zeit kommen, in der wir dem Wohlergehen aller Lebewesen, die der menschlichen Obhut und Liebe bedürfen, unsere volle Aufmerksamkeit schenken. Wir müssen uns fortwährend von den negativen Auswirkungen unserer falschen Einstellungen und Angewohnheiten befreien. Belästigt uns jemand, sollten wir ihm innerlich verzeihen. Unser korrektes Verhalten und unsere spirituelle Denkweise führen dazu, ein Gespür für weises Sprechen und Handeln in ihm zu entwickeln.

Die Kränkungen eines anderen zu verzeihen, bedeutet nicht, ihn zu ermutigen, ein unbesonnenes und achtloses Leben zu führen. Der Balsam der Gnade besänftigt und befreit uns von den schädigenden Auswirkungen, welche die negative Verhaltensweise anderer auf uns ausüben mag. Wenn wir vergeben, stärken wir unsere geistigen Muskeln. Wir werden so kraftvoller und lauterer. *Bewährten Sinn bewahrst du in Frieden, weil er auf dich vertraut.* (Jesaja 26, 3)

Ein Christ übt Barmherzigkeit. Diejenigen, die nicht von der Liebe des Christus-Geistes erfüllt sind, reagieren gefühllos auf die Leiden ihrer Mitmenschen. Der wahre Christ bekundet Mitgefühl, wenn ihm Traurigkeit, Prüfungen, Schwächen oder Gefahren begegnen. Wir haben kein Recht, Vorurteile oder Vorlieben zu hegen.

Jäger beweisen kein Mitgefühl. Das Gleiche gilt für Wissenschaftler, die Tiere quälen, um irgendetwas herauszufinden, was der Menschheit vielleicht dienen könnte. Gesegnet sei der Tag, an dem die Stier- und Hahnenkämpfe abgeschafft und der Einsatz von Tieren für Sport, Forschung und persönlichen Gewinn ein Ende findet. Die Leute stehen der Behandlung von Tieren allzu gleichgültig gegenüber, selbst wenn es sich um Grausamkeiten handelt. Die erwachte Seele schenkt dem Wohlergehen der Tiere die gleiche Beachtung wie dem der Menschen. Sie behandelt ihre Haustiere mit Respekt und Liebe. Welch ein Unterschied für die Tiere, wenn sie geliebt werden!

Tiere besitzen eine Seele. Je einfühlsamer wir uns ihnen gegenüber verhalten, desto stärker bringt sich ihr embryonisches Bewusstsein zum Ausdruck. Wir alle haben wohl schon ihre reine, unvergängliche Seelenliebe erlebt, die wir im Menschen kaum finden.

Mitgefühl ist lebenswichtig. Ein gütiges Wesen lässt uns die richtigen Worte finden, die wir an unseren Mitmenschen richten, und lässt uns spüren, wessen er bedarf. Selbst den vernachlässigten Pflanzen sollten wir unser Mitgefühl entgegenbringen. Es befreit von anhaftenden Schlacken und bewirkt in zunehmendem Maße geistige Stärke und Größe.

Wenn wir für die Welt beten, dass der Geist der Gnade sie errette, wirken wir als Sein Werkzeug. Eines der geistigen Gesetze besagt, dass man nicht für sich selbst um die Tilgung ungelösten Karmas bitten kann, wohl aber für andere. Wir können dafür beten, dass die Geistige Hierarchie und die Engel Weisheit und Kraft aussenden mögen und es auf der Erde genügend Kanäle gebe, die diese Ströme aufnehmen, damit die Menschheit „aus Gnade" voranzuschreiten vermag. Ramakrishna bringt eine solche Möglichkeit mit folgenden Worten zum Ausdruck: *Der Wind der Gnade Gottes weht unaufhörlich. Unsere Aufgabe ist es, die Segel der Selbstlosigkeit zu entfalten.*

Mutter Teresa verkörperte den Geist der Gnade und Barmherzigkeit auf Erden. Mit ihrer Arbeit für die Ärmsten der Armen und der Liebe und Hoffnung, die sie den Sterbenden brachte, stand sie als Beispiel für das Wirken der Weltmutter. Sie lebte die tätige Liebe und bezeugte das strahlende Licht der Gnade und Wahrheit.

Wenn wir dem einzigartigen Beispiel unseres Herrn folgen, werden wir im Geist des Vergebens leben. Wir sollten uns allen gegenüber nach den Worten verhalten: *Gnade sei mit euch und Friede von dem, der ist und der war und der kommt.* (Off. 1,4)

7.

Innere Wahrnehmung

Die Religion sieht ihr höchstes Ziel darin, im Menschen eine Sensibilität zu entwickeln, die ihm eine bewusste, unmittelbare und ehrfürchtige Vereinigung mit dem Göttlichen ermöglicht. Hinzu kommt das Bewusstsein für die Wesenheiten auf den inneren Ebenen, denen wir uns anvertrauen können. Wenn unser inneres Wahrnehmungsvermögen erwacht, erkennen wir die wahre Wirklichkeit, der alle Menschen entgegenstreben.

Wir sind von einer mächtigen unsichtbaren Welt umgeben, aus der wir unseren Ursprung nahmen und der wir mehr angehören als der äußeren Welt. Diese unsichtbare Welt, die Quelle und das Kraftreservoir, aus dem wir Energie, Inspiration und Erkenntnisse schöpfen können, vergessen wir allzu oft. Unzählige Kräfte und Bürden lenken uns von den inneren Sphären ab, so dass wir uns nur auf unsere vorübergehende Existenz in der äußeren Welt konzentrieren. Ziel und Zweck der Inkarnation ist es zu lernen, auf dieser sichtbaren Ebene zu leben, während wir mit unserer ewigen, geistigen Welt bewusst in Verbindung bleiben.

Jesus verkündete, dass das Reich Gottes in uns liegt. Er sprach oft von diesem Königreich, der inneren Welt Gottes, dem Ewigen. Er lehrte die Notwendigkeit inneren Wandels, um Teil dieser Welt sein zu können und betonte, dass das Wissen um diese Dimension der größte Schatz irdischen Daseins ist. Schon bevor wir diese Erde verlassen, sollten wir bewusst an der inneren Welt und ihren immerwährenden Freuden teilhaben. Wir besitzen die wunderbare Möglichkeit, uns häufig am Tag auf das Göttliche einzuschwingen und die Frequenzen der inneren Sphären aufzunehmen. Die Augenblicke, in denen wir in diese Welten eintauchen, die Teil unserer höheren Natur sind, lassen uns ihre Schönheit und Wahrheit erkennen.

Eines der größten Vermächtnisse, das Christus der Menschheit hinterließ, ist die Bewusstheit, dass unsere äußere Welt von einer höheren, geistigen Dimension durchdrungen, versorgt und gelenkt wird. Es gehört mehr zum Leben als das, was wir an der Oberfläche sehen. Aus dieser tiefen inneren Gewissheit heraus, die Christus uns schenkte, entsteht eine neue, schöpferische Hingabe an Gott.

Das umfassende Bewusstsein, das die Gegenwart Gottes inmitten der äußeren Aktivität wahrnimmt, wirkt wie ein Magnet, der unser gesamtes Sein mit den geistigen Lebenswirklichkeiten in Einklang bringt. Der ganze Mensch – Körper, Gemüt, Verstand und Seele – verschmilzt mit der Kraft und Ordnung des Geistes. Dazu bedarf es der Ehrfurcht, Erkenntnis und Erleuchtung. Sich mit dem Höchsten zu identifizieren, bedeutet Kraft, Läuterung und Gemeinschaft. Ernsthaft strebende Menschen, die dies praktiziert haben, erlebten Momente unvorstellbarer Klarheit, in denen sie das lebendige Licht *wahrnahmen.*

Das geistige Erkennen der Gottesgegenwart muss geübt werden. Es geschieht nicht plötzlich. Nach zahllosen Versuchen, sich Gott zu vergegenwärtigen, stärken wir mit der Zeit unsere Fähigkeit, diese Bewusstseinsebene aufrechtzuerhalten. Zunächst genügt der ständige Gedanke an Ihn. Später müssen wir Seinen Eingebungen folgen.

Bei der Gotteserkenntnis handelt es sich nicht um einen mentalen Prozess, sondern um eine Realität, zu der uns die Andacht führt. Gebet fördert die Gotteswahrnehmung. Sprechen wir: „Geist des Lebens, wir lieben Dich, wir lieben Dich", scheinen unsere inneren Fähigkeiten zunächst brachzuliegen. Wenn wir die Worte „wir lieben Dich" unzählige Male inbrünstig wiederholen, erwachen unsere schlummernden Sinne, und Gott wird geliebt. Alle unsere geistigen Bemühungen konzentrieren sich auf die unmittelbare Gotteserfahrung des Augenblicks.

Diejenigen, die einen Weg gefunden haben, mit dem unendlichen und ewigen Bewusstsein in Verbindung zu treten, sind überwältigt von seinen Möglichkeiten. Ihre Aufgeschlossenheit gegenüber dieser Realität wird zum Tor für Wahrnehmung und Intuition.

Jesus sprach von der *Wiedergeburt* des Menschen. Er wusste, dass wir im Laufe unserer Entwicklung ein höheres Bewusstsein erlangen würden, das es durch Gebet, Meditation und eine weise Lebensführung aufrechtzuerhalten gilt. Wer sich ernsthaft darum bemüht, erkennt, wie stark ihn das weltliche Bewusstsein gefangennimmt, solange er in einem physischen Körper weilt. Dennoch ist er sich gleichzeitig der höheren Energien bewusst. Wir sollten den geistigen Bewusstseinsaspekt in unseren Alltag mit einbeziehen. Meditatives Erkennen dieser beiden Lebenssphären bedeutet, beide Bewusstseinsebenen miteinander in Einklang zu bringen.

Die Kultivierung anhaltenden Bewusstseins ist ein langwieriger Prozess, aber die einzelnen Erkenntnisstufen vermögen wir mit der Zeit aufrechtzuerhalten. Die Bejahung des ewigen Lebens wirkt wie ein Sauerteig, der unserem individuellen Lebenszweck, unserer gesamten Existenz, eine höhere Dimension verleiht.

Selbstdisziplin und Läuterung bringen uns der Gotteserkenntnis näher. Unser Wachstum und unser Fortschritt beflügeln unsere Sehnsucht, Gottesbewusstsein zu erlangen. Es wird die Zeit kommen, in der wir genügend Selbstvertrauen und geistige Zuverlässigkeit besitzen, damit dieses drängende Verlangen nach Erkenntnis rechtmäßig erfüllt werden kann.

Unsere erwachende Bewusstheit entwickelt sich durch Hingabe. In dieser Phase überprüfen wir unsere Gedanken, Beweggründe, Verhaltensweisen und Beschäftigungen. Wir entwickeln uns erst weiter, wenn wir die heftigen instinktiven und egoistischen Neigungen aufgeben.

Unsere geistigen Bestrebungen dienen dem Ziel, das Gotteslicht zu erreichen und es zum Ausdruck zu bringen. Alles, was dem Göttlichen in uns widerspricht, verharrt in Dunkelheit. Erlauben wir der Dunkelheit oder Negativität, uns zu berühren oder wiederholt das Licht anzugreifen, gibt es kein ausgewogenes Wachstum. Es sollte unser höchstes Ziel in diesem Erdenleben sein, uns für das Licht zu entscheiden, das uns lenkt, transformiert und erhebt.

Einige erlebten den Übergang von der niederen Welt zur Schwelle des Lichtes in einem einzigen Augenblick. Viele erlebten dieses Emportauchen als eine Woge geistiger Erkenntnis. Andere spürten es heraufdämmern. Diese Menschen erwachten still zu einer neuen Wachheit und Wahrnehmung. Doch die Geburtswehen der meisten Menschen erfolgen langsam und schmerzhaft. Um so größer ist ihre siegreiche Freude, wenn sie schließlich wiedergeboren werden.

Der Übergang vom Glauben zur Gewissheit bedeutet Erleuchtung. Es spielt keine Rolle, ob sich die Gottesgegenwart durch einen strahlenden Blitz bekundet, wie bei Saulus von Tarsus, oder ob sie sich still nähert. Der Mensch wird in jedem Fall diesen kostbarsten Augenblick seines Lebens erkennen. Alles wird für ihn größere Schönheit und Bedeutung gewinnen, und er wird seine Sinne klarer und schärfer einsetzen können.

Der erwachte Mensch wird feststellen, dass die jubelnde Freude schwindet, doch sein Zugang zum Licht bestehen bleibt. Auch sein Blickfeld weitet sich mit zunehmender Weisheit und Entwicklung, und seine Einsichten nehmen einen anderen Stellenwert ein.

Diejenigen, die aufgrund eines ernsthaften inneren Strebens wiedergeboren wurden, haben erfahren, was Seher als erreichbar bezeichnen. Sie haben sich den Weg in das Lichtreich gebahnt. Ihre Erfahrung ist nur ein Vorgeschmack auf größere und bereichernde Entwicklungen, die ihnen mit zunehmender geistiger Reife zuteil werden. Die bewusste Gemeinschaft mit Gott bedeutet mehr als alle fieberhaft angestrebten und wertlosen irdischen Ziele.

Vom Glauben zum unmittelbaren Wissen zu gelangen, bedarf einer ungeheuren Arbeit an sich selbst. Unsere innere Wachsamkeit und Ehrfurcht zeigt sich in der Klarheit unserer Aura, was auf eine lautere Motivation und Selbstlosigkeit hinweist. Wenn sich diese mit dem Willen paaren und die Schranken, die uns von Gott trennen, durchbrechen, beginnt der Mensch, Gott zu erkennen und zu sehen.

Zunächst handelt es sich dabei um eine Intuition, so wie wir wissen, dass Gott zuhört, wenn wir beten. Erleuchtung bedeutet Wahrnehmung – wir blicken in das Licht, das wir zuvor nur intuitiv fühlten.

Die innere Wahrnehmung wird von dem Verlangen begleitet, den Allerhöchsten kennenzulernen und mit ihm vereint zu sein. Mit diesem Wunsch, die göttliche Wirklichkeit bewusst zu kennen, beginnt die bedeutsamste und schwierigste Phase unserer Evolution. Hinzu kommt das wachsende Bedürfnis und der Wunsch, die Grenzenlosigkeit des Lebens klar zu erkennen. Wir sehnen uns danach, die Wirklichkeiten, die jenseits unserer physischen Sinne liegen, bewusst wahrzunehmen. Wir fühlen uns eins mit der Erde. Unser schlummerndes geistiges Empfindungsvermögen beginnt zu erwachen. Diese innewohnende höhere Fähigkeit läutert und wandelt unseren Charakter und unser Bewusstsein. Paulus wusste um diesen Wandel im Menschen, wenn er sagt: *Und wie wir das Bild des Irdischen getragen haben, werden wir auch das Bild des Himmlischen tragen.* (1. Kor. 15,49)

Aus tiefer Liebe zu Gott erklimmt der Mensch die Stufen der Unendlichkeit. Vom passiven Gläubigen, der Gott nicht kennt, schreitet er zur Gotteserkenntnis voran. Die Mystik beschleunigt seine Charakterbildung. Sie transformiert ihn. Sie verbindet ihn mit den wahren Gesetzen und Prinzipien, die ihn umgeben, und hebt den in ihm verborgenen Schatz, um ihn zu entfalten, damit er der göttlichen Absicht diene.

Geistiges Bewusstsein

Es gibt viele Mysterien in uns, zu denen wir selten Zugang haben, da unser Bewusstsein ihren Lichtaspekt nicht zu berühren vermag. Unsere höheren Bewusstseinsebenen müssen entwickelt werden. Über der Seelenebene liegen Bereiche, von denen aus der innewohnende Gott die Seele unterweist und segnet. Der innere Gottesfunke sendet augenblicklich Hilfe. Dieser Bewusstseinszustand wird nur selten erreicht. Wir können uns glücklich schätzen, wenn es uns gelingt, bis zur Seelenebene vorzudringen, die uns mit tiefem Frieden erfüllt, uns inspiriert, belehrt und erleuchtet. Jene Bewusstseinshöhen reichen weit über die Seelenebene hinaus.

Als Kind besaßen wir ein einfaches Bewusstsein. Im Laufe unserer Jugendjahre wurden wir selbstbewusst und lebten im Bewusstsein unserer Persönlichkeit. Es wird eine Zeit geben, in der wir im Super-Bewusstsein, dem universalen göttlichen Bewusstsein, weilen. Auf unserer gegenwärtigen Entwicklungsstufe arbeiten wir daran, von der persönlichen zur universalen Ebene voranzuschreiten. Diese Aufgabe nimmt uns nicht nur für ein einziges Leben in Anspruch, sondern beschäftigt uns während unserer gesamten Entwicklung. Einige werden die Fähigkeit besitzen, für winzige Zeiträume universelles Bewusstsein zu erreichen. Es wird eine Zeit kommen, in der wir die Weiten des Seins und jene Bewusstseinshöhen berühren und in der Lage sind, diesen Zustand länger aufrechtzuerhalten.

Die Lehren unseres christlichen Glaubens müssen wir von Anfang an praktizieren. Dabei werden wir ständig auf Schwierigkeiten stoßen. Wir sollten uns stets fragen, wie Christus sich verhalten hätte. Das Leben zu leben bedeutet, seinem Denken und Handeln den geistigen Aspekt zu verleihen. Den weltlichen Dingen des Alltags begegnen wir mit einem auf das Göttliche ausgerichteten Bewusstsein. Dies gilt selbst für einfache Tätigkeiten, wie Kartoffeln zu schälen, den Boden zu schrubben oder das Auto zu reparieren. Erst wenn wir uns von den negativen Aspekten der Persönlichkeit befreit haben, indem wir unser Bewusstsein im Licht verankern, werden wir wachsen. Mehrmals am Tage sollten wir uns erneut auf die göttliche Wirklichkeit konzentrieren.

Sobald wir die geistige Wahrheit zu verstehen beginnen, erkennen wir, wie schal und begrenzt unser Denken gewesen ist, ehe sich unser Bewusstsein weitete. Die Erleuchtung befähigt uns, noch weitere Bereiche zu entdecken. Sie gewährt uns Zugang zu einem Selbst, das wir zuvor nicht kannten, einem höheren, geläuterten, edlen und wahrhaften Selbst. Zwei Dinge sollten wir bedenken. Erstens, wir können jederzeit mit einem Reservoir unendlicher Wahrheit in Verbindung treten und zweitens, wir besitzen ein unsterbliches Selbst – den innewohnenden Gottesfunken.

Es gibt zwei Bewusstseinszustände, einen horizontalen und einen vertikalen. Das vertikale Bewusstsein berührt die Ewigkeit. Es reicht über unsere Dimension, unser Verständnis und unsere unmittelbaren Erfahrungen hinaus. Im Laufe unserer Entwicklung und geistigen Erleuchtung werden wir diesen vertikalen Bewusstseinsstrahl immer höher erklimmen. Niemand erlangt die Erleuchtung, ehe er nicht gelernt hat, das vertikale Bewusstsein zu praktizieren, denn in diesem Zustand liegt ihr Ursprung. Unser horizontales Bewusstsein befasst sich mit den irdischen Dingen und Prüfungen. Wir müssen lernen, dieses Bewusstsein möglichst hoch zu erheben, um auf unser vertikales Bewusstsein, die Ausrichtung auf Gott, zu stoßen. Dann stehen wir vor dieser lebendigen Gegenwart und ruhen in unserer Mitte. In seiner Mitte zu ruhen bedeutet, auf sein wahres Selbst, seine Seele, ausgerichtet zu sein. Dieser Zustand ist Voraussetzung, um die Erleuchtung zu erlangen. Alle unsere geistigen Erfahrungen und Einsichten können nur eintreten, wenn wir in unserer Mitte ruhen.

Der geistig Suchende wird gewöhnlich von diesen beiden Bewusstseinszuständen, dem weltlichen und dem geistigen, angespornt. Das höchste Ziel des Lebens besteht darin, in der geistigen Atmosphäre zu denken und zu leben. Um zeitlose Bewusstheit zu erlangen, müssen wir dem äußeren Zugriff der Erde allmählich entsagen und ihn überwinden.

Wir befreien uns erst dann von den weltlichen Interessen, wenn wir sie im Lichte ihrer relativen Kräfte und Werte verstehen. Nur das geistige Bewusstsein schenkt Frieden und Freude, die alle irdischen Errungenschaften übersteigen. Dieser Bewusstseinszustand steht allen offen. Er muss nur kultiviert werden.

Vom weltlichen Bewusstsein auf das geistige überzugehen, bedeutet, sich aufmerksam auf die uns umhüllende Gottesgegenwart zu konzentrieren. Diese wunderbare Gegenwart befindet sich immer direkt vor uns, wie eigensinnig wir unsere Sinne auch für sie verschließen mögen. Wie gut zu wissen, dass wir nicht meilenweit reisen müssen, um Ihn zu finden, denn Gott ist stets dort, wo wir sind und uns bewegen.

Dieses höhere Bewusstsein enthüllt uns Wirklichkeiten, die wir in unserem Alltag kaum spüren. Immer wieder versagen wir, auf diese Ebene eingestimmt zu bleiben. Doch jeder Misserfolg wirkt als Ansporn, das geistige Bewusstsein zu verwirklichen, wenn wir die Verbindung aufrechterhalten und zulassen, dass das göttliche Selbst uns beherrscht.

In dem Menschen, der sich der Nähe Gottes zunehmend bewusst wird, brennt das geistige Bewusstsein. Gott wird zum Hauptthema, zum unterschwelligen, heiligen Grundton des Lebens selbst. Wir arbeiten, als sei es für Gott, und verleihen allem, was wir tun, höchsten Glanz. Das vertikale Bewusstsein bringt sich in der Bewusstheit zum Ausdruck. Wir stehen inmitten der ewigen Strömungen und erkennen klar, was geschieht, wer wir sind und wohin wir gehen. Geistiges Bewusstsein zu praktizieren, bedeutet, dass wir Zugang zu der heiligen Triade in uns, unserem göttlichen Selbst, finden. Wir kennen den Ursprung unserer Kraft und Stärke, unserer Gesundheit und Rechtschaffenheit. Die höheren Bewusstseinsebenen versuchen, uns zu helfen, die Einheit mit dem Göttlichen in uns und, noch wichtiger, mit dem Allerhöchsten zu erlangen.

Sechster Sinn

Es gibt innere Fähigkeiten und Möglichkeiten, die bei den meisten Menschen brachliegen und die mit unserer geistigen Heimat in Verbindung stehen. Sie entströmen unserem wahren, inneren Selbst und dringen durch die äußeren Bedingungen und Schleier in das

Herz der Wirklichkeit vor. Wir sprechen von unserem sechsten und siebten Sinn. Sie funktionieren nur, wenn sich unsere Lebensweise auf ihre Frequenzen einstellt. Ehrfurcht ist der einzig sichere Weg, diese höheren Fähigkeiten zu wecken und zu nutzen. Wenn der sechste und siebte Sinn erwachen, erkennt der Mensch die Welt in einem anderen Licht.

Bei dem sechsten Sinn handelt es sich um eine ausgesprochen ein-fühlsame Fähigkeit, die die Ausstrahlungen von Sehenswürdigkeiten, Tönen und Ereignissen innerhalb ihres Interessenbereichs wahrnimmt. Unter Telepathie versteht man die Übertragung der Gedankenformen von einer sensitiven Person zu einer anderen, ebenfalls sensitiven Person. Sie ist eines der Anzeichen für die Aktivität des sechsten Sinnes. Wir sind uns der Kommunikation mit dem Bewusstsein eines anderen bewusst. Wörtliche Sätze sind nicht von Bedeutung, wohl aber die Zusammenfassung der aufprallenden Gedankenformen. Wir erkennen diese, und es entsteht eine Beziehung zu der anderen Person. Die Telepathie ist der einfachste Aspekt des erwachenden sechsten Sinnes.

Der sechste Sinn macht uns die inneren Welten bewusst und lässt uns die unsichtbare Seite einer Person, eines Tieres oder Baumes wahrnehmen. Die innere Wahrnehmung nimmt ihren Ursprung in unserem geistigen Selbst. Diese Fähigkeit stellt sich auf die für das physische Auge unsichtbaren Dimensionen ein und leitet deren elektrischen Impulse durch unsere Wirbelsäule. Ein Mensch mit er-wachtem sechsten Sinn sieht, hört oder erkennt Eindrücke von dem inneren Wächter. Die Herausforderung besteht darin, die Wahrheit zu sehen und sie nicht zu verzerren. Wir sollten für jeden Hinweis aus den inneren Welten dankbar sein.

Die Fähigkeit, klar zu sehen, bezeichnet man als *Hellsichtigkeit,* die es einem Menschen ermöglicht, sich des Lebens in den höheren Dimen-sionen bewusst zu sein und nur bis zu der Stufe zu sehen, den die Seele zu erreichen vermag. Auch der Charakter eines Menschen offenbart sich ihm. Äußere Schönheit bedeutet nicht unbedingt innere Schön-heit. Menschen von außergewöhnlichem Bewusstsein und Charakter besitzen eine solch wunderbare Ausstrahlung, dass es ein Privileg ist, sie zu betrachten. *Hellfühlen* ist die Fähigkeit, Düfte, Obertöne und Frequenzen wahrzunehmen. Die Strahlen treffen auf die sensitive Person, wirken auf sie ein und übermitteln ihr die Bedeutung.

Je spiritueller wir werden, desto stärker entfaltet sich unsere Intuition. Dies ist ein gutes Zeichen, denn sie regt die wunderbare Fähigkeit des sechsten Sinnes an. Die Intuition dringt augenblicklich von dem über der Vernunftebene liegenden Bewusstsein in unsere Gedanken. In Form von Segnung oder Belehrung des innewohnenden Gottes übermittelt uns unsere eigene Seele Eindrücke von Menschen, Orten oder Ereignissen. Wir sollten die Intuition anstreben, da die Seele uns auf diese Weise schult, unterweist und bekräftigt. Es wird sich uns allmählich eine völlig neue Erfahrungswelt eröffnen.

Die Geistige Hierarchie spricht nicht von Hellsehen, Hellhören oder Hellfühlen, sondern von *Wahrnehmungsvermögen*, um die Bewusstheit eines Individuums und die entsprechenden höheren Bewusstseinsstufen zu beschreiben. Im Laufe seiner Entwicklung werden die Fähigkeiten des Schülers von den Frequenzen der geistigen Bewusstseinsebenen sensibilisiert und genährt und die Kräfte und Aktivitäten der höheren Welten allmählich offenbart.

Sobald sich der sechste Sinn entfaltet, bekunden die höheren Wesenheiten – jene, die auf einer fortgeschrittenen Intelligenz- und Entwicklungsstufe stehen – großes Interesse an unseren inneren Vorgängen. Wenn sich der sechste Sinn in der richtigen Weise entwickelt, lernen wir als Erstes mehr über uns selbst. Intuitiv nehmen wir die Eingebungen der Lehrer aus den inneren Welten auf. Sie schmeicheln niemals, sondern weisen auf den nächsten Wachstumsschritt hin, indem sie kritisch unseren stärksten Schwachpunkt hervorheben. Sind wir demütig bereit, uns unser Wachstum stündlich und in jeder Beziehung vor Augen zu halten, verändert sich unsere Aura plötzlich und gleicht mit wachsender Ehrfurcht einer leuchtenden Kerze. Die Adepten erkennen unsere Bereitschaft für weitere Entwicklungen. Ehrerbietung, Demut und Belehrbarkeit sind die Eigenschaften, die diejenigen Menschen auszeichnen, die für die innere Wahrnehmung bereit sind.

Theophanie ist eine höhere Entwicklungsstufe innerer Wahrnehmung, die sich nach zahlreichen Leben der Schulung und einer Bewusstheit der höheren Ebenen einstellt. Sie bedeutet, dass sich der Schüler der lebendigen Gegenwart einer fortgeschritteneren Intelligenz bewusst ist. Der Höhepunkt meines Lebens war die Begegnung mit Christus im „Garten der Bäume". Dies ist nur möglich, wenn eine sehr hoch entwickelte Seele, wie die eines Meisters oder Göttlichen Lehrers, ihren oder seinen Astralkörper zu verfestigen vermag. Dann scheint die Gegenwart zu atmen und physische Gestalt anzunehmen. Werden die negativen Formen übersinnlicher Kräfte und die Obertöne des Niederastralen wahrgenommen, handelt es sich nicht um eine derartige Erfahrung.

Eine andere höhere Ausdrucksform des sechsten Sinns wird Channeln genannt. Die östliche Esoterik spricht von *Avesha*. Alle Facetten dieses Sinnes vereinigen sich, damit er das aus den inneren Welten und von den hoch entwickelten Intelligenzen Empfangene verantwortungsbewusst in die irdische Welt weiterzuleiten vermag.

Solche Gaben werden nicht nur Auserwählten zuteil. Wir alle besitzen sie. Diese wunderbaren Möglichkeiten liegen so lange in uns brach, bis unser Interesse an Gott stark genug ist und unsere charakterliche Entwicklung ihr Erwachen zulässt. Die innere Wahrnehmung zeichnet sich durch zwei gleichzeitig auftretende Aspekte aus, das überwältigende, jubelnde Staunen und die ungeheure Verpflichtung, die großer Tapferkeit bedarf – Freude und die Bereitschaft, Verantwortung zu übernehmen. Wir müssen den Preis aus moralischer Sicht und im Hinblick auf den geistigen Mut betrachten, denn was von uns erwartet wird, stellt weitaus höhere Anforderungen und bringt größere Gefahren mit sich, als die Dinge, mit denen unsere heroischen Entdecker auf ihren gefahrvollen Expeditionen konfrontiert waren.

Ein erweitertes Wahrnehmungsvermögen stellt eine der größten Herausforderungen an unsere spirituelle Denkweise dar. Wenn wir die Auswirkungen unserer Gedanken, Gefühle und Handlungen auf unsere Aura, unsere Umgebung und unseren Alltag beobachten können, erkennen wir deutlich die Notwendigkeit, unsere Gedanken zu steuern und zu läutern. Was wir sehen, ist immer ein Hinweis auf unsere Aufrichtigkeit, Motivation, Gesundheit und unsere Fähigkeiten. Das geistig Geschaute muss stets getrennt, unterschieden und wertgeschätzt werden, nicht aus Eigeninteresse, sondern zum Wohle der Menschheit.

Jeder besitzt übersinnliche Wahrnehmungsfähigkeiten, aber nur wenige haben sie entwickelt. Wir sind nicht eher vollkommen, als bis wir alle göttlichen Kräfte in uns nutzen. Wir sollten jedes Zeichen und jede Erfahrung, die auf eine beginnende Entfaltung der inneren Sinne hinweist, dankbar begrüßen. Wir werden anderen von größerem Nutzen sein, wenn wir die überirdischen Sphären zu schauen vermögen. In dem gleichen Maße, in dem wir uns glücklich fühlen, sind wir uns unserer großen Verantwortung gegenüber Gott und Seiner Schöpfung bewusst. Es könnte keinen edleren Weg geben, der Menschheit zu dienen, als ein reines Gefäß für die strahlenden Wirklichkeiten zu werden, die jenseits der fünf begrenzten Sinne liegen.

Der Wert eines aktiven sechsten Sinnes in unserem gegenwärtigen Leben liegt darin, dass er dazu beiträgt, alle Bereiche zu vervollständigen. Er weist uns auf die Beschaffenheit der inneren Ebenen hin und informiert uns über den wahren Hintergrund weltlicher Umstände. Er warnt uns vor Täuschung, Krankheit und Gefahr. Bei der Heilungsarbeit erkenne ich den Zustand der Organe, für die wir beten, so dass ich weiß, welcher Heilungsprozess als nächster aktiviert werden muss. Die Entfaltung inneren Schauens trägt dazu bei, Ganzheit zu erlangen, denn ohne eine solche Bewusstheit sind wir nur teilweise entwickelt.

Die innere Schau geht aus dem kontemplativen Zustand hervor. Ohne die Kontemplation ist keine Vision möglich. Die von einer Vision begleiteten Unterweisungen, Prophezeiungen und Offenbarungen werden dem Mentalkörper übermittelt. Wir beobachten die Enthüllungen als Zuschauer, doch was uns gegeben wird, dient unserem Wachstum und Wohlergehen. Während sich unser Mentalkörper auf die gezeigten Bilder konzentriert, mögen wir das Geschaute von hoch entwickelten Intelligenzen oder als Botschaft von unserem inneren Lehrer, unserer Seele, empfangen. Wenn wir still lauschen und die Vision zu schätzen verstehen, kann sie uns wandeln und unsere Erfahrungen erhellen und bereichern.

In meinem ganzen gegenwärtigen Leben habe ich in die inneren Welten geschaut. Mit sechs Jahren erkannte ich, dass nicht alle Menschen sahen, was ich wahrnahm. Von diesem Zeitpunkt an ängstigte ich mich geradezu, den Leuten von den herrlichen Wesenheiten, Farben, Düften und der Musik, die sie umgaben, zu erzählen. Bis zu meinem dreizehnten Lebensjahr schwieg ich. Dann begann ich, erneut über diese Wunder zu reden.

Um meine Art der Wahrnehmung zu erklären, möchte ich zunächst auf eine Fähigkeit hinweisen, die entfaltet und geschult werden muss. Wenn die gesamte Individualität tätig zu werden beginnt, möchte ich jeden in seiner ganz persönlichen Erfahrung ermutigen und bestärken. Ich werde einige Höhepunkte der feinstofflichen Welten beschreiben. Dies bringt nicht nur kostbare Vorteile mit sich, sondern auch

Gefahren. Das Individuum muss innerlich stark genug sein, um dem Offenbarten ins Antlitz blicken zu können, ungeachtet dessen, ob es sich dabei um Freude, Schwierigkeiten oder Prüfungen handelt.

Als Erstes nehmen wir unser eigenes Schicksal wahr, da wir uns der Verantwortung für unsere Gedanken, Gefühle und Handlungen bewusst werden. Wir sehen unseren Bewusstseinszustand und unsere Gedankenformen sowie die Farben, die sich in unserer Aura widerspiegeln. Die Aura ist ein eiförmiges Magnetfeld, von dem jedes Lebewesen umhüllt wird. Beim Menschen kann sich dieses Feld von einigen Zentimetern bis zu zwölf oder mehr Metern, wie bei einer hochentwickelten Seele, ausdehnen. Meister besitzen eine Aura, die sich mindestens eineinhalb Kilometer weit in jede Richtung erstreckt. Aus allen unseren Seinsebenen fließen Energien in dieses Feld, so dass unsere Aura einem Regenbogen gleicht.

Als in Questhaven eines Tages das Glockenspiel erklang, stellte ich mich bewusst auf die Auswirkungen der Klänge in den inneren Welten ein. Still beobachtete ich die wundervolle Szene. Aus den höheren Regionen der Gotteswelt strömten Lichtwesen herbei, die der liebliche Glockenklang anlockte. Sie kamen auch aufgrund des strahlend weißen Lichtglanzes des Beauftragten Christi im Zentrum unserer Kirche, eines großen Erzengels. Ihr Antlitz leuchtete in tiefer Verehrung. Es anzuschauen, wirkte lange Zeit sehr inspirierend.

Die innere Dimension unserer Welt enthält Gedankenformen, die leuchtenden Blitzen, Kometen oder dem Nordlicht gleichen und von Intelligenzen stammen, die uns in ihrer Entwicklung weit voraus sind. Sie senden einzelnen Menschen bestimmte Archetypen, die vibrierenden, mit farbigen Symbolen bedeckten Wappen gleichen. Ein großer Teil dessen, was uns widerfährt, kommt aus der inneren Ebene. Höhere Intelligenzen inspirieren uns mit Gedanken, die sich in unserer Aura als bestimmte Ideen niederlassen und über die wir nachsinnen, sie absorbieren und schließlich in unser Leben einbauen sollten. Die Meister halten stets Ausschau nach denjenigen, die auf ihre auftreffenden Gedankenformen reagieren.

In den jenseitigen Welten gibt es keine Geheimnisse. Der visionäre Blick nimmt den inneren Aspekt aller Dinge wahr. Er enthüllt die schöpferische Seite von Ideen, die Auswirkung von Gefühlen, den ätherischen Gesundheitszustand, die aus den höheren Dimensionen kommenden Lichtstrahlen, die Elementale von Autos, Objekten und Spielsachen ebenso wie die glorreichen Himmelsscharen, die unermüdlich für die Erlösung der Menschheit wirken.

Ein aufrichtiger hellsehender Mensch beobachtet seine eigene Aura, um festzustellen, ob die Reinheit und Klarheit der Farben, die seine Ehrfurcht zum Ausdruck bringen, für eine wirkungsvolle Heilarbeit ausreichen. Ich bemühe mich immer, die Blautöne des Heilungsbewusstseins zu stärken, ehe ich für einen Menschen zu beten beginne. Der Hellsichtige wird das strahlende Licht sehen, das jene Ebenen durchströmt, die er im Gebet berührt. Er wird sich höherer Kräfte bewusst werden, die ermutigend und unterstützend wirken und alles Überflüssige beseitigen, was ihn erfrischt und beruhigt.

Eine Eheschließung zu beobachten, erweist sich als außerordentlich inspirierend. Während das Paar sein Gelübde spricht, leuchten ihre Seelen in strahlend weißem Feuer. Nach der Segnung der Ringe durch den Geistlichen umhüllt ein heller Ring ihre Hände. Bei den Worten: „Mit diesem Ring nehme ich dich zur Frau/zum Mann", ergießt sich ein strahlendes Licht über das Paar. Wenn es sich zurückzieht, haben sich der Kausal- oder Seelenkörper der beiden vereinigt, so dass sie eine Einheit bilden.

Das sich offenbarende Licht kann physischen Beistand und Erleuchtung bringen. Einmal erreichten wir nach Einbruch der Dunkelheit einen heiligen Berg, den ich sehr liebe. Ich bat die beiden Freunde, die uns begleiteten, den Berg in der nächtlichen Stille zu betrachten. Plötzlich drängte es mich, auf ihn zuzugehen, und ich bedauerte, dass wir keine Taschenlampen mitgenommen hatten. Dann bemerkte ich, dass ein helles goldenes Licht einen etwa zehn Zentimeter breiten Ring um unsere Füße bildete. Jeder trug dieses Licht auf dem Weg mit sich. Sobald wir zu unserem Hotel zurückkehrten, verschwand es. Im Gegensatz zu dem silbrig glänzenden Mondlicht besaß dieses Licht einen goldenen Schimmer und befand sich nur an unseren Füßen.

Eine neue, unbekannte Gegend zu bereisen, erfüllt mich stets mit großer Erwartung, denn ich werde Wesen beobachten können, die ich noch niemals gesehen habe. Naturgeister, die mit Feldern, Baumgruppen und Gebirgsketten in Verbindung stehen, kann man vor dem farbigen Hintergrund lebendiger Energien beobachten. Wie wir in der äußeren Welt Wasserläufe finden, gibt es auf der unsichtbaren Seite der Natur große Farbströme. Sie entspringen ungeheuer starken Kraftfeldern und können ein ganzes Tal mit ihren mächtigen Energien füllen. Es wirkt so erhebend, die Naturgeister bei ihrer harmonischen Tätigkeit zu beobachten und ihnen zu lauschen, wenn sie die Wiesen, Felsen und Bäume in ihrer besonderen Weise energetisieren. Irgendwo in ihrer Nähe hält sich mit Sicherheit ein erhabener Naturengel auf und überwacht die Aufgaben der jüngeren Lebensformen, die unter seiner Obhut stehen. Es kann geschehen, dass uns eine Inspirationswoge erfasst und wir in wenigen Sekunden zu schreiben wissen, wofür der Verstand Tage gebraucht hätte. Man hört lyrische, jubelnde Musiktöne, die es auf der Erde nicht gibt. Große Komponisten haben versucht, diese Klänge wiederzugeben, doch die Musikinstrumente vermögen die Sphärenmusik nicht zum Ausdruck zu bringen.

Im Laufe des Jahres gibt es Augenblicke, in denen sie hörbar wird. Ich habe es mir angewöhnt, im Sommer vor dem Schlafen nach draußen zu gehen. Dem silbrig glänzenden Sternenhimmel schenke ich einige Minuten lang meine volle Aufmerksamkeit. Allmählich vernehme ich ferne Musik, die immer näher kommt, bis über Questhaven und darüber hinaus harmonische Melodien wogen.

Der siebte Sinn

Der siebte Sinn befähigt uns, an zwei Orten gleichzeitig zu sein. Durch ihn können wir im Schlaf oder beim Tod unseren Körper willentlich verlassen. Er ermöglicht es dem Menschen, in Gedankenschnelle in die inneren Welten zu reisen oder, während er in seinem Sessel sitzt, eine so starke Empfänglichkeit und Liebe für einen fernen Kranken zu entwickeln, dass er ihn tatsächlich in seinem höheren Körper aufsucht. Diese Person kann nur auf innerer Ebene gesehen werden, nicht in der äußeren Welt, aber ich habe es als sehr hilfreich empfunden, wenn ich für jemanden bete, in seiner Aura die Ernsthaftigkeit seines Zustandes zu erkennen.

Während der Meditation bin ich manchmal in die inneren Welten gerufen worden. Auf diese Weise wurde ich über die Himmelstempel des Erzengels Michael und die Städte des Hl. Stephan und des Hl. Johannes unterrichtet. Vergleichbar mit Radio- oder Fernsehbotschaften, werden von diesen Gebieten bestimmte Aktivitäten in die inneren Welten ausgestrahlt. Diese Zentren wirken auf jene Menschen anziehend, die eine Neigung für die Heiltätigkeit oder den geistigen

Weg zeigen. Daher werden sie zu diesen Stätten gerufen, um ihre Talente zu schulen.

In der Natur finden wir die Tempel der Devas und auf den hohen Berggipfeln die Anwesenheit erhabener Engel. Wenn wir auf unseren Reisen einen Berg besuchen, der einen geistigen Einfluss ausübt, weise ich die Gruppe darauf hin. Auf einem Berggipfel in der Schweiz nahm ich einen höchst liebevollen *Allsee*-Engel wahr, von dem ein blaugrüner geistiger Kraftstrom herabfloss und die gesamte Region um Grindelwald reinigte. In jener Nacht, als alle schliefen, rief ich die einzelnen Gruppenmitglieder zu mir. In ihren höheren Körpern versammelten sie sich auf dem Gipfel, um den erhabenen Deva-Tempel zu sehen.

In einer anderen Region rief ich die Gruppe während der Nacht zu einem riesigen Spielplatz der Naturgeister, der in schillernden Farben erstrahlte. Jeder Baum einer bestimmten Spezies besitzt seinen eigenen opalisierenden Farbton. Die Kiefer schimmerte türkisfarben, die Tanne gelb-weiß und wieder ein anderer Baum orchideenfarben. Die Gräser glichen Lichtspeeren, und die gesamte Region war von einer unvorstellbaren Schönheit.

Ein hoher Eingeweihter forderte mich auf, eine Gruppe nach Mexiko zu führen, um einen besonderen Ort aufzusuchen, an dem uns weitere Enthüllungen zuteil werden sollten. Bei der Ankunft in Patzcuaro erkannte ich die veränderte Atmosphäre. In diesem einfachen, aber schönen Dorf kam der Eingeweihte erneut, um mir den Grund für unseren Besuch zu erklären. An dieser Stelle wirkt eines der planetarischen Chakras. Auf der inneren Ebene zeigt es sich in Form eines großen, strahlenden Archetyps, der aus sieben edelsteinartigen Formen besteht, die die sieben Strahlen verkörpern, die das Dorf überstrahlen.

In Mexiko City forderte der Eingeweihte in der Nacht auf der Astralebene jede schlafende Person auf, mit ihm den inneren Tempel aufzusuchen, der sich auf dem Gipfel des Popocatepetl befindet. Ich schaute zurück, ob mich jeder begleitete, und langsam und vorsichtig folgten sie mir. Vor uns erhob sich ein strahlender Tempel. Das Alabaster ähnliche Material schien zu glühen. Das hohe, kreisrunde Gebäude besaß zwölf offene Tore, durch die unsere Gruppe und andere, uns unbekannte Personen eintraten. Oberhalb des Eingangsbereiches saß auf einem erhöhten Platz eine in goldene Gewänder gekleidete

Gestalt. Ich erkannte, dass es sich um den Hüter oder Herrn dieses Berges handelte. Er meditierte, und wir wurden zu ihm geführt. Im Zentrum des offenen, weiß schimmernden Tempels erhob sich, so hoch wie das Gebäude selbst, eine Feuersäule. Sie besaß einen Umfang von mindestens neunzig Zentimetern und wirbelte in Farben, die wir auf der Erde nicht kennen. Am Fuß dieses geheimnisvollen Feuers befand sich eine weiße Tafel, deren Hieroglyphen besagten: „Alle, die hier eintreten, werden frei von Begrenzung und Unvollkommenheit sein!" Irgendetwas in uns hinderte uns einzutreten.

Nach seinem Tode pflegte mich mein Mann Lawrence an bestimmte Orte zu führen, um ihre innere Seite zu betrachten. Auf den höheren Ebenen ist der Mount Everest eine transparente Region, deren Aura sich nahezu zweihundert Kilometer in alle Richtungen erstreckt. Der Herr dieses Berges strahlt Güte, Freundlichkeit und Heiterkeit aus. Lawrence zeigte mir bestimmte Gebiete in Südamerika, deren geistige Aspekte es sich lohnt zu betrachten. Ich sah die großen Chakras dieses Planeten. An jedem einzelnen Chakra befand sich ein von Menschen oder Engeln errichteter Tempel. Viele der von diesen Orten ausstrahlenden Farben waren mir unbekannt. Die Deva-Tempel standen zu allen Seiten offen. Sie zu betreten bedeutete, mit Ur-Energien und hohen Frequenzen getauft zu werden.

Bei einem Spaziergang durch die Natur verspürte ich den Wunsch, Lawrence zu sehen, aber ich wollte ihn nicht stören. Augenblicklich sah ich, wie er sich über die Akasha-Chronik beugte und eine griechische Tafel, die für Einweihungsriten benutzt wurde, studierte. Ich beobachtete ihn von der Seite und war zufrieden. Bei einer anderen Gelegenheit wanderte ich alleine in den Bergen. Da ich gerne meinen Mann gesehen hätte, rief ich dreimal leise seinen Namen. Nach dem dritten Mal befand ich mich in meinem Bewusstsein plötzlich in einem Studierzimmer in Shamballa. Vor mir saß an einem Tisch die weiß gekleidete Gestalt des Meister Johannes. Lawrence saß ihm gegenüber und nahm die Unterweisungen seines Meisters entgegen. Ich hatte ihn gefunden, aber er war in eine ernsthafte Unterhaltung vertieft. Mein geliebter Mann streckte die Hand nach mir aus, und der Meister Johannes lächelte verständnisvoll. So unvermittelt wie ich die Studierstube betreten hatte, so plötzlich verließ ich sie wieder. Ich fühlte mich beschämt, eingedrungen zu sein.

Jeder besitzt die Fähigkeit, an zwei Orten gleichzeitig zu sein, aber man muss unter der richtigen Anleitung geschult und vorbereitet werden, damit das eigene göttliche Selbst den höheren Körper entlässt, während der physische Körper schläft und sich bewusst erinnert. Auf diese Weise vermag man die Welt Gottes zu erfahren.

Positives und negatives Hellsehen

Es gibt zwei Arten inneren Sehens, eine negative und eine positive. Der Ausdruck „negativ" besagt nicht, dass es sich um eine richtige oder falsche Entwicklung handelt. Passive Hellsichtigkeit ist nicht die beste Form, klar zu sehen, aber ein Anfang. Doch es besteht die Möglichkeit geistiger Wahrnehmung.

Negative Hellseher bezeichnet man als Medien, positive als Seher. Erstere vermögen ihre Fähigkeit innerer Wahrnehmung nicht zu kontrollieren und sind in vielen Fällen nicht einmal tief spirituell veranlagt. Sie sehen die Dinge, die sich in den niederen Astralregionen abspielen, was sich oft nicht lohnt mitgeteilt oder gesehen zu werden. Die Informationen werden häufig in Trance empfangen und beziehen sich auf das persönliche Leben irgendeiner Person, wie die Unterhaltung mit dem Geist von Familienangehörigen. In diesem Fall wirkt das Gehirn nicht als Instrument des ausströmenden Lichtes, das über Geschehnisse und unsichtbare Gedanken informiert. Die negative Hellsichtigkeit wird vom Solarplexus gesteuert. Das Geschaute mag erschrecken, wenn der Charakter und das Bewusstsein nicht vorbereitet wurden. Die Fähigkeit des Hellsehens sollte sich nach und nach entfalten, so dass man sich allmählich daran gewöhnt.

Positives Hellsehen wird vom Gehirn und Rückenmark beherrscht. Der Mentalkörper dient als Brücke zwischen der Wahrnehmung des sechsten Sinns oder den höheren Fähigkeiten und dem, was der physische Körper erkennt. Das Gehirn übermittelt die Information. In diesem Fall kann der sechste Sinn kontrolliert werden, das heißt, er lässt sich willentlich ein- und ausschalten. Man muss lernen, mitunter über das, was in den inneren Ebenen geschieht, zu schweigen. Die eigene innere Intelligenz sowie die höheren Intelligenzen, die mit uns in Verbindung treten, ermahnen stets zur Vorsicht. Mit der Entfaltung dieser Fähigkeit tragen wir die Verantwortung für das, was wir weitergeben, und für unsere Charakterentwicklung.

Ein positiver Hellseher wird seinen Geist niemals einer anderen Intelligenz zur Verfügung stellen. Über die auf telepathischem Wege aus höheren Quellen empfangenen Gedanken muss stets Rechenschaft abgelegt werden. Je feiner und aufnahmebereiter sich die höher-dimensionalen Fähigkeiten entwickeln, desto unmittelbarer prallt das Karma zurück. Aus diesem Grunde verhält sich der positive Hellsichtige äußerst vorsichtig.

Der Unterschied zwischen den beiden Formen der Hellsichtigkeit liegt darin, das der negative Typ nicht kontrollierbar ist. In letztem Fall wird nur das gesehen, was vorliegt, und dieses oftmals falsch interpretiert. Positives Hellsehen bedeutet, dass zwar dasselbe gesehen wird, aber derjenige, der es wahrnimmt, nachforscht, eher er darüber spricht, um sicherzugehen, dass die Information der Wahrheit entspricht und hilfreich ist. Ein weiterer Unterschied besteht in der Tatsache, dass sich der Seher nicht für Phänomene interessiert, während ein Medium sie praktiziert und betont. Wir müssen in unserer Mitte ruhen und geistig objektiv sein, um das gesamte Bild mit einzubeziehen und nicht nur den äußeren, materiellen Lebensaspekt zu bewerten.

Diese Gaben ruhen in jedem einzelnen Menschen. Hellsichtigkeit ist nicht wichtig, wohl aber geistige Erkenntnis. Der intuitive Einblick beruht auf dem weisen Gebrauch der Intelligenz, denn er entwickelt Unterscheidungsvermögen und Urteilskraft. Mit zunehmender geistiger Entfaltung erkennt man, dass nur die charakterliche Entwicklung, die Bewusstseinserweiterung und das ehrfürchtige Schauen jener höheren Intelligenzen wirklich zählen. Die Hellsichtigkeit an sich ist ebenso hilfreich wie unser physisches Sehen und Hören, aber nicht so wichtig. Wesentlich ist, wer wir sind und wie wir unser Bewusstsein verändern, um in zunehmendem Maße die Wahrheit zu erkennen. Je mehr man von der unendlichen jenseitigen Erhabenheit sieht, desto demütiger wird man.

Jeder, in dem sich die Intuition, die hellseherische Fähigkeit oder die übersinnliche Wahrnehmung zu regen beginnt, sollte diese Einblicke aufschreiben und erst dann über sie sprechen, wenn sie sich größtenteils bewahrheiten. Ebenso sollte man mit Träumen verfahren, die oft echte und unmittelbare Einsichten vermitteln, obwohl sie manchmal verschlüsselt erscheinen.

Der einzig sichere Weg, sein eigenes übersinnliches Wahrnehmungsvermögen zu entfalten, besteht darin, ein möglichst wahres und aufrichtiges spirituelles Leben zu führen, indem man jeden Augenblick seine eigene Verhaltensweise beurteilt. Man sollte sehr auf die Genauigkeit seiner Worte achten. Je mehr man seinen Glauben, die Lauterkeit seiner Gedanken, die Liebe zu den Mitmenschen verbessert und weniger Kritik übt, desto stärker wird man sich der höheren Welten bewusst werden. Dem lauteren und aufrichtigen Menschen wird die Versuchung nichts anhaben können. Er wird die Aufmerksamkeit der Meister, welche die Menschheit lenken, auf sich ziehen. Der wunderbare Augenblick wird kommen, in dem man in die inneren Welten blicken darf, aus denen wir kamen. Vielleicht wird uns eine Enthüllung unseres Schutzengels oder inneren Lehrers zuteil. Doch man sollte anderen gegenüber darüber schweigen und sie nur in seinem Tagebuch aufzeichnen. Wenn sich solche Erfahrungen mehren, kann man andere, die sich dafür interessieren, freudig und selbstlos daran teilhaben lassen. Man vermeide materielle Dinge, wie Kristallkugeln, Pendel und dergleichen. Sie gehören in den Bereich der Medien und ziehen niemals höhere Intelligenzen an. Solche Hilfsmittel stoßen sie ab. Rechtschaffenheit und der Wunsch zu wachsen ebnen den Weg zwischen der äußeren Person und dem inneren Hüter.

Ein anderer Aspekt der Wahrnehmung bedarf zahlreicher Leben der Vorbereitung. Es handelt sich um die Beobachtung von Negativität oder Böswilligkeit. Angesichts von Gefahr oder wenn das Böse aktiv wird, reagiert mein sechster Sinn augenblicklich. Wenn uns auf der Landstraße ein schlechter oder betrunkener Fahrer entgegenkommt, beginnt mein „Radarsystem" zu surren, und ich berichte dem Fahrer von meinen Beobachtungen.

Die dunklen Wogen von Schmerz oder verbrecherischem Bewusstsein, die um Krankenhäuser oder Gefängnisse schweben, sind so unangenehm, dass man beim Vorübergehen, bis etwa zwei Kilometer von solchen Plätzen entfernt, seine Empfangszentren verschlossen halten sollte. Die Widerwärtigkeiten, die man in Cocktailbars antrifft, würde manchen davon abhalten, in die überirdischen Bereiche blicken zu dürfen, nur um sich deren Anblick zu ersparen.

Ich persönlich empfinde tiefe Dankbarkeit für diese geistigen Fähigkeiten. Sie haben mein Leben inspiriert und bereichert. Es ist gut, etwas über unsere ewige Heimat zu wissen, denn dann bedeutet der Tod nur den Übergang in einen bereits bekannten Zustand. Vor allem befreien uns das Wissen und die Kräfte, die unserer überirdischen

Natur entspringen, von der großen Abhängigkeit an die äußere Welt. Für den Anblick meines Schutzengels und der Engelscharen, die im Dienste der Menschheit stehen, die Vertrautheit mit fortgeschrittenen Seelen oder Meistern oder die Beobachtungen der Weihnachts-, Oster- oder Wesak-Feierlichkeiten kann ich nicht inbrünstig genug danken.

Bewusstheit

Der erste Schritt, die Wahrnehmungsfähigkeit zu entfalten, besteht darin, sich daran zu erinnern, dass wir nicht nur fünf, sondern sechs Sinne besitzen. Betrachten wir unseren physischen Körper, so sind wir uns der fünf Sinne bewusst. Doch das ist nicht unsere Individualität – die innere *Wirklichkeit*. Alles trägt diese unsichtbare Wirklichkeit in sich. Unser sechster und siebter Sinn gehören diesen überirdischen Dimensionen an. Jeder von uns steht unentwegt inmitten eines Kampfes zwischen der unsichtbaren und der sichtbaren Welt. Es gibt unendlich viele Dinge in unserem Leben, die uns von Gott abhalten. Unsere Arbeit, unsere Interessen und täglichen Pflichten beschäftigen uns von morgens bis abends. Von den vierundzwanzig Stunden widmen wir Gott, dem einzigen, wahren Bedürfnis unseres Seins, nur einen Bruchteil. Diese ununterbrochene Reibung zwischen dem Ewigen und dem Zeitlichen führt zu unseren Kämpfen. Sobald wir uns entschieden haben, auf welche Welt wir reagieren wollen, hört der Kampf auf.

Je mehr wir Gott lieben, desto einfühlsamer und empfänglicher werden wir für die Bedeutung des Lebens. Wenn wir die göttliche Gegenwart in den Mittelpunkt unseres Tages stellen, strömen die inneren Quellen, werden unsere Gedanken reich und leicht, und alle unsere Unternehmungen gewinnen eine größere Sinnhaftigkeit, da der göttliche Strom uns nährt. Wenn die höheren Fähigkeiten in uns erwachen, werden wir uns unserer eigenen Unsterblichkeit bewusst und nehmen den Einfluss des Allerhöchsten wahr, der so wunderbar durch uns und in unserer Umgebung wirkt. Unser sechster und siebter Sinn schwingen uns auf Frequenzen, Bewusstseinshöhen und das heilige Mysterium in uns ein. Jeden Tag und jede Stunde sollten wir darauf achten, uns für diese göttliche Einwirkung zu öffnen.

Meditationen, Schulungen und Selbstüberwindungen sind die

Voraussetzung, die Wahrnehmung der geistigen Wirklichkeiten zu ermöglichen. Unsere Aufgabe besteht nicht darin, die Existenz dieses erweiterten Bewusstseins zu bekunden, sondern in seinen Frequenzen und seiner Wirklichkeit zu leben.

Die Stille zu üben, fördert unsere Aufnahmebereitschaft für das Göttliche. Wenn wir in die Stille gehen, betreten wir einen höheren Seinszustand und stehen im Lichte Gottes. Wir stellen uns vor, dass das Licht durch unseren Scheitel in die Aura fließt, jeden einzelnen Sinn und jedes Element erhellt und unseren Körper durch die Fußsohlen wieder verlässt, um in der unterhalb liegenden Atmosphäre gereinigt zu werden. Die negativen Gedanken, Gefühle und Energien müssen vollständig übergeben werden. Wenn wir sie loslassen, durchströmt uns der innewohnende Gott. Wir schärfen unsere Sinne, um still und erwartungsvoll zu betrachten, zu empfangen und zu erkennen. Die Stille führt uns an die Schwelle des Göttlichen und stimmt uns auf unser immerwährendes Sein ein.

Wenn wir uns in diesem oder einem anderen höheren Bewusstseinszustand befinden, bemerken wir kaum, dass wir einen physischen Körper besitzen. Wir bedienen uns seiner so mühelos, dass er unsere Stille niemals stört. Doch wenn wir uns nicht vollständig der Liebe zu Gott hingeben, können wir von unserem Bemühen um Stille abgelenkt werden. Zahllose unbedeutende Gedanken, die in unserer Aura hängen, bedrängen uns und verlangen nach Aufmerksamkeit. Eine noch ernstere Plage ist die Selbsttäuschung. Einige Leute verlangt es so sehr danach, spiritueller zu sein, als sie in Wirklichkeit sind, dass sie sich für liebend, vorbereitet und ergeben halten. Ihre Selbsttäuschung ist tödlich, da diese sie davon abhält, sich auf die göttliche Gegenwart einzustellen. Sie sind nicht belehrbar und demütig genug, um zu empfangen. Sie können nicht gefüllt werden, da sie bereits mit abgestandenem Wasser angefüllt sind.

Um eine umfassendere Bewusstheit zu erlangen, müssen wir so entspannt wie eine auf dem Meer treibende Boje sein, die leicht über die Wellen hüpft und unablässig in Bewegung ist. Unser Bewusstsein in der Boje des Seins muss stets wachsam und sich des Geschehens auf allen Ebenen bewusst sein. Es gibt keine Ablenkung, Ungeduld oder Eile. Statt dessen ruhen wir in unserer Mitte und lenken unsere ganze Aufmerksamkeit auf die innere Erneuerungs- und Heilkraft.

Die geistige Bewusstheit unserer höchsten Momente dringt zu erhabenen Höhen vor, verweilt aber nicht dort. Wenn wir uns immer wieder in diesen Bewusstseinszustand begeben, unseren gesamten Planeten und seine Menschen segnen, ist dies nicht nur eine Übung, die uns ins Gleichgewicht bringt und stärkt, sondern schließlich zu einer Einweihungserfahrung führt. Diese Kräfte einzusetzen, transformiert und erneuert uns in jedem Augenblick.

Um mit den Möglichkeiten unserer inneren Bewusstseinszustände in Berührung treten zu können, sollten wir jenen Teil unseres Selbst trainieren, der mit den höchsten Bewusstseinsebenen in Einklang steht. Auf diese Weise werden wir unseren Alltag aus einer anderen Perspektive betrachten und ihm eine neue Sinnhaftigkeit geben, anstatt uns von den negativen Angewohnheiten, die uns in der Vergangenheit versklavten, einengen zu lassen. Es bedarf großer Geduld und einer enormen Überwindung, unsere Aufmerksamkeit und unser Interesse fortwährend auf das Königreich Gottes in unserem Inneren zu lenken, uns darauf einzuschwingen, unsere Stärke und Inspiration sowie die Fähigkeit daraus zu schöpfen, von dieser Ebene und nicht von der Ebene unseres begrenzten Verstandes aus zu handeln. Wenn wir die Verbindung zu dem erhabenen Inneren stets aufrechterhalten, erscheint jede Stunde in neuem Licht, und jedes Ereignis offenbart seine edlere und prachtvollere Seite.

Die Voraussetzung für eine höhere Entwicklung besteht darin, dass die ganze Natur des Menschen auf den Empfang des geistigen Lichtes eingestellt ist. Viele Menschen möchten ihre höheren Fähigkeiten nutzen, aber nur wenige haben sich angemessen darauf vorbereitet, als Instrument für die hereinbrechenden hohen Frequenzen zu wirken. Die Meister bezeichnen den inneren Zustand eines eifrigen und begierigen, aber noch unreifen Aspiranten als *zerfahren*. In seiner Aura ballen sich die unerfüllten Wünsche und Gedanken. Solange die Integrität und die Vorbereitung fehlen, werden sich ihm die höheren Schwingungen nicht einzuprägen vermögen.

Die erste Voraussetzung, ein gutes Instrument zu sein, zeigt sich in der inneren Ausrichtung. Damit sich das gesamte Sein in einem kommunikativen Zustand befindet, ist es von größter Bedeutung, die Wünsche und Gedanken auf einen Punkt zu bringen. Die Meditation bietet die Möglichkeit, den Verstand zu lenken, das Instrument einzustimmen und den richtigen Brennpunkt mühelos und auf natürliche Weise zu aktivieren.

Der zweite Schritt, der eine gute Aufnahmefähigkeit fördert, gilt der *Durchlässigkeit*. Dazu bedarf es der Offenheit der inneren Körper, die dadurch entsteht, dass sich das Bewusstsein zunehmend erweitert. Dieser Zustand wird erreicht, wenn sich die Bindung an die Erde und die Bindung an das Ewige die Waage halten. Die zum Teil von der Gefangenschaft der Erde befreiten höheren Körper konzentrieren sich ganz natürlich auf jene Reiche, aus denen sie hervorgingen.

Die dritte Bedingung erfordert Geschmeidigkeit und Offenheit für die *Eindrücke* aus den inneren Ebenen und Wirklichkeiten. Die richtige Fokussierung stellt das Instrument auf bestimmte Verbindungen ein. Die Durchlässigkeit besitzt die Elastizität und Flexibilität, die für einen Empfang unerlässlich sind, damit die Einwirkung von Ideen, Archetypen und Vorkommnissen leicht entdeckt werden kann. Je subtiler der Zustand innerer Einstellung, desto leichter der Zugang.

Es ist immer Gott, der uns die Gnade unerwarteter Augenblicke der Selbstoffenbarung schenkt – eine Intuition oder eine Einsicht, die uns wissen lässt, dass wir mit dem Göttlichen verbunden sind. Wir müssen diese Kommunikationslinie zum Ewigen stärken, um es eines Tages verstehen zu dürfen. Ehrfurcht und die geistige Verbindung zwischen der unsichtbaren und sichtbaren Welt ermöglichen es, sich der höheren Ebenen bewusst zu werden.

Christus schenkte uns eine wunderbare Quelle geistiger Lehren, die uns, wenn wir sie beherzigen, mitten ins Licht stellt. Dann wissen wir, was zu tun ist. Dieses Wissen kommt nicht aus uns selbst heraus. Die Lehren verweisen uns auf die zu befolgenden Regeln und die Notwendigkeit, unsere Persönlichkeit preiszugeben. Auf sie ist es zurückzuführen, dass die Eindrücke, die durch unser Bewusstsein jagen, mit Licht gesegnet und transformiert werden. Je intuitiver wir werden, desto besser verstehen wir Aussagen wie: „Es schoss mir in den Sinn" oder „Die Idee wurde in mir geboren". Solche Worten weisen meistens darauf hin, dass ein Archetyp auf uns einwirkte oder wir einen Gedanken von einem Meister empfingen. In dem Augenblick, in dem er auf die Aura aufprallt, entsteht eine Gedankenform, die uns eine bestimmte Wahrheit erkennen oder einen Einblick gewinnen lässt. Das Zeitalter der Intuition liegt direkt vor uns, wenn wir unsere Aufmerksamkeit über die physische Welt hinaus erheben und fähig sind, uns von jener höheren Welt auf dem Wege der Intuition führen und belehren zu lassen.

Gott durch die Natur zu verehren, bietet eine weitere Möglichkeit der Erleuchtung. Unsere fünf Sinne müssen alle ehrfurchtsvoll auf das Göttliche eingestimmt sein, damit wir völlig neue Dinge wahrzunehmen vermögen. Konzentriere deine Aufmerksamkeit. Lausche den Tieren, dem Vogelruf und dem Wind, der durch die Bäume streift. Wenn wir es zu schätzen wissen, werden wir die Sphärenmusik vernehmen dürfen. Betrachten wir alles, was uns umgibt, mit großer Ehrfurcht und lauschen der Natur, dann öffnet sie unseren sechsten Sinn, und unsere Intuition beginnt, sich zu regen. Wir werden uns gewisser Kräfte oder Schwingungen aus einem bestimmten Gebiet bewusst. Wir entdecken Düfte und nehmen die Ausstrahlung der Bäume wahr. Alle diese Eindrücke und die Lektion, die sie uns lehren, sollten wir notieren.

Wie können wir uns auf die übersinnliche Wahrnehmung vorbereiten? In erster Linie sollten wir unser Leben nach Christus ausrichten, das heißt, jene Prinzipien anwenden, die in ruhigen oder hektischen Augenblicken läuternd, beschützend und erleuchtend wirken. Geduld und Beharrlichkeit bilden einen wesentlichen Bestandteil der Vorbereitung auf die innere Wahrnehmung. Je einfühlsamer und bewusster wir werden, desto besser und umfassender vermögen wir zu erkennen, was auf den inneren Ebenen unseres Umfelds geschieht. Aufrichtigkeit ist unser Schutzmantel. Unsere Beweggründe müssen völlig selbstlos sein.

Der sichere Weg, seine innere Wahrnehmungsfähigkeit zu entfalten, umfasst mehrere Aspekte. Erstens, der demütige Wunsch, immer mehr von der inneren Welt entdecken zu dürfen. Zweitens, die Liebe zu Gott muss größer sein als die Eigenliebe. Die Hellsichtigkeit erfordert, dass wir unsere Zeit richtig nutzen. Wir müssen in der äußeren Welt in einer Weise leben, dass wir uns jederzeit für die innere Wahrnehmung öffnen können und auf sie vorbereitet sind.

Wenn wir die tief in uns verborgenen Kräfte erkennen und pflegen, können wir ein spirituelles, schöpferisches und hilfreiches Leben leben. Sobald wir bereit sind, wird Gott uns Wege offenbaren, aus dieser ungeheuren Fülle an Ideen und Energien zu schöpfen.

Es ist wichtig, die niederen Körper entsprechend zu trainieren, damit sie auf die Belebung der geistigen Kraft reagieren und in der Lage sind, den Gedankenfrequenzen der höheren Bewusstseinsebenen standzuhalten. Gebet und Meditation fördern unseren Geist. Ideale und geistige Selbstbeherrschung rufen lautere Gefühle hervor, die unseren physischen Körper stärken, um die höheren Frequenzen aufnehmen zu können. Verbinden wir Körper, Energien, Gefühle und den Gedanken an die göttliche Gegenwart miteinander, werden wir die Eingebungen aus einer höheren Quelle erkennen, die nicht abbrechen, solange wir demütig, belehrbar und rein bleiben.

Sei vorbereitet. Wenn du voller Vertrauen in die Stille gehst, wird das Licht in dein Inneres treten, sprechen und dich emportragen.

Inneres Fühlen

Mit zunehmendem Feingefühl und sich entfaltender Intuition frage man sich an bestimmten Orten, wie im Zuhause, in der Kirche oder in der Natur: „Was fühle ich hier – eine Wesenheit, Kraft oder Energie? Welcher Natur ist die Wesenheit, die ich fühle? Ist sie männlich, weiblich, menschlich oder ein Engel? Sind die Energien, die ich spüre, belebender, heilender, leuchtender, elektrischer oder magnetischer Natur?" Möchten wir genau wissen, was wir spüren und versuchen, es zu analysieren, wird uns unser Unterscheidungsvermögen die Beobachtungen immer klarer und verständlicher aufzeichnen.

Wir sollten versuchen, den Inhalt eines Briefes zu *erfühlen*, ehe wir ihn öffnen. Wenn wir einen Gegenstand oder einen Brief in Händen halten, sollten wir innerlich vollkommen ruhig sein. Die niederen Körper müssen zur Ruhe gebracht werden, damit wir, ohne dass uns widersprüchliche Gedanken und Gefühle stören, den Eindruck aus unserem wissenden Inneren aufnehmen können. Mit der Zeit sollten wir intuitiv den Inhalt eines Buches oder eines Paketes bestimmen können, bevor wie es öffnen. Wenn das Telefon klingelt, versuchen wir innerlich, den Anrufenden zu erkennen, ehe wir den Hörer abheben. Wir sollten jeden Geistesblitz notieren. Erweist er sich als richtig oder falsch, erweitern wir unsere Notiz dementsprechend. Es ist wichtig, den Geist mehrmals am Tage zu leeren und den Heiligen Geist um die nötige Information zu bitten. Auf diese Weise können wir über ein völlig neues Gebiet unterrichtet werden.

Eine Art der Meditation besteht darin, dass wir mit Hilfe unserer inneren Fähigkeiten feststellen, was wir von der uns umgebenden Atmosphäre erspüren. Wir bezeichnen dies als *Meditation inneren*

Fühlens, die auf einer ehrfürchtigen Haltung und dem Wunsch nach größerer Vollkommenheit basiert. Es spielt keine Rolle, ob die Eindrücke von dem Höchsten in uns oder einer aufmerksamen Wesenheit stammen, wichtig ist nur, dass wir uns der Eindrücke bewusst sind und sie uns merken.

Der sicherste Weg, das innere Sehen zu aktivieren, besteht darin, dass wir an einem dafür bestimmten Platz still im Dunkeln sitzen. Diese Dunkelheit ist erfüllt von Wesenheiten, Gedankenformen, symbolischen Archetypen und erneuernden Energien. Sie lassen sich besser vor dem Hintergrund der Dunkelheit erkennen als im hellen Licht, zumindest am Anfang. Wenn wir zu Beginn um Schutz gebetet haben, sollten wir uns nicht vor der Dunkelheit fürchten, sondern Gott und bestimmte Welten darin erkennen. Er wünscht, dass sich unsere höheren Fähigkeiten regen. Unsere physischen Augen halten wir offen, weil es unseren inneren und äußeren Blick schult, gleichzeitig eingestimmt zu sein. Nach der entsprechenden Vorbereitung genügt es am Anfang, fünfzehn Minuten in der stillen Dunkelheit zu sitzen. Diese Übung sollte niemals länger als dreißig Minuten dauern. Erwartungsvolles Warten und Beobachten werden gewöhnlich mit einem zaghaften Erwachen der inneren Wahrnehmung oder Eindrücken belohnt. Halte das Wenige, das du mit dem irdischen und überirdischen Blick wahrnimmst, in Ehren. Wenn sich die höheren Fähigkeiten durch ihren Gebrauch allmählich entfalten, wirst du zunehmend mehr sehen.

Unser einziger Beweggrund, die innere Wahrnehmung anzustreben, sollte der sein, mehr über die geistige Wirklichkeit, die uns umgibt, zu lernen und nicht, was wir uns vorstellen. Geduldige, demütige und unermüdliche innere Arbeit dieser Art wird unsere inneren Fähigkeiten aktivieren.

8.

Stille

Wenn wir ein spirituelles Leben führen wollen, ist es wichtig, den Unterschied zwischen Stille, Meditation, Gebet und Kontemplation zu kennen. Viele Christen fassen alles unter einem einzigen Begriff zusammen. Die Stille hat ihren eigenen Stellenwert. Sie dient einem völlig anderen Zweck und besitzt ihre eigene Bedeutung und Schönheit, wenn wir sie begreifen und in der richtigen Weise zu nutzen wissen. Sie fördert unser Gebet und bereichert unsere Meditation, deren zahlreiche Möglichkeiten wir besser auszuschöpfen verstehen.

Ein alter esoterischer Grundsatz lautet: „Wage, handele und schweige." Die meisten Schüler, die dem Weg des Lebendigen Christus folgen, gehen die ersten beiden Schritte. Sie sind mutig und tapfer, aber wie steht es mit der Stille?

Der Begriff Stille bezieht sich auf den Bewusstseinszustand und beinhaltet zwei Aspekte, die der geistige Schüler unbedingt erfüllen muss. Es gibt das Schweigen und das bewusste Eintreten in die erhabene Stille, in das Göttliche, das Allgegenwärtige. Ersteres bezieht sich auf unser nutzloses Geschwätz, den Versuch, unsere Zeit damit zu verbringen, mit jemandem zu reden. Wenn wir den Pfad der Erleuchtung beschreiten, müssen wir lernen zu schweigen und unnötige Unterhaltungen zu vermeiden, um in die innere Stille gehen zu können.

Wir betreten die inneren Welten, in denen wir beheimatet sind und Frieden finden. Stille bedeutet, den Raum zu betreten, in dem Gott weilt. Gott leuchtet aus dem Frieden, der Liebe und der Schönheit von allem, das er in dieser Dimension schuf. Wenn wir unser Herz aus der Tiefe unseres eigenen göttlichen Königreiches zu Ihm erheben, erscheint es in noch größerer Pracht.

Wir erkennen, das alles, dessen wir bedürfen, in dieser Stille liegt

– alles, das uns entwickeln, transformieren, erheben und vervollkommnen wird. Wir finden die göttliche Stille in und außerhalb von uns, denn Gott senkte Seinen Geist in jedes Leben, das Er schuf – Mensch, Geschöpf und jede einzelne Form der Natur. Ruhe in dieser Stille. Spüre deine Mitte und den geistigen Frieden. Alle unsere Körper sind in der göttlichen Gegenwart ausgerichtet und integriert.

Um in diesem äußeren Körper Bürger der Ewigkeit zu werden, müssen wir für die göttlichen Wirklichkeiten Liebe und Loyalität empfinden. In unserem Bewusstsein können wir die Grenzen des Überirdischen überschreiten und aus dieser Ebene unsere Kraft und Gewissheit schöpfen.

Stille ist die Zeit, in der wir uns zu Gott erheben und auf die Ewigkeit einschwingen. Sie ist das Tor, das diese Welt mit der Welt des göttlichen Geistes verbindet, jener Welt, aus der wir stammen und in die wir nach Beendigung dieses Lebens zurückkehren werden.

Wir betreten die Stille, um Stärkung und Inspiration von Gott zu empfangen. Wir erhalten von Gott das Material, um den inneren Tempel, unser wahres Selbst, zu erbauen. Wir werden still, um unser inneres Heiligtum zu betreten, in dem Gott weilt.

Wir müssen einen Bewusstseinsraum schaffen, um die Tiefen geistiger Erfahrungen zu berühren. Solange uns das äußere Leben, Unterhaltungen, die Leute um uns herum und unsere Arbeit einengen, finden wir nicht die Stille, um dem Göttlichen zu lauschen. Wenn wir Erleuchtung suchen, müssen wir die Stille kennen und sie zu einem Teil unserer inneren Erfahrung machen.

Wir würden verarmen, lebten wir nicht in einer Welt gegenseitiger Beziehungen mit anderen Menschen. Wir bedürfen der Arbeit und der Weiterentwicklung, aber wir benötigen Zeiten der Stille, um uns zu erfrischen, unser Bewusstsein zu stärken und inspiriert zu werden.

Die Stille ist unser Weg zu Gott. Wir sollten die innere Stille leben und sie fühlen, um die Feinheit des Freundes zu erkennen, wenn wir ihn anschauen. In der Stille erblicken wir die Schönheit, die uns umgibt.

Wenn unsere Ehrfurcht und Erwartung tief genug sind, um uns der geistigen Einstimmung bewusst zu sein, sind wir bereit, die Schwelle der Ewigkeit zu betreten. Wir sehen uns einer Stille gegenüber, die hohe Frequenzen ausstrahlt. Ruhig, ehrfürchtig und in froher Erwartung treten wir ein und schauen. Aufmerksam betrachten wir diesen unendlichen Raum. Die Energien dieses Zustands wirken reinigend, und es erfüllen uns Ruhe und Harmonie.

Stille ist jener Zustand innerer Bewusstheit, in dem wir die Aufmerksamkeit Gottes auf uns lenken. Während unser Bewusstsein die Stille beobachtet, beruhigen und harmonisieren die göttlichen Frequenzen unser gesamtes Sein – Geist, Seele, Verstand, Emotionen, Energie und Körper. Ehe wir in die Stille eintreten, sollten wir mehrmals wiederholen: „Meine Seele verlangt es nach dem lebendigen Gott."

In der Stille fühlen wir, wie uns das Licht durchdringt, belebt, läutert und segnet. Wir identifizieren uns mit dem Licht. Aus dieser Tiefe erheben sich lebendige Worte und Gedanken, die das Gute schaffen und ihm dienen.

Alle wichtigen Dinge unseres Lebens senken sich in den stillen Gedanken. Der innere Friede ermöglicht es uns, mit dem Königreich der Offenbarung in Kontakt zu treten. In diesen Augenblicken bestätigt unsere Seele dem Verstand und den Sinnen die Wirklichkeiten, die vor dem Hintergrund der Stille sichtbar werden. Diese Erkenntnisse werden unser Leben in einer Weise beeinflussen, die dem oberflächlichen Denken versagt bleibt.

Wir müssen lernen, unsere Seele für die Stille zu öffnen und unsere niederen Körper zur Ruhe zu erziehen. Die erhabene Stille wirkt beruhigend und befreit von Ungeduld, Furcht und Ruhelosigkeit. Wenn wir uns auf die Stille einstimmen, macht sich unser höheres Selbst bemerkbar und überflutet uns mit stärkende Energieströmen.

Aus der Stille heraus bewegen wir uns auf Gott zu und beginnen zu wissen. Er befähigt uns, mit dem Göttlichen in uns selbst in Kontakt zu treten. Durch Gott lernen wir unser wahres Selbst kennen, jenes Selbst in uns, das keine Furcht kennt und ewig in der Bewusstheit Gottes lebt. Stille, eins mit Gott und sich seiner Gegenwart bewusst zu sein, führen uns zu unserer großen Aufgabe. Diese besteht darin, alle unsere Gedanken und Bestrebungen auf das innere, auf Gott eingestimmte Zentrum zu richten. Diese innere Arbeit bedeutet, ununterbrochen jeden Gedanken und jedes Gefühl zu überwinden, neu auszurichten, zu erheben und zu läutern, bis wir makellos in der erhabenen Gegenwart stehen. Dies führt uns zur Mystik. Es gibt keinen unmittelbareren Weg zu Gott, als zu lieben und zu wachsen.

In die Stille gehen

Es gibt viele Gründe, um in die Stille zu gehen. Sie wirkt läuternd und heilend und hilft uns, in unserer Mitte zu ruhen und uns auf die Andacht vorzubereiten. Wenn wir unsere Augen schließen, sehen wir uns dem heiligen weißen Licht des ewigen Gottes gegenüber. Öffnen wir das Tor und treten ein, erfüllt uns ehrfürchtige Scheu. Da ist nur Ehrfurcht, denn wir stehen vor Gott.

Wie erreichen wir diese lebendige Stille? Erstens, ehe wir Ihm gegenübertreten, müssen wir vieles loslassen. Das wahre Selbst in uns muss in den Vordergrund rücken und die Führung übernehmen, damit wir diese Wirklichkeit in uns fühlen. Zweitens, wenn wir uns der unendlichen lebendigen Stille nähern, rufen wir uns ihre Fülle und Vollkommenheit ins Gedächtnis. Geräuschlos durchzieht sie die Schöpfung und enthält und umgibt alle Dinge. In tiefer Ehrfurcht, erfüllt von einer großen Sehnsucht nach dem Licht, treten wir in diese Stille ein.

Wenn wir uns der Stille nähern, ruhen wir in unserer Mitte, nicht in unserem irdischen Selbst. In Ehrfurcht vor dem Erhabenen finden wir die eigene geistige Identität. Wir müssen unser Herz, unseren Geist und unser Sein leeren, wenn wir uns um größere Selbstlosigkeit bemühen. Wir wollen uns Christus anvertrauen und seinen Einfluss in uns aufkeimen fühlen. Diese allmählich auftauchende Kraft, Präsenz oder Vision wird wachsen und stammt ausschließlich von Gott. Wir sollten uns darauf konzentrieren, unser Sein völlig zu leeren, damit es Sein Licht erfüllen kann und sich dieses wunderbare Geschehen auf alle Christen und Gottgläubige überträgt.

Es ist wichtig, in unserem eigenen Inneren vollkommen still zu werden. Wenn wir die Stille beherrschen, können Gefühle, Geist und Seele sich immer stärker mit den höheren Seinsebenen identifizieren.

Die Stille bildet die Grundlage der Meditation. Sie stimmt unseren Körper ein. Es ist, als hielten wir einen Augenblick an der Türschwelle inne, um uns an der wunderbaren Landschaft, die sich vor uns ausbreitet, zu erfreuen. In der uns einhüllenden Stille fühlen wir den lebendigen Geist des Heiligen.

Bibelverse oder Zitate unterstützen uns, innerlich still zu werden.

1. Ich ruhe in Gott, so wie die Erde im All ruht. (Marie Rasmussen)
2. Erkenne das Licht in der Stille. (Arthur E. White)
3. Lasset ab, und erkennet, dass ich Gott bin. (Ps. 46,11)
4. Denn ich bin Gott...heilig in deiner Mitte. (Hos. 11,9)

In dieser stillen Bewusstheit sollten wir nicht passiv werden. Im Bemühen, die Gegenwart zu spüren, überprüfen wir innerlich die uns umgebende Atmosphäre. Wir horchen nach Eindrücken, die aus dem Herzen der Stille zu uns dringen. Wir sind damit beschäftigt, zu beobachten, zu lauschen und zu spüren.

Zu Beginn jeder stillen, meditativen Periode rufen wir die Ewigkeit an. Es ist so wunderbar, nach Hause zu gehen, selbst für nur wenige Momente. Während sich unsere Gedanken ruhig von der äußeren zu der inneren Welt wenden, steigen wir empor und grüßen beglückt das Ewige, als ständen wir auf einem hohen Riff und streckten dem Himmel die Arme entgegen. Nach und nach umfasst uns die Stille der Unendlichkeit.

Wenn wir in die Stille gehen, betreten wir die Schwelle der Ewigkeit. Wir halten inne, um das innere Territorium zu betrachten und zu überprüfen, zu dem uns unser höheres Selbst Zugang gewährt. Unserer jeweiligen Annäherung entsprechend, spüren wir die vibrierende Stille, die unterschiedliche Lichtintensität. Manchmal hüllt uns das Licht Gottes sanft ein. Es mag als Helligkeit oder gelegentlich als strahlendes Leuchten wahrgenommen werden. Die Stille trägt uns auf eine höhere Seinsebene, zu unserer Seele.

In die Stille zu gehen, bedeutet, sich zuerst vom niederen Selbst zu lösen. Wenn wir die Augen schließen, befreien wir unsere Aura von allen angestauten Gedankenformen. Dann bringen wir unseren Körper zur Ruhe und blicken empor. Während wir Worte oder Gedanken wiederholen, die unsere Träger in Harmonie schwingen lassen und sie einstimmen, suchen wir nach geistiger Stärkung und Erneuerung.

Vielleicht sagen wir zu uns selbst: „Friede, werde ruhig." Wir denken daran, dass die göttliche Wirklichkeit in dieser Weise zu uns spricht. Ehrfürchtig, vollkommen still und aufmerksam beginnen wir mit geschlossenen Augen zu beobachten. Unser Bewusstsein durchschweift die Atmosphäre, um einen Schimmer der göttlichen Gegenwart, Kraft und seiner reinigenden Frequenzen zu entdecken. Dankbaren

Herzens genießen wir den Frieden dieser Stille. Sie schenkt uns Kraft und Entschlossenheit.

Es gibt drei Phasen, die wir in der Stille durchschreiten. In der ersten entspannen wir uns, um unsere Aufnahmefähigkeit zu stärken. Während der zweiten stehen wir lauschend in Gottes Licht. In der dritten Phase treten wir in einen höheren Seinszustand. Jedesmal, wenn wir ehrfürchtig unsere Augen schließen, sollten wir unwillkürlich innehalten und die Grenzen der ewigen Gotteswelt überschreiten.

Um in der Stille Frieden und Gemeinschaft zu erfahren, durchschreiten wir zunächst die Phase der *Entspannung,* in der wir unsere Gedanken, Gefühle und Energien zur Ruhe bringen. Wir müssen alles Beunruhigende, alle verwirrenden Gedanken, Ängste und Zweifel ausschalten und uns von Zerfahrenheit und anderen negativen Zuständen befreien. Bis zu einem gewissen Grad müssen wir uns von der äußeren Welt lösen. Wir entledigen uns der Fülle unserer Gedanken und Emotionen. Wir spüren die reinigende Wirkung des von oben in unsere Aura eintretenden Lichtes, das jede einzelne Faser unseres Seins durchdringt und durch unsere Füße nach außen strömt.

Nach dieser Reinigung folgt die Phase der *Vorbereitung* auf die Gegenwart Gottes. Wir denken und fühlen Liebe, Freude und Erwartung und lassen diese Eigenschaften durch unser ganzes Wesen schwingen. Während wir still und aufmerksam in Gottes Licht verweilen, verschmelzen wir mit der Harmonie der uns umgebenden Atmosphäre. Alle unsere inneren Fähigkeiten verharren in lebendiger Aufnahmebereitschaft.

Die dritte Stufe ist die der *Erwartung.* Wir erheben uns geistig auf die höchste Ebene, die wir erreichen können, und schauen den strahlenden Glanz des leuchtenden Gottesgeistes. Während wir uns auf das Licht Gottes konzentrieren, treten wir in einen höheren Seinszustand ein. In dieser Stille empfangen wir intuitiv die Eindrücke des von unseren inneren Augen Geschauten. Wir spüren die erneuernde Berührung Gottes und die Befreiung von den zahlreichen Ablenkungen, die uns plagen.

Der Heimweg in Gottes Welt und die Einstimmung auf unsere eigene höhere Göttlichkeit erfüllen uns mit Jubel. Wenn wir diesen Weg erst einmal gefunden haben, müssen wir ihn immer wieder beschreiten, bis unsere eigenen Fußstapfen, die begierig der Schwelle der erneuernden und segnenden Stille entgegeneilen, ihn geformt haben.

Es ist sehr wichtig, die Meditation mit dieser Stille einzuleiten, in der wir uns selbst überprüfen und uns darauf einstellen, unser Bewusstsein zu erheben und auf das Ewige einzuschwingen. Dann sind wir für den nächsten Schritt bereit. Indem wir den Geist zur Ruhe bringen und nach innen blicken, betreten wir die Stille. Die meisten Menschen können ihre Emotionen zügeln und inneren Frieden erreichen, aber sie vollziehen nicht den nächsten Schritt. Sie richten ihre Aufmerksamkeit nicht erwartungsvoll auf die Welt Gottes. Erreichen wir diese Welt, nähern wir uns Seiner Gegenwart. Wenn wir fortwährend daran arbeiten, in unserer Mitte zu ruhen, wird es uns allmählich gelingen, augenblicklichen Zugang zu den erneuernden Schwingungen zu finden.

Zur Stärkung unserer Konzentrationsfähigkeit müssen wir lernen, unser Selbst zur Ruhe zu bringen, unseren physischen Körper ebenso zu beherrschen wie unsere Energien und Nervenimpulse. Emotionale Stille führt zu Ausgeglichenheit und Klarheit. Die mentale Stille, das Abschalten menschlicher Gedanken, erfordert die größte Anstrengung. Ein vollkommen ruhiger, offener und von allen negativen Aspekten befreiter Geist ist bereit, gefüllt zu werden. Er wird zum Spiegel der Seele. Diese innere Ruhe und Aufmerksamkeit zu erreichen, gilt in erster Linie der Vorbereitung auf unser Bemühen, uns auf das Gottesbewusstsein einzustimmen.

In der Stille finden wir die Ruhe und die Erholung, die heilend wirkt, wenn wir uns der göttlichen Obhut anvertrauen. Mit unserem ganzen Sein übergeben wir Groll, Irritationen und Frustrationen dem Licht. Mit den Worten: „Du bist die Stärke meines Lebens", schwingen wir unser Bewusstsein ein, entspannen und verweilen in der Stille.

Der Zustand der Stille ist der des Lichtes. Wenn wir uns bewusst auf die Stille einstellen, vertrauen wir unsere vorübergehenden Lebensverhältnisse und unseren weltlichen Körper einer höheren Kraft an, damit sie uns durchdringe. Solche Perioden tiefer innerer Stille heilen und erheben.

Wenn wir uns dieser Stille nähern, sollten wir unsere Aufmerksamkeit schärfen. Falls unser Bewusstsein nichts aufnimmt, müssen wir noch ehrfürchtiger und ausdauernder vorwärts streben. In solchen Momenten mag sich unsere Aufmerksamkeit verschieben und von *der Beobachtung der Stille* zur *Meditation in der Stille* übergehen, in der wir Einsichten gewinnen, deren Klarheit und Eindeutigkeit uns an diesem Tage helfen mögen.

Feinde der Stille

Es gibt Feinde der Stille, der Meditation und des Gebets. Die gefährlichsten sind Ablenkungen und Selbsttäuschung. Nichtige Gedanken und Ideen stürmen auf unseren Geist ein und verlangen nach Aufmerksamkeit oder sind einfach lästig. Manchmal verspannt sich unser Körper und fordert in irgendeiner Weise unsere Beachtung. Wenn wir uns sorgsam auf die Stille vorbereiten, spüren wir unseren Körper kaum. Er verhält sich ganz natürlich und unaufdringlich. Eine schwerwiegendere Ursache für einen Fehlschlag ist die Selbsttäuschung. Manche Menschen sehnen sich so stark nach einem Zustand innerer Heiligkeit, dass sie sich vormachen, etwas zu sehen. Sie verwechseln das Wunschbild mit der Wirklichkeit. Sie glauben, mehr zu sein, als sie sind und sind daher nicht aufnahmebereit.

Unnötige Aufregungen, Gesprächigkeit und Ambitionen berauben einen der Ruhe, der Aufnahmebereitschaft und der inspirierenden Führung. Aus diesem Grund ist es äußerst wichtig, für innere Ruhe, Geduld und eine sinnvolle Vorbereitung zu sorgen. Diejenigen, die sich mehrmals am Tage in der geistigen Stille üben, leben länger und aufmerksamer als die nervösen „Draufgänger".

Ehe wir nicht lernen, die unbewussten Kräfte, die uns herunterziehen, zu drosseln und zu kontrollieren, werden sie alle unsere Bemühungen zunichte machen und uns davon abhalten, uns dem Ewigen zuzuwenden. Sie überreden uns zur Faulheit. Manchmal zwingen sie uns, die inneren Übungen aufzuschieben, da wir gerade nicht „in der Laune" dazu sind. Ein anderes Mal werden uns materielle Ablenkungen stören, oder es beunruhigen und ängstigen uns Probleme, die unsere Aufmerksamkeit fesseln.

Wir müssen solche niederen Energien bändigen, sobald sie auftauchen, indem wir uns sagen, dass diese instinktiven Kräfte uns lange genug gefangenhalten haben. Wir bitten den innewohnenden Gottesgeist, uns zu stärken, damit wir solchen Verführungen in einer Weise widerstehen, dass wir sie beherrschen. Wir sind bestrebt, unsere Bewusstseinsebene zu heben und bemühen uns ehrfürchtig, in unserem innersten Sein Zugang zu den höheren Kräften zu finden. Während dieser Einstimmungsperiode trachten wir danach, Frieden, einen wachen Verstand und einen aufnahmebereiten Geist zu erlangen.

Die Macht der Stille

In unserer heutigen Kultur besteht ein großer Bedarf an innerer Gelassenheit. Allein aus diesem Grund ist es wichtig, in unserer Mitte zu ruhen. Wenn wir in der Stille zum Herzen der Individualität vordringen, werden wir wissen, wie wir denken, reagieren und unsere Welt segnen sollen. Wir müssen lernen, in uns selbst zu ruhen. Erleuchtung zu erlangen, setzt unsere Vertrautheit mit der Einsamkeit voraus, die wir als Teil unserer inneren Erfahrung verstehen. Erst wenn wir in unserem Bewusstsein einen Freiraum geschaffen haben, beginnen wir, die Tiefen der höheren Erfahrung zu berühren. Solange uns das äußere Leben zu stark einengt, verfügen wir nicht über die erforderliche Stille, um auf Gott zu lauschen. Wir benötigen diese Zeiten der Stille, um uns zu erholen, unser Bewusstsein zu beleben und inspiriert zu werden. Sie ermöglichen es uns, auf den Schwingen der Sehnsucht und Hingabe emporzusteigen und Gott besser kennenzulernen.

Manche Einsichten, die uns in der Stille zuteil werden, stärken und erziehen uns und bringen uns Gott näher. In den Herausforderungen des Lebens wirkt die Stille oft als Lehrmeisterin. Erst wenn wir mit ihr in Einklang stehen, wird sich unser höheres Selbst offenbaren.

Erfinder, Dichter, Maler, Schriftsteller, Gelehrte und Musiker schöpften aus dieser Stille. Nur in diesen Augenblicken vermochten sich ihnen die Archetypen einzuprägen, die es ihnen erlaubten, als Instrument zu dienen und die Informationen in ihren Werken festzuhalten. Stille ist die Triebkraft der Aktivität. Sie ermöglicht klare Gedanken und sorgt für rasche Ergebnisse.

In der Stille sind wir von einem höher-dimensionalen Raum mit unterschiedlichen Frequenzen, leuchtenden Archetypen und schwingenden, sternähnlichen Gebilden umgeben. Der Hintergrund dieser lebendigen Welt gleicht einem riesigen wogenden Farbenfeld. Vielleicht vernehmen wir Musik, die sich langsam unserer Aufmerksamkeit entzieht, wenn wir uns verstärkt unserer inneren Arbeit widmen. Das Bewusstsein von Weite und der Gegenwart Gottes, das unzählige

Energien anregt, sollte unsere erste Beobachtung oder Erfahrung sein, wenn wir zur Meditation übergehen.

Nachdem wir uns intensiv auf die Stille eingestimmt haben, merken wir uns die Lichtenergien, mit denen wir verbunden waren, und versuchen, die Art dieser auf uns einwirkenden Frequenzen zu bestimmen, ob es sich um thermische (warme), magnetische (kühle), leuchtende (helle) oder elektrische (vibrierende) Schwingungen handelt. Wir sollten uns die verschiedenen Energien innerlich notieren.

In der Stille grüßen wir den Spender des Guten. Bevor wir beten oder meditieren, beobachten wir verstandesmäßig oder mit unserem inneren Blick alles, was uns umgibt und sich über uns erhebt. Es ist wichtig, sich mit dem ungeheuren und unerschöpflichen göttlichen Reservoir, das vor uns liegt, vertraut zu machen. Jeder von uns weilt an den Ufern grenzenlosen Bewusstseins. Es berührt unsere Aura und unsere Fähigkeiten. Unser Bewusstsein sollte wie ein Boot in diesen Ozean gleiten, um aus seinen Tiefen zu schöpfen. Mit zunehmender Ehrfurcht, Hingabe, Bewusstheit und Liebe zu Gott treten wir der ewigen Wirklichkeit gegenüber.

In der Stille, die oft reinigend auf uns wirkt, kann vieles geschehen. Damit diese geistigen Wunder wirksam werden können, müssen wir unseren Verstand zur Ruhe bringen. Der Verstand hat die Aufgabe, die verborgene Macht der höheren Kräfte und Fähigkeiten zu lenken und zu reflektieren. Gott ist Geist. Gott ist nicht Verstand. Er ist Geist. Der Verstand und alles Darunterliegende (Emotionen, Energien und Körper) müssen still und ehrfürchtig vor der innersten Gegenwart, in der wir sitzen, stehen, uns bewegen und unser Sein haben, innehalten. In der Stille wollen wir an diese Wahrheiten denken.

Bevor wir irgendeinen wesentlichen Schritt unternehmen (eine Prüfung ablegen, einen Vertrag unterzeichnen oder eine wichtige Entscheidung treffen), sollten wir uns in die Stille zurückziehen. Sie wird uns inspirieren, unseren Gedankenstrom anregen und uns die richtigen Entschlüsse fassen lassen. In diesen Augenblicken kommen wir zur Ruhe. Altes fällt von uns ab, und es erfüllt uns eine neue Kraft.

Um unsere Andacht zu vertiefen, legen wir bestimmte Zeiten fest, in denen wir uns innerlich zurückziehen. Gandhi verbrachte einen Tag in der Woche in der Stille und erkannte, dass er mehr zu sehen und zu fühlen vermochte, wenn er sich für neue Eindrücke und Inspirationen öffnete. Einen Tag lang in die Stille zu gehen, in der wir sowohl positive als auch negative Seiten an uns entdecken, ist für jeden eine wertvolle Erfahrung. Diese befreit uns von unserer egozentrischen Natur, die uns begierig reden lässt, und führt uns zu der Schwelle, an der uns die göttlichen Kraftströme reinigen. Sie lehrt uns, inmitten allen Trubels die Ruhe zu bewahren und mehr Geduld und größeres Verständnis zu entwickeln. Wenn wir uns in die Stille zurückziehen, denken wir daran, dass uns die Gegenwart umhüllt und uns diese Zeit erneuert und erleuchtet.

Wir sollten uns mehrmals am Tage auf die Kräfte der Stille einstimmen. Übermannt uns die Trauer oder werden wir belästigt oder ungerecht behandelt, erheben wir unsere Gedanken in das Reich der Stille, in dem Gott weilt, und werden den Frieden spüren und die Wahrheit erkennen. Müssen wir uns mit frustrierenden und verwirrenden Problemen auseinandersetzen, geschehen zwei Dinge, wenn wir unsere Gedanken beruhigen und die Angelegenheit dem *Hüter der Stille* übergeben. Erstens, wir verweilen in einem konstruktiven Bewusstseinszustand und bewahren den Frieden und zweitens, die äußere Situation beginnt sich aufgrund der inneren Arbeit zu ändern.

Betrachten wir vor dem Schlafengehen den nächtlichen Sternenhimmel, erahnen wir die göttliche Stille. Versuche mindestens fünf Minuten lang, dein Bewusstsein auf diese Ebene einzuschwingen. Manchmal vernehmen wir Sphärenmusik, die harmonisierend, entspannend und erhebend wirkt.

Die mächtigsten Kräfte bewegen sich in völliger Stille. Die Naturgesetze wirken geräuschlos. Planeten, Sterne und Galaxien ziehen lautlos ihre Bahnen. Selbst die Strahlen der erhabenen unsichtbaren Meister senden still ihren Segen. Wenn wir unsere Aufmerksamkeit der inneren Welt des ewigen Geistes zuwenden, achten wir ehrfürchtig auf die mächtigen Kräfte, die überall lautlos am Werke sind. Wir erheben den Kelch unseres Herzens, damit die erneuernden Ströme der Liebe Gottes ihn füllen mögen.

Es gibt verschiedene Arten der Stille. Jesus besaß jene stille Autorität, wenn er die Leute anblickte und sie zum Schweigen brachte. Die Nacht, bevor man ihn vor die Hohepriester des Sanhedrin schleppte, verbrachte er in tiefem Schweigen. Es gibt Augenblicke, in denen wir uns nicht besser rechtfertigen oder verteidigen können als mit unserem Schweigen. Die Würde des Geistes wiegt dann mehr als Worte.

In den Kirchen und Orten der Andacht, in denen sich eine hohe geistige Atmosphäre aufgebaut hat, begegnen wir einer heiligen Stille. Ein solches Heiligtum schwingt in Einklang mit den Frequenzen höherer Energieströme.

Dann gibt es die Stille, die ein hohes Ideal umgibt, über das wir nicht reden, aber das wir zu leben versuchen. Es ist wichtig, so lange über Dinge zu schweigen, an denen wir innerlich arbeiten, bis sie sich verwirklichen. Jedesmal, wenn wir darüber sprechen, entsteht ein Loch in dem Archetyp, der schließlich zusammenbricht, ehe er sich manifestieren konnte. Aus diesem Grunde müssen wir unbedingt Schweigen bewahren und unsere Versprechen heilig halten, bis sie erfüllt sind. Dann danken wir Gott, der es ermöglichte.

Es gibt die Stille der Tapferkeit, die aus dem tiefen Innersten schöpft. Da ist das stille Opfer, das Mütter und Väter nur allzu gut kennen. In der Stille des Friedens entspannen wir und ruhen in unserer Mitte. In einem solchen Zustand werden wir stärker unterwiesen und inspiriert, als es der Zustand der Ruhelosigkeit jemals zulässt.

Wir können die Macht der Stille in unserem Leben häufiger einsetzen als wir ahnen. Wenn wir uns in diesen Frequenzen so oft wie möglich erneuern, werden uns das Licht, die Freude und die schöpferischen Energien der ewigen Welten durchfluten.

Stille, Meditation, Kontemplation und Gebet nehmen uns in der Welt Gottes auf. Um in diesem irdischen Körper Bürger der Ewigkeit zu werden, müssen wir der göttlichen Wirklichkeit unsere Liebe und Loyalität entgegenbringen. In unserem Bewusstsein können wir in die überirdischen Reiche eintreten und aus dieser Ebene unsere Kraft und unsere Gewissheit schöpfen.

9.

Meditation

Jede Woche stehen uns einhundertachtundsechzig Stunden zur Verfügung. Wie viel von dieser Zeit widmen wir dem Gebet, der Meditation und geistigen Studien?

Ohne Meditation bleibt unser Leben unproduktiv und unerleuchtet. Sie ermöglicht es uns, das Gute, nach dem wir suchen, zu schaffen und uns daran zu erfreuen. Wir können unseren Geist dazu erziehen, als Instrument zu wirken, Nützliches anzuziehen und weise gelenkt zu werden. Wir ziehen selten etwas Bestimmtes an, ohne es mental ersehnt und geplant zu haben. Die geistige Konzentration legt unsere Ideale genau fest und macht sie erreichbar. Die Meditation ist die beste Übung, sich darauf vorzubereiten, unsere Ideale zu erreichen.

Jeder geistige Schüler muss in diesem irdischen Leben drei Dinge beherzigen: Erstens die Verantwortung für seine eigene Denkweise übernehmen; zweitens sein Leben zunehmend bereichern und drittens die höchste und schwierigste Aufgabe meistern – den göttlichen Geist und seine Kräfte zum Ausdruck zu bringen. Die Meditation bietet einen praktischen und spirituellen Weg, um diese drei Ziele zu erreichen.

Hiob fragt: „Gebietest du dem Tag?" Ohne Meditation, in der wir den Tag nach den geistigen Richtlinien umreißen und gestalten und uns fragen, wie wir uns verhalten müssen, um von den Ebenen der jenseitigen Kräfte aus zu wirken, beherrschen wir den Tag nicht. Es gibt zwei Welten in uns, die unsichtbare innere und die sichtbare äußere. Wir verlieren uns allzu oft in der äußeren, materiellen Welt. Unsere innere, unsichtbare Welt, unsere wahre Heimat, macht sich bemerkbar, sobald uns die äußere Ebene nicht mehr länger zufriedenstellt oder unser Verlangen stillt. Es gibt Probleme, die nur der Geist zu lösen vermag.

Ein wesentlicher Hinweis, dass wir in unserer Entwicklung einen bedeutungsvollen Punkt erreicht haben, zeigt sich in unserem Wunsch zu meditieren. Diejenigen, die Gott kennen und lieben, drängt es zur regelmäßigen Meditation. Ein Schüler, der begonnen hat, dem Weg unseres Herrn zu folgen, schwankt oft zwischen Standhaftigkeit und Leere, in der er dem Allerhöchsten in der Meditation nicht gegenübertreten möchte.

Wir müssen uns fortwährend ins Gedächtnis rufen, dass Gott in unserem Leben den ersten Platz einnimmt und wir Ihn niemals auf den zweiten verweisen dürfen. In erster Linie gehören wir Gott. Gott hat uns erschaffen und auf unsere irdische Pilgerreise geschickt. Wir haben lediglich einen vorübergehenden Auftrag in dieser Welt zugewiesen bekommen. Unsere Heimat ist in Gott. Während wir auf der Erde weilen, müssen wir jeden Tag erkennen, was Er von uns erwartet, um unsere irdische Existenz zu verbessern und sie durch den Gott in uns zum Ausdruck zu bringen. Jede Meditation verschafft uns einen neuen und besseren Zugang zur Gottheit.

Ziel der Meditation ist es, in der Wirklichkeit festen Fuß zu fassen. Diese Ausgangsbasis ermöglicht uns die Einstimmung auf unsere höheren Seinsaspekte und erlaubt es uns, anderen zu helfen, während wir in dieser äußeren Dimension weilen. Je stärker dieser Halt, desto eher werden wir in der Lage sein, die bewährten Meditationspfade zu gehen, die uns bewusst in die Regionen unserer geistigen Heimat führen.

Von der Wirklichkeit aus gewinnen wir Einblicke in die höheren Bewusstseinsbereiche. Anfangs mögen wir uns nur an ein kurzes Vorbeihuschen erinnern, aber wie bei einem plötzlich, nur kurz auftauchenden Berggipfel entdecken wir, dass diese Spitzen Wirklichkeit sind und ihre Offenbarungen unsere Bemühungen beleben und bestärken. Wenn wir während der Meditation höhere mentale und geistige Frequenzen erreichen, entwickeln wir langsam eine stärkere Kontrolle über unser Bewusstsein. Die Regelmäßigkeit dieser inneren Arbeit lässt neue Energien durch unsere höheren Fähigkeiten und unsere Aura kreisen.

Wir sollten uns unaufhörlich um eine Verbindung mit den lebendigen Wassern der Wahrheit bemühen. Unser Körper, unsere Umgebung, unser Funktionsbereich und vor allem unsere Suche nach Gott müssen durch die lebendigen Wasser der Wahrheit erfrischt und belebt werden. Werden die höheren Körper nicht genährt, stumpfen ihre Kräfte ab.

Wir müssen uns für diese Arbeit Zeit nehmen und darauf achten, dass der Geist uns durchströmt, nährt, unterstützt und erleuchtet, sobald wir den inneren Pfad betreten. Die Meditation ist die einzige Methode, die es uns ermöglicht, die Wahrheit anzuwenden, indem wir sie bewusst innerlich verarbeiten und umsetzen und dann Wege finden, auf denen sie unser Leben beeinflusst. Es gibt keinen anderen Pfad, der unser spirituelles Leben stärker fördern könnte.

Die Meditation, die sich in der Atmosphäre Gottes bewegt, bewirkt etwas in uns. Sie ist der fruchtbarste und wirkungsvollste Weg der Gottesannäherung und wird zum glorreichen Pfad, dessen Tore weit offenstehen. Behutsam betreten wir ihr weites Territorium, um von ihr selbst unterwiesen zu werden. Diejenigen, die am besten beten, haben zuerst gelernt, in der richtigen Weise zu meditieren. Die tägliche Meditationsausübung ist unerlässlich.

Wenn wir ihr unsere ungeteilte Aufmerksamkeit schenken, wird sie unser Bewusstsein und unser Verhalten beleben und verbessern. Durch sie berühren wir Wirklichkeiten, die unser Denken vergeistigt und unser Bewusstsein vertieft. Abgesehen vom Gebet, gibt es nichts, das unser spirituelles Leben stärker fördert. Vernachlässigen wir diese lebenswichtige Erfahrung, lassen wir einen Teil unseres inneren Selbst, das der täglichen Stärkung bedarf, verhungern. Was ihren Wert betrifft, steht die Beherrschung der Meditationskunst direkt hinter der Charakterbildung.

Die Meditation schlägt eine Brücke zu der göttlichen Wirklichkeit, dem Wahren in uns und unserer Umgebung. Sie reinigt, befähigt und rüstet uns aus, damit wir unsere Zeit möglichst sinnvoll nutzen und das Beste aus unseren Fähigkeiten, Versprechen und Möglichkeiten machen. Sie ermöglicht die Verschmelzung des himmlischen mit dem irdischen Sein und sorgt dafür, das sich dass Persönlichkeits-Selbst der Führung des Seelen-Selbst bewusst unterstellt. Sie erinnert uns daran, dass wir mit göttlichen Kräften ausgestattet sind, während wir in unserem physischen Körper weilen. Die wiederholte Ausübung der Meditation wird unseren göttlichen Aspekt an erste Stelle rücken, und ihre treibenden Kräfte werden uns von allem Negativen reinigen, so dass sich unser gesamtes Sein dem Guten zuwendet.

Die Meditation befähigt uns, den Geist zu ordnen und den Charakter zu stärken. Sie ist das Werkzeug, das die Wurzeln des Lebensbaumes tief in den Alltag treibt und stärkt, damit sich seine kräftigen Äste weit ausbreiten. Sie lässt uns an den Veränderungen unseres eigenen Lebens teilhaben, indem sie uns den Weg weist, es zu planen und zu gestalten und unsere Zukunft und Ideale für die Welt zu formen.

Viele Menschen erkennen nicht, welches Abenteuer die Meditation birgt. Sie bietet uns die Möglichkeit, die Wahrheiten in unserem Leben umzusetzen und öffnet uns die Tore zu unermesslichen Krafträumen.

Die Meditation wird auch als die *fortwährende Rückkehr der Seele in das innere Heiligtum* bezeichnet. Wenn wir bewusst und andächtig in unserer göttlichen Mitte ruhen, wird uns eine neue Lebendigkeit durchströmen und tiefer Friede erfüllen. Regelmäßige Meditationszeiten vertiefen das Denken und erziehen die Menschen, ihre Gedanken klar zu umreißen und auf ein Ziel zu lenken. Sie lehren uns die Gedanken- und Selbstkontrolle und den inneren Frieden.

Was ist Meditation?

Die Meditation ist die beste Methode, den Geist daran zu *gewöhnen*, tiefe, klare, ehrliche und in sich geschlossene Gedanken zu kultivieren. Eine gute Meditation beschleunigt im Laufe der Jahre unsere innere Entwicklung und unseren äußeren Fortschritt. Sie lehrt uns, richtig zu leben, zu dienen, zu wachsen und das zu sein, was wir in unserem tiefsten Inneren wirklich sind. Sie führt zur Erleuchtung.

Es heißt: *Um unseren Tag zu erhellen, genügt es manchmal, sich ein wenig höher zu erheben.* Die Meditation bietet uns diese Möglichkeit. Aus diesem Grund lassen wir uns auf sie ein. Der lateinische Begriff *meditare* bedeutet nachsinnen, und das Wort *medere* heilen. Daraus ergeben sich die beiden Grundgedanken des Nachsinnens und Heilens.

Die christliche Meditation ermöglicht es dem Menschen, die erhabenen Wahrheiten zu durchdenken und sie auf sein Bewusstsein und sein Verhalten zu übertragen. Unser Bewusstsein gleicht einem Garten, den wir hegen und pflegen. Mit jeder Meditation vertiefen wir unsere Andacht.

Ehrfürchtige, zielgerichtete Gedanken wecken in uns schöpferische und läuternde Kräfte, die unser gesamtes Leben kultivieren, verbessern und ins Gleichgewicht bringen. Sie sind erfüllt von Lebenskraft. Sich darin zu üben, bedeutet niemals Pflicht oder Langeweile. Es sind die günstigsten Augenblicke unserer ganzen Inkarnation. Wir kommunizieren mit unserer wahren Heimat, die in der Gottheit gründet. Das Göttliche in uns verstärkt sich durch die Verbindung zu dem allerhöchsten kosmischen Gott.

Die Meditation ermöglicht es uns, Idealvorstellungen und unerforschte Regionen zu erkunden und die Elemente und Eigenschaften unserer Ideale zu berühren. Ein solches Vorgehen bedeutet die tägliche Pflege unseres Geistes. Wir konzentrieren uns auf Wahrheiten, die wir eingehend betrachten müssen und aus denen wir Kraft schöpfen. Wir planen, in welcher Weise wir unsere Denkprozesse klären, abändern, erweitern und verbessern können.

Die Meditation sollte unseren Bedürfnissen und Bestrebungen in Bezug auf zwischenmenschliche Beziehungen, Beschäftigungen, Selbstverbesserung und Vertiefung unserer geistigen Kenntnisse und Erfahrungen entgegenkommen. Sie verbindet uns mit unseren Fähigkeiten und Stärken und weist uns auf unseren Arbeitsspielraum und mögliche Verwirklichungen hin. Ohne ihre Offenbarungen lebten wir auf tieferen und alltäglicheren Ebenen. Keine Suche erweist sich als so aufregend, zufriedenstellend und transformierend wie die Meditation, wenn wir sie in der richtigen Weise ausüben, denn diese Suche schenkt uns Erfüllung.

Je besser wir es verstehen, uns zu konzentrieren, desto feiner wird der meditative Beobachtungsbereich, denn Meditation bedeutet geistige Konzentration. Unsere Mentalkräfte sollen uns nicht nur auf der physischen Ebene, der Schule des Lebens, von Nutzen sein. Sie wurden uns gegeben, um wirkungsvoll zu meditieren und Unterweisungen aus den höheren Ebenen aufzunehmen. Niemand kann die Meditation vernachlässigen, ohne in irgendeinem Aspekt zu verarmen. Auch wenn es uns am Anfang schwerfällt, wollen wir dieses wunderbare, reiche Terrain kennenlernen und wenden uns ihm aufmerksam zu. Wenn wir in die Meditation eintreten, beobachten oder erfahren wir zunächst die Raumlosigkeit und göttliche Gegenwart und ein Meer lebendiger Energien. Wir werden uns bewusst, dass Gott uns auf allen Seinsebenen unsichtbar, doch machtvoll durchdringt. Wir versuchen, mit noch tieferer Ehrfurcht und inbrünstigerem Verlangen nach Ihm zu streben. Gemeinschaft mit und Einstimmung auf den göttlichen Geist bilden die Grundlagen unserer Pilgerreise. Wir müssen Ihn hier kennenlernen, wollen wir Ihn einst finden, wenn diese Pilgerreise des

Lebens beendet ist. Wir müssen uns der inneren Gotteserkenntnis in einer Weise hingeben, dass jedes Gebet und jede Meditation eine geistige Taufe bedeutet.

Es handelt sich dabei weder um die Konzentration auf ein Symbol noch um den Versuch, unseren Geist völlig zu leeren. Mental bringen wir eine Reihe von kreativen Gedankengängen, die bestimmten Zwekken dienen, zum Abschluss. Die Meditation lehrt uns, den Geist aus spirituellen Gründen und Motiven zu beherrschen. Es kann geschehen, dass uns kosmische Wogen der Erkenntnis näher bringen.

Der Christ betrachtet die Meditation als einen willkommenen Weg, um über ein Ideal oder ein geistiges Prinzip nachzusinnen. Sie bietet Möglichkeiten und Techniken, Veränderungen und Wandlungen in seinem Wesen und seiner Lebensweise herbeizuführen. Die Vorteile der Meditation sind das Disziplinieren und die Schulung des Geistes, die Vorbereitung auf ein spirituell ausgerichtetes Leben und die Annäherung an die überirdischen Bereiche der göttlichen Gegenwart, der kosmischen Kräfte und höheren Wahrheiten. Sie lehrt uns Selbst-Disziplin, Selbstbeherrschung und Gedankenklarheit. Die Meditation ermöglicht es uns, einen anderen Ehrfahrungsbereich zu betreten, in dem wir uns ihres Abenteuers und unermesslichen Segens bewusst werden.

Spirituell gesehen, informiert uns die Meditation über jene Seinsebenen, die unseren physischen Augen verborgen bleiben. Durch sie lernen wir unsere Seele, unsere wahre Individualität oder den Adonai, den inneren Gottesfunken, kennen. Neben diesen geistigen Belehrungen gewährt sie uns Einblicke in jene anderen, erhabeneren Dimensionen. Unsere intuitiven Eindrücke verstärken sich, und wir sehen in der Meditation einen bewährten Weg zu Gott, den Königspfad zur Meisterschaft. Wir lernen nicht nur, anderen besser zu dienen, sondern beschreiten auch Wege, um uns zu dem zu entwickeln, zu dem wir von Anbeginn bestimmt sind.

Die Meditation ist dynamisch. Obwohl unser physischer Körper ruht, sind unsere Gedanken aktiv in dem Bemühen, das innere Gebäude unserer Existenz zu errichten, zu festigen und auszubauen. Konzentrierte Aktivität wirkt inspirierend. Es bedarf des inneren Enthusiasmus, um lebendige Muster zu schaffen, die unser Wachstum als Verbesserung oder Verwirklichung zum Ausdruck bringen.

Die Meditation enthält die Entwürfe bestimmter Kräfte und führt uns in das weitläufige Laboratorium kreativen Denkens. Die Entwürfe oder Archetypen werden mental erschaffen, aber die Lebensenergie dieser Formen entspringt der Seelenwelt. Sobald unser bewusster Gedanke darum bittet, strömt diese unendliche Quelle schöpferischer Kräfte. Durch die Meditation empfangen wir verschiedene Arten geistiger Energien und Archetypen, die auf den inneren Ebenen neue Bedingungen schaffen, die sich auf physischer Ebene manifestieren, solange sie aufrechterhalten werden. Bedenkt man die zahlreichen Gaben und Möglichkeiten, welche die Meditation bietet, sollte man sich ihr mit erwartungsvollem Interesse hingeben.

Während jener Meditationen, in denen wir physische und geistige Kraft anstreben, können wir uns an unseren eigenen inneren Gott wenden und um seine Führung bitten: *Oh Herr, inmitten der Jahre lass es werden, inmitten der Jahre tue dich kund.* (Hab.3,2) Häufig geschieht es, dass wir in der Meditation die sieben Ebenen unserer Emotionen und unseres Geistes zuerst erheben, läutern und neu beleben müssen, ehe wir die inneren Ströme ungehindert in uns einfließen spüren. Bisweilen genügt es, siebenmal die Worte: *Gib mir einen neuen gewissen Geist* (Ps. 51,12) zu wiederholen, um geistig erneuert zu werden.

Die entspannte Aufnahmefähigkeit des Seins lässt uns unbekannte Grenzbereiche des Bewusstseins wahrnehmen, während der Geist, wie eine Kameralinse, erwartungsvoll auf Objekte gerichtet ist, die jeden Augenblick in unser Blickfeld treten können.

In einer richtig durchgeführten Meditation konzentrieren wir uns auf unsere Transformation und die uns durchströmende Kraft, um die wir gebetet haben. Wir denken nicht an negative, sondern an positive Dinge, denn diese positiven Ströme, die stärker als Röntgen- oder kosmische Strahlen wirken, erfüllen die uns umgebende Atmosphäre. Unsere Gedanken verbinden uns mit jenen Frequenzen, und der Geist im Inneren steht fortwährend in Verbindung mit all den Wahrheiten und Energien, die zu Tage gebracht werden müssen.

Die Meditation bildet das Fundament, auf dem sich der Gebetstempel erheben wird. Wenn wir über genügend Baumaterial und innere Stärke verfügen, sind wir bereit, als Priester oder Priesterin diesen Tempel zu betreten. Voraussetzung für die Meditation sind erstens Vertrauen und zweitens Selbstbeherrschung. Diese Herrschaft gilt für alle Ebenen, die mentale, emotionale und physische, so dass wir entspannt aufzunehmen vermögen.

Wir befinden uns in einem ehrfürchtigen, konzentrierten Zustand der Einstimmung und Ausrichtung. Sobald wir diesen inneren Zustand erreicht haben, wenden wir die entsprechende Technik an, um Energie zu gewinnen. Diese Energie entströmt dem innewohnenden Gott, der als Sprecher für die Unterweisung, Führung und Kreativität wirkt und uns umhüllt. Wir berühren die Frequenzen Gottes. Gott bewirkt alles. Wir sind nur das Werkzeug, der Dynamo oder Generator, der die Sache in Gang bringt, doch der Lebensstrom Gottes verrichtet die Arbeit.

Ablenkungen

Obwohl die Meditation lebenswichtig ist, vernachlässigen wir sie oft. Äußere Interessen und Ereignisse lenken uns ab und verbrauchen unsere Zeit und Energien für weniger wertvolle Beschäftigungen. Wenn wir nicht regelmäßig meditieren, lassen wir uns leicht ablenken und widmen uns weniger sinnvollen Vorhaben. Sind wir versucht, auf die Meditation zu verzichten, sollten wir uns ernsthaft vor Augen führen, dass sich uns hier eine Gelegenheit bietet, unseren Geist zu schulen und unser Bewusstsein zu erheben.

Wenn wir ohne Nahrung bleiben, werden wir immer hungriger. Seltsam, wenn wir Gebet und Meditation ausfallen lassen, wird unsere Sehnsucht und unser Hunger nach Gott nicht stärker, sondern schwächer. Aus diesem Grund eilen wir zum Tor Gottes, um Nahrung zu empfangen, und erfüllen unser Herz mit tiefer Liebe und Andacht.

Viele Menschen behaupten, meditieren zu wollen, aber nicht die Zeit dafür erübrigen zu können. Sie stellen einfach andere Dinge vor Gott. Wir müssen uns vor allem ins Gedächtnis rufen, dass wir Gott gehören. Gott ist die Hauptsache und alles, was mit Ihm in Verbindung steht. Wahrheit, Vollkommenheit, rechte Lebensweise und aufrichtige Motivation treten vor Arbeit, Erholung, Familie und jeden anderen äußeren Lebensaspekt. Wenn Gott nicht an erster Stelle steht, dann wird unser Leben aufgrund unseres schlechten Urteils widersprüchlich und mangelhaft sein.

Diejenigen, die behaupten, nicht meditieren zu können, weil ihr Geist umherwandert und sie ruhelos werden, geben bloß zu, dass sie ihren Geist niemals ausdauernd trainiert haben. Jeder, der denken kann, kann meditieren. Jemand, der erklärt: „Ich kann nicht" und es nicht einmal versucht, beweist damit nur seine Gleichgültigkeit. Wenn wir uns mit dieser regelmäßigen disziplinierten und wirksamen geistigen Übung erst einmal angefreundet haben, werden die Meditationszeiten die fesselndsten und fruchtbarsten Momente des Tages sein.

Wir müssen uns auf den Kampf mit den unbewussten Kräften einstellen, wenn wir uns in die Meditation begeben. Diese gewöhnlich unterdrückten Kräfte zerren so lange an uns, bis wir gelernt haben, sie zu unterwerfen und zu beherrschen. Sie unternehmen alles, um unsere Hinwendung zur Ewigkeit zu vereiteln. Diese verborgenen Instinkte versuchen, unsere Einstimmung zu verhindern, indem sie uns zu Trägheit und Nachlässigkeit überreden, da wir gerade nicht in der Laune sind. Wir müssen lernen, unsere eigenen dominanten Triebe von der unbewussten Natur zu unterscheiden.

Die abschreckende Seite der Evolution bedient sich der Ablenkung, um uns dem Licht und der Erleuchtung fernzuhalten. Diese Ablenkungen gewinnen allzu oft die Oberhand, weil wir uns so leicht unserer Hingabe an Gott berauben lassen. Wenn wir unserem Geist erlauben, dem Licht auszuweichen, sind wir nicht mehr eingestimmt.

Ablenkungen und das Umherschweifen unseres Geistes sind auf schlechte Planung und mangelnde Aufmerksamkeit zurückzuführen und treten auch auf, wenn der Gegenstand unserer Kontemplation nicht unser volles Interesse besitzt. Jemand, der nicht regelmäßig meditiert, dessen Geist gleicht einem versiegenden Strom, dessen Flussbett jederzeit austrocknen kann. Der Geist kann nicht zwei Herren dienen und in zwei verschiedene Richtungen gezogen werden. Stellen wir vor Beginn der Meditation ein Programm auf, das uns durchgehend fesselt und mit dem heiligen Licht innerer Schau erfüllt, kann er nicht umherwandern.

Nervöse Menschen sollten sich während der Meditation an ihren inneren Gottesgeist wenden und ihn bitten, den Verstand unter Kontrolle zu halten, damit er nicht wie ein Rennpferd jeder Kleinigkeit nachjagt. Das Nervensystem sollte nicht überanstrengt und angespannt werden.

Wenn wir an zu viele Dinge gleichzeitig zu denken versuchen oder unsere innere Arbeit gestört wird, müssen wir sofort etwas unternehmen. Wir kehren zu dem Punkt zurück, an dem wir sie abgebrochen haben und fangen erneut an, indem wir uns sagen: *Diese Arbeit ist wichtig. Mein gesamtes Schicksal hängt davon ab. Es gibt nichts, was wertvoller wäre, als das, was in der Meditation berührt wird. Aus diesem Grund werde ich meine Aufmerksamkeit auf die wunderbaren Möglichkeiten konzentrieren, die sie bereithält.*

Auch unser Zeitbewusstsein behindert eine gute Meditation. Wir müssen uns fragen, was wichtiger ist, unseren Arbeitsplan einzuhalten oder die Wohltat der täglichen Meditation.

Wer nicht meditieren kann, ist entweder zu ungeduldig oder geht nicht gewissenhaft genug vor. Jemand, der gut zu meditieren versteht, ist besonnen und arbeitet sicher, da er weiß, dass er dieses heilige Territorium in demütiger und selbstloser Absicht betreten muss.

Ein anderer, unbewusster Gegner erfolgreicher Meditation sind weltliches Denken und Handeln. Fast jeder spürt irgendwann den starken, energischen materiellen Drang, irdische Güter zu erwerben und anzuhäufen. Wir müssen Herr über die Weltlichkeit werden, indem wir alles, was dazu gehört, klug und beherrscht lenken.

Eine der wichtigsten Voraussetzungen für erfolgreiches Meditieren oder Beten ist die Aufrichtigkeit. Groll, Ärger oder andere Hindernisse lösen sich im Zuge unserer Selbstprüfung auf, falls wir gründlich und ehrlich vorgehen. Ehrfurcht gehört ebenfalls zu den Eigenschaften, die Meditation wirkungsvoll zu gestalten, desgleichen Regelmäßigkeit, Gründlichkeit und Kreativität.

Das Gefühl, auf der Stelle zu treten, Langeweile und mangelnde Inspiration sind ein Zeichen von Routine. Aus diesem Grund müssen wir die Meditation immer wieder neu beleben. Erstens sorgen wir für die entsprechenden Bedingungen, um uns auf das göttliche Reservoir einzustimmen. Zweitens trainieren wir den Geist, sich mehrmals täglich für die göttlichen Kräfte zu öffnen. Wir treten ans offene Fenster, schauen hinaus und erfreuen uns an allem, das wir sehen. Emporblickend, sprechen wir innerlich: „Es kommt alles von dir, oh Gott!" Geduldig und aufnahmebereit, warten wir drittens auf von Gott gesandte Gedanken. Wenn sie nicht sofort kommen, sollten wir nicht enttäuscht sein und denken, die Meditation sei nutzlos gewesen. Das höhere Selbst wird sie zur gegebenen Zeit an unseren Mentalkörper weiterleiten.

Um sich für die Energien, die unseren Mentalkörper durchfließen, stärker zu öffnen, muss es uns nach Fortschritt und den höheren

Ebenen verlangen. Unsere unbeirrbare Hoffnung, zu Gott empor-gehoben zu werden, entzündet in unserer Aura ein Licht, das den höheren Intelligenzen, die über die Menschen wachen, hilft, Gedanken durchzubringen, die darauf warten, manifestiert zu werden.

Falls wir nicht länger als eine halbe Stunde ohne Unterbrechung meditieren, dürfen wir andere Methoden ausprobieren. Sind wir inner-lich bereit und gewillt, belehrt zu werden, bleiben uns die Spannungen des Widerstandes wahrscheinlich erspart. Sollten sich im Laufe der Meditation dennoch Verspannungen einstellen, gehen wir zu einem kurzen Gebet über. Gleichgültigkeit oder innere Abwehr gegenüber disziplinierter Aufmerksamkeit können zur mentalen Gewohnheit werden und müssen beseitigt werden.

Betrachten wir die Meditation als Pflichtübung, treten wir nur teilweise in das Königreich Gottes ein, und das funktioniert nicht. Der Gedanke an die Meditation muss uns beflügeln.

Wenn ausgeprägter Materialismus, irdisches Verlangen, mensch-liche Bindungen, Ärger und dergleichen unser Bewusstsein von der Meditation ablenken, wird es trübe, und die Tür schließt sich. Dann stellen wir fest, dass auch der Lebensstrom blockiert wurde. Die Le-benskraft muss uns, unmittelbar von Gott kommend, ungehindert durchströmen, was nur möglich wird, wenn unser Bewusstsein auf allen sieben Seins-Ebenen tätig ist.

Meditationsformen

Es gibt viele Möglichkeiten, die Meditation zu einem wunderbaren Abenteuer zu gestalten. In der Bibel heißt es: *Schaffe in mir ein reines Herz, oh Gott, und erneuere den rechten Geist in mir.* Herz bedeutet Bewusstsein. Ein durch Routine abgestumpfter Geist und ein auto-matisches Leben bedürfen der göttlichen Belebung. Setzen wir solche Worte an den Anfang unserer Meditation, werden sie die dunklen Wolken in unserer Aura auseinandertreiben und uns helfen, uns in tiefer Demut auf die Ewigkeit einzustimmen. Aufgeschlossenheit und ein Empfinden von Abenteuer werden die Meditation lebendig halten.

Eine Möglichkeit der Vorbereitung besteht darin, sich mental in die höheren Bewusstseinsbereiche zu begeben, indem man sich innerlich vorstellt, alle Tore zu durchschreiten, die zur unmittelbaren Einheit mit Gott führen. Das erste Tor ist die *Läuterung*. Hier halten wir inne, um unwesentliche und niedere Eigenschaften abzuschütteln. Wir bitten darum, von unserem niederen Selbst befreit und geläutert zu werden. Das zweite Tor, die *Vorbereitung*, stimmt uns auf die göttliche Harmonie ein. Nach der Ausrichtung unserer Körper bitten wir darum, dass das Licht komme und wir für seine Frequenzen empfänglich sein mögen. Nun sind wir bereit, uns dem dritten Tor zu nähern, dem *Glaubensverständnis*. In diesem Bewusstseinsbereich streben wir danach, uns sorgfältig mit den uns bekannten Lehren vertraut zu machen und uns der geistigen Vorstellungskraft zu bedienen. Wir fassen im Geist die wesentlichen Punkte für die jeweilige Tagesmeditation zusammen und konzentrieren uns. Das vierte Tor ist die *Erkenntnis*. Hier befassen wir uns mit einem weiten Bereich geistiger Wahrheiten. Der Geist muss frei sein, um bestimmte zu betrachtende Aspekte zu wählen. Das letzte Tor, das in hellem Licht erstrahlt, ist die *unmittelbare Verbundenheit*, die uns zur Anbetung der Göttlichen Gegenwart führt.

Die Meditation umfasst viele Methoden und Annäherungsformen. Um das Gleichgewicht zu wahren, sollten wir immer neue Wege finden, sobald wir erkennen, dass unsere innere Arbeit verändert und neu belebt werden muss. Aus spiritueller Sicht gesehen, schleichen sich Gedankenarmut und Einseitigkeit ein, falls wir uns nicht hin und wieder dem Göttlichen bewusst in einer anderen Weise nähern.

Die grundlegende Meditationsform beinhaltet folgende Schritte:

1. Gottesbewusstheit
2. Meditation über ein Ideal
3. Selbstprüfung
4. Tagesplanung

Eine der wichtigsten Meditationsmethoden besteht darin, die Aufgaben und Gelegenheiten des Tages zu erkennen. Ein Tag bedeutet ein wertvolles Stück Leben. Die Meditation fördert die Ergiebigkeit der einzelnen Stunden und gestaltet das Leben sinnvoller. Klare Gedanken erfüllen sie mit Licht und schöpferischen Energien und helfen uns, mit den jeweiligen Angelegenheiten intelligenter und klüger zu umzugehen.

Manchmal besteht die Meditation darin, einfach nur zu Gott emporzublicken. Die Quäker wählen diesen Weg. In diesem Fall wird Gott nur um Seiner selbst willen gesucht. Man sehnt sich nach Ihm und wartet geduldig, bis man Seine Gegenwart spürt. Doch Gott nur zu spüren, würde die anderen Wirklichkeiten nicht aktivieren, die Gott für uns geschaffen hat, damit wir sie kennenlernen und einsetzen.

Eine andere Meditation könnten wir unseren Lebensidealen oder Lebensregeln widmen. Wir sinnen darüber nach, wie wir unsere Lebensweise auf unserer augenblicklichen Entwicklungsstufe unserer Idealvorstellung anpassen können. Wir versuchen, diese Lebensregeln in unseren Gedanken zu konkretisieren und halten nach Möglichkeiten Ausschau, sie im heiligen Jetzt zu verkörpern.

Dem Erkennen der innewohnenden göttlichen Gegenwart können wir eine gesamte Meditation widmen – Ihrem Einfluss, Ihren Strahlen, die jeden Körper durchdringen, und Ihrer energetischen Unterstützung, um den Alltäglichkeiten zu begegnen. Wir betrachten die Emanationen dieses Selbst, die die Welt und jede einzelne Person, der wir an diesem Tag begegnen, berühren.

Mehr über diesen nutzbringenden Ablauf zu wissen, beflügelt uns, noch wirkungsvoller zu meditieren. Es gibt drei Meditationsformen, die häufig ausgeübt werden: Geplante Konzentration, kreative Kontemplation und Andacht.

Die geplante Konzentration besteht aus der Vorbereitung und einer mentalen Zusammenfassung der wesentlichen Punkte, derer wir uns während der Meditation erinnern wollen. Am Morgen richten wir unsere Aufmerksamkeit auf Gott und bemühen uns, während des ganzen Tages auf Seine Gegenwart eingestimmt zu bleiben. In einer geplanten Meditation überdenken wir unsere geistigen Lebensziele, die aufgelistet vor uns liegen. Bei dieser Form verfolgen wir bestimmte Schritte. Beginnen wir mit der Vergegenwärtigung Gottes. Wie unendlich weit ist dieser, den wir unseren Gott nennen – Schöpfer und Schöpferin in einem. Haben wir alle Gottesaspekte erkundet, gehen wir zum nächsten Meditationspunkt über – unseren Lebensregeln. Die dritte Phase mögen wir dem Rest des Tages oder der vor uns liegenden Woche widmen.

Ganzheitliche Meditation gilt der Beantwortung einer Ansammlung von Gedanken zu verschiedenen Themen. Sie befasst sich mit Aspekten, die auf unterschiedlichen Ebenen liegen mögen, wie praktische Probleme der äußeren Welt, Beziehungen oder geistige Dinge.

In jedem Meditationsschritt visualisieren wir Möglichkeiten, um die Problemzonen dauerhaft zu lösen, indem wir dem Göttlichen in uns die Antwort überlassen.

Die Andachts-Meditation verbindet uns mit den Frequenzen der inneren Welten. Hierzu eigenen sich besonders geistige Feste oder unsere Geburtstage. Sie dient in erster Linie der Verehrung Gottes und widmet sich ausschließlich der auf uns einwirkenden göttlichen Gegenwart. Wir sinnen über die Bedeutung des Festes nach und erwägen, auf welche Weise wir diese heilige Zeit nutzen können. Handelt es sich um unseren Geburtstag, beginnen wir mit unserer Hingabe an Gott und betrachten dann die inneren Königreiche, Engel und Meister, die unser Leben positiv beeinflussen. Wir überdenken zuerst unser Leben und den Dank an andere und anschließend, was dieser Geburtstag und der Rest des Lebens uns bringen mögen. Diese Art der Meditation weckt unser höheres Selbst und öffnet uns für die helfenden Einflüsse der höheren Reiche.

In der schöpferischen Meditation beschreiten wir einen völlig anderen Weg. Wir machen uns innerlich frei und kommen zur Ruhe. Diese Übung erfordert sowohl ein hohes Maß an Aufnahmefähigkeit und Lernfähigkeit als auch eine verstandesmäßige Kontrolle der aufkommenden Gedanken. Unsere Hinwendung an Gott gibt den Anstoß, und die Gedanken beginnen allmählich zu fließen. Sie stammen entweder von unserem eigenen höheren Selbst, unserem Schutzengel oder aus dem Reservoir des göttlichen Geistes, das uns mit dem erforderlichen Element der Inspiration verknüpft. Dann fließen die Gedanken. Die in diesen Gedankenströmen enthaltenen Ideen schreiben wir nieder.

Die schöpferische Meditation sensibilisiert uns stärker für die Ewigkeit als alle anderen Einstimmungsmethoden. Ihre einzigartigen Gaben sind Wahrnehmung und Empfänglichkeit. Zu Beginn jeder Meditation sollten wir erkennen, dass der Geist der Wahrheit Licht, Kraft, Schönheit und Friede in uns und unsere Umgebung sendet.

Bei der esoterischen Meditation handelt es sich um eine Methode, die wir zu ganz besonderen Gelegenheiten ausüben, da wir in einem sehr hohen Bewusstseinszustand beginnen müssen. Sie enthält immer eine Betrachtung über die Hierarchie und deren Bedeutung. Sie bezieht jene, die ihr dienen, mit ein, einschließlich das Engelreiches sowie die Einweihungsstufen der Entwicklung. Es fällt nicht schwer, über dieses umfassende Thema länger als dreißig Minuten zu meditieren. Unsere Eingebungen sollten wir uns notieren. Jedesmal, wenn wir in der Meditation über eine erhabene Wirklichkeit nachdenken, sind wir für den Zeitraum des Gedankens mit ihr verbunden. Aus diesem Grund achten wir darauf, den Namen eines bestimmten Meisters nicht eher auszusprechen, als bis wir darauf vorbereitet und gewillt sind, die Verantwortung dieser Verbindung zu tragen.

Die einfachste Form der Heilmeditation besteht aus drei Schritten – *Bewusstsein, Lebenskraft* und *Sein*. Wir sprechen: *Gott, reinige mein Bewusstsein. Erneuere, erweitere, läutere und verfeinere es. Halte mein Bewusstsein auf die geistigen Frequenzen eingestimmt und lasse es nach oben gerichtet sein, um das Licht aufzunehmen.* Dann denken wir an die Lebensströme, die, wie Arterien unseren physischen Körper, jeden einzelnen Träger durchziehen, und fühlen, wie sie in uns einströmen und uns beleben. Schließlich konzentrieren wir uns auf die Lebensform. Gibt es in unserem physischen, astralen oder mentalen Körper ein Problem, stellen wir uns vor, dass diese Schwierigkeit wie eine formbare Substanz auf die geistige Umformung reagiert.

Während wir die oberen Höhen erkunden, wird die Meditation zu einem wunderbaren Forschungsgebiet. Einige Meditationen mögen für den Einen gut sein, sich aber für den anderen nicht eigenen. Wir sollten herausfinden, welche Methoden uns ansprechen und dafür sorgen, dass sie niemals schal werden, sondern sie stets äußerst lebendig halten.

Die meditative Übung führt uns zu tieferen Meditationsformen, in denen wir beginnen, die Mentalessenz zu berühren. Wir werden zu einem Werkzeug für die göttliche Inspiration, die uns den Weg weist, die Mentalessenz oder die geistigen Kräfte freizusetzen und in bestimmte Arbeiten, unsere Gesundheit oder in menschliche Beziehungen einfließen zu lassen.

Meditationsmöglichkeiten

Um zu meditieren, müssen wir das *Warum, Wann* und *Wie* dieser Kunst verstehen. Die Meditation dient der Gedankenkontrolle. Wir sollten vorzugsweise in den Morgenstunden meditieren, wenn unser Geist frisch ist. Bei der Meditation handelt es sich um eine sich stets erneuernde und kreative Erfahrung, obwohl sich einige Annäherungen als fruchtbarer und hilfreicher erweisen als andere.

Viele Menschen wissen nicht, wie sie meditieren sollen. Ihr Denken ist verschwommen und konturlos. Der entschlossene und aktive Christ muss zu meditieren verstehen, denn dieses unendlich weite Gebiet öffnet uns für unsere Seele und dient somit unserer Entwicklung.

Wir erziehen den Geist, sich auf die Meditation zu freuen und dieser Erfahrung erwartungsvoll und begeistert entgegenzublicken. Damit meine ich, dass der innere Geist auf allen Seinsebenen voll bewusst tätig ist. Wir wissen, dass wir uns auf ein Abenteuer einlassen, das uns belebt und Frieden, Gewissheit und Visionen schenkt, uns Geduld lehrt und uns durch die göttlichen Kräfte in dieser Welt verankert.

Wir sollten die Meditation vor allem als eine wichtige und wertvolle Verabredung betrachten. Es gibt keinen Menschen und kein Ereignis auf dieser Erde, die uns eines solchen Respektes und einer so hohen Erwartung würdig wären, die wir dieser Zeit mit unserem göttlichen Schöpfer entgegenbringen. Gott wird zu uns sprechen, denn wir sind Sein Werk, und Er wünscht, dass wir uns weiterentwickeln und voranschreiten. Alles hängt davon ab, wie gewissenhaft wir dem Allerhöchsten jeden Tag lauschen.

Durch die Meditation lernen wir neue Kräfte kennen. Daher sollten wir nicht erwarten, dass sie einfach ist. Wir müssen üben und lernen, den Geist in Gang zu setzen, damit unsere Bemühungen fruchtbar und erfolgreich sein können. Wenn Gott die Kraft ist, die uns zieht, werden uns unsere Gedanken in die höchsten Hallen des Himmels führen. Wir müssen Gott und uns selbst beweisen, dass Er die Quelle ist, die uns anlockt, das Licht selbst, das wir auf jedem Schritt unseres Weges grüßen.

Vor der Meditation sollten wir uns innerlich auf unsere Zeit mit Gott einstellen. Wir müssen uns in den entsprechenden Zustand versetzen, ehe wir uns niederlassen, um bewusst vorzugehen, und der Erforschung dieses unendlichen Bereiches begeistert entgegensehen. Da wir unsere Meditationszeit nicht verschwenden wollen, müssen wir uns darauf vorbereiten, dass der Geist uns erfüllt und sensibilisiert. In heiliger Erwartung denken wir an das, was wir empfangen mögen, um es spürbar in unserem Leben umzusetzen. Sobald wir in das Sonnenlicht der Gegenwart Gottes treten, werden wir innerlich gestärkt.

Wir üben uns darin, uns unsere Meditation von Anfang bis Ende vorzustellen, ehe wir mit ihr beginnen. Wir stellen sie uns als sanft dahinfließend vor, ohne Unterbrechung oder Abschweifung des Geistes. Wir stellen uns vor, wie wir jeden kraftvoll durchdringenden Gedanken begierig aufnehmen und die in der Meditation erreichte Bewusstseinsebene während des Tages aufrechtzuerhalten suchen.

In der Meditation sitzen wir bequem da. Die rechte Handfläche nach oben und die linke nach unten weisend, liegen unser Hände auf den Knien. Spüren wir das Bedürfnis, völlig neue Energien aufzunehmen und unsere eigenen Energien, Gefühle und Gedanken loswerden zu wollen, öffnen wir beide Handflächen nach oben.

Nun folgt die Beruhigung des Verstandes. Es ist sehr einfach, aber die meisten Leute praktizieren es nicht. Wenn man die Augen schließt und sofort mit der Meditation beginnt, geschieht nichts. Der Geist muss sich an die neuen Frequenzen gewöhnen, indem ihm das höhere Selbst befiehlt, zu verstummen. Wir halten uns nicht allzu lange mit der Besänftigung des Verstandes auf und gehen zum nächsten Schritt über. Die Ruhe wurde nicht erzwungen oder ist unnatürlich, denn nach wenigen Momenten wissen wir einfach, dass wir ruhig sind und der Verstand den höheren Bewusstseinsstufen entgegenblickt, die wir in der Meditation erreichen. Wir stehen auf einer hohen Gedankenebene und schauen auf diese Welt, auf uns selbst und den Tag, um zu sehen, wie der innewohnende Gott sie beleben wird.

Der zweite Schritt besteht aus der Einstimmungsübung. Wir haben Frieden erlangt. Nun muss der innewohnende Gottesfunke die einzelnen Körper des Individuums segnen und einschwingen. Wir bitten den innewohnenden Gott, unsere Kräfte zu heilen, zu transformieren, zu segnen und zu stärken – den Adonai (Sitz unseres geistigen Willens) und die Seele (Charakterausdruck und Reservoir schöpferischer Energien). Wir bitten den innewohnenden Gott, den Mentalkörper auf die göttlichen Frequenzen einzuschwingen. Möge der innewohnende Gott heilendes, transformierendes Licht in den Astralkörper strahlen, damit unsere Emotionen konstruktiv, geläutert und edel sein werden und zu Gott aufstreben. Möge das göttliche Licht in unsere Ätherhülle fließen und anhaltende Vitalität herbeiführen, die in den physischen Körper strahlt, den Blutstrom und jedes Organ reinigt und alle Bereiche der physischen Hülle gute Arbeit verrichten lässt. Wir bitten, dass alles Negative aus dem Haus unseres Seins getrieben werde, damit das heilige, reine, weiße Licht des ewigen Gottes uns umgebe.

Die dritte Stufe, den Verstand zu disziplinieren und zu schulen, bildet die Intonation der heiligen Namen der sieben Gottesaspekte – Gott, der Mutter/Vater-Geist; Gott, der vollendete Sohn; Gott, der Heilige Geist; Gott, der Geist der Gnade; Gott, anwesend in der Wolke der Stillen Zeugen vor der Gottheit, die Hierarchie vollendeter Seelen; Gott, innerster Kern der Menschheit; Gott, das höchste Gute in allem.

In der vierten Stufe betrachten wir den vor uns liegenden Tag. Wir denken an die meditative Methode, die wir benutzen wollen, da sie sorgfältig geplant werden muss, um positiv zu wirken. Wir müssen flexibel und belehrbar sein, wenn wir unterschiedliche Techniken anwenden. Da wir uns auf dem Wege zur Meisterschaft befinden, müssen wir gewillt sein, der autoritativen Erfahrung und dem wertvollen Rat jener zu folgen, die wissen und die versuchen, unseren Geist offen zu halten. Aus diesem Grund sollten wir unterschiedliche Techniken ausprobieren.

Manchmal legen bestimmte Umstände den Meditationsablauf fest. Doch einige Punkte müssen immer beachtet werden. Die wichtigsten Meditationsschritte sind folgende:

1. Stille des Verstandes. Der Gebrauch eines Schüsselwortes. Warten, bis er sich beruhigt hat.
2. Einstimmungsübung. Der Mensch ist ein siebenfältiges Geschöpf. Es ist gut, alle Aspekte des Bewusstseins auf das innere Göttliche Selbst einzuschwingen.
3. Der Göttlichen Gegenwart gegenübertreten. Wir besinnen uns auf die sieben Manifestationen Gottes, indem wir ehrfürchtig die Namen des Göttlichen anstimmen.
4. Wir entwickeln einen Meditationsplan für den Tag oder die Woche und nutzen spezielle Formen, die eine ausgeglichene innere Entfaltung begünstigen.

Um die täglichen Übungen lebendig und inspiriert zu erhalten, verändern wir häufiger den Wortlaut.

Variieren wir die Bezeichnungen der wichtigen Grundelemente, bleibt unsere Meditation lebendig, ebenso wie die Suche nach der wahren Benennung geistiger Wahrheiten unseren Verstand aufmerksam und ehrfürchtig hält. Wir können das werden, worüber wir nachdenken, und was wir uns vorstellen, können wir erreichen.

Voraussetzung für die Meditation sind disziplinierte Aufmerksamkeit und das Wissen um den unschätzbaren Wert beherrschter, Gott zugewandter Gedanken. Um diese Haltung zu erreichen, nehmen wir uns selbst zurück. Dann sind wir in der Lage, unser ganzes Sein zu beruhigen. Unser äußerer Körper und unsere Energien müssen zur Ruhe kommen. Es ist wichtig, unsere Begierden und ruhelosen Gedanken verstummen zu lassen. In diesem Stillwerden liegen reinigende, besänftigende Kräfte, und das Göttliche kann eintreten.

Die Stufe der Verwirklichung enthält zwei Phasen, die Rückbesinnung und die direkte Einstimmung. Die Rückbesinnung spricht zu uns selbst: *Gott ist hier, und ich bin in Seiner Mitte.* Unsere Aura wird ruhiger und leuchtender, und es stellt sich ein gewisses Maß an Lernfähigkeit und Aufnahmebereitschaft für den Göttlichen Geist ein. Die direkte Einstimmung bedarf einer stärkeren Aussage: *In Dir, oh Gott, ist mein Leben und mein Licht.* Diese Worte wecken in uns eine positive Aufmerksamkeit, das wichtigste Element in der Meditation. Sie führt uns in das vertikale Bewusstsein, da wir Gott als die Quelle allen Seins anerkennen und unser Leben aus Ihm, der Quelle des Lichtes, entsteht. Dieses Licht steigt durch die Schleier zahlreicher Gaben, die uns zuteil wurden, von dem inneren Gottesfunken zum Adonai, der Seele und weiter in den Verstand, die Gefühle, Energien und den physischen Körper herab.

In der Vorausschau der gesamten Meditation sehen wir eine Strömung von uns zu Gott und von Gott durch uns fließen sowie das Geben und Empfangen von Gedanken und Kräften, die wir benötigen, um dieses Leben, diesen Tag und alle Situationen, die auf uns zukommen, zu meistern. Die Konzentration auf unsere Lebensregeln oder unsere bevorzugten Losungsworte entwickelt die für unser geistiges Streben unerlässliche Zielstrebigkeit. Wir sollten sie sehr langsam aussprechen, indem wir die Worte visualisieren, während wir uns für die Meditation zur Ruhe bringen. Dieser Vorgang gleicht einem mentalen und geistigen Aufwärmen und stimmt uns auf ein zielgerichtetes Denken ein.

Wir müssen alle unsere Körper aufeinander einstimmen, um zielstrebig mit unserer meditativen Arbeit in Einklang zu stehen. Diese Ausrichtung beginnt mit dem physischen Körper und strebt aufwärts zu unserem Geistfunken. Der gesamte Vorgang setzt die geistigen

Kräfte, Körper und Fähigkeiten des innewohnenden ewigen Selbst in Bewegung.

Wir beginnen die Einstimmungsübung mit dem Gedanken: *Mein physischer Körper, der mit seiner unsichtbaren Energiehülle* (der ätherische Energiekörper) *verbunden ist, ist der Diener des mir innewohnenden Gottesfunkens.* Wir versuchen, uns einen Augenblick lang vorzustellen, wie der Körper und seine Energien gehorsam auf den Zentralwillen in uns reagieren.

Wir fahren fort: *Mein äußerer Körper ist auf den Astralkörper* (Emotionen), *den Jünger des innewohnenden Gottesfunkens* eingestimmt. Wir weihen unseren Astralkörper kurz in die Pflichten eines Jüngers Christi ein. Wir stellen uns unsere Gefühle und Wünsche mit konstruktiver Zielbewusstheit, gesund motiviert und beherrscht vor. *Unser Astralkörper ist auf den Mentalkörper, den Schüler des innewohnenden Gottesfunkens, eingestimmt.* Wir sehen einen beherrschten, hingebungsvollen, klugen und intelligenten Verstand vor uns. *Mein Verstand ist auf meinen Kausalkörper eingestimmt, die Seele oder mein Engel-Selbst.* Wir bemühen uns, unsere Gedanken und Bestrebungen auf die Ebene des Seelenbewusstseins zu erheben, die gewöhnlich die höchste Bewusstseinsstufe ist, die wir zu erreichen vermögen. Wir erkennen die Schönheit, Reinheit und Heiligkeit der Seelenfrequenzen, die unser Seelenwesen durchfließen. *Über meine Seele bin ich mit der Hülle des Adonai verbunden, jenem Träger, der wahrhaftig erklären kann: Ich bin das Ich-bin-des-Gott-Selbst. Mein Adonai ist eins mit der inneren Gottesflamme oder dem innewohnenden Heiligen Gott.* Nicht durch Anstrengung, sondern in tiefer Ehrfurcht streben wir nach Einheit mit diesem vollkommenen und unsterblichen Gottesfunken. Um unsere Aufmerksamkeit auf diesen transzendenten Augenblick zu heben, wiederholen wir: *Aber der Herr ist in seinem heiligen Tempel – stille vor ihm alle Welt.* (Hab. 2,20)

Durch diese Einstimmungsübung wird die Berührung mit dem inneren Gottesfunken zur starken inneren Erkenntnis. Die unmittelbare Gegenwart Gottes, die uns in zunehmendem Maße mit spirituellem Frieden und geistiger Freude segnet, wird allmählich erfasst.

Eine andere Methode, die Körper einzuschwingen, erfolgt von innen nach außen. „Du, der du Ich bist, jenseits des Ich bin, strahle dein heiliges Licht, dein segnendes, stärkendes, heilendes, erleuchtendes Licht, das Licht der Weisheit, auf den Adonai oder geistigen Willen, die Seele, den Verstand, die Gefühle, Energien und die physische

Form, denn wir gehören dem innewohnenden Gottesfunken." In dem Augenblick, in dem der physische Körper erreicht wird, spüren wir, dass der Geist uns durchdringt und unser Gemüt anhebt.

In unserer Meditationsarbeit, insbesondere der ersten Erinnerungsperiode des Tages, gewöhnen wir unseren Körper, unsere Nerven und den gesamten Bewusstseinsträger daran, schneller zu reagieren. Wir meditieren über die Anregung unseres Naturells und unserer Empfänglichkeit für Gedanken, Energien und geistige Freuden.

Als Nächstes denken wir über die geistige, heilige Freude nach – die Freude, die Gott in der Schöpfung erkennt – die Freude, die die Bruderschaft der vollendeten Seelen selbst für eine einzige größere Überwindung des Menschen empfindet. Wir sinnen über die Freude der selbstlosen Liebe nach. Jeden Tag wollen wir die Freude ein wenig stärker als eine Gabe Gottes an den Menschen betrachten. Wir meditieren so intensiv über dieses Thema, dass wir selbst während einer geistigen Prüfung auf diese heilige Freude eingestimmt bleiben und ihre Frequenzen spüren. Ihr Licht wird unser Bewusstsein mit dankbaren Gedanken und Kraft erfüllen.

Wir verstärken die Intonation durch Beschreibung des Göttlichen, indem wir uns jeden Aspekt Gottes vorstellen und langsam und ehrfürchtig seinen heiligen Namen aussprechen. Wir möchten in die Welt Gottes blicken und mit ihren hohen Schwingungen verbunden werden.

Visualisation

Eine andere Methode meditativer Bemühung ist die Visualisation. Wir nehmen uns Zeit, unsere höchsten Ideale für diese Inkarnation nochmals zu überdenken. Jedem einzelnen schenken wir unsere volle Aufmerksamkeit und vergegenwärtigen uns erneut unsere Wünsche in Bezug auf geistige Verwirklichung, Gesundheit, Überwindung, Fortschritt, die richtige Entwicklung für unsere Kinder, eine glückliche Verbindung zu unserer geistigen Familie und ein sinnvolles Wirken für die Welt. Diesen Idealen erneutes Interesse entgegenzubringen, erfüllt sie mit Energien, die ihr Wachstum fördern. Es ist äußerst wichtig, die Visualisation zur Gewohnheit werden zu lassen, um verschwommene Bilder und falsche Muster zu vermeiden.

Visualisation ist die mentale Form, sich von dem, was wir schätzen, ein Bild zu machen. Dies kann der Schritt von der negativen Einstellung zur spirituellen Objektivität sein, der uns bei einer geistigen Prüfung den guten Ausgang sehen lässt, oder Ideen zur besseren Nutzung unserer Zeit. Wenn wir meditieren, sollten wir versuchen, möglichst viel von unseren inneren Vorgängen zu sehen. Klare, starke Gedankenbilder beschleunigen die Ergebnisse.

Wir bedienen uns der Visualisation in jeder Meditationsphase und vergegenwärtigen uns die Qualitäten und Gegenstände in Farbbildern. Jeder sollte eine mentale Vorstellung von Gott, den Heilströmen und Energiereservoiren besitzen. Wir denken langsam, denn im Laufe der Meditation beschäftigen uns eine ganze Reihe von Visualisationen. Diese mentalen Archetypen oder Muster erlauben es uns, interessiert von einer Erkenntnisphase zur nächsten zu schreiten.

Eine Idealvorstellung, der wir uns hingeben, gleicht einem Samen, der in das unsichtbare Feld göttlicher Aktivität gesät wird. In der äußeren Welt muss ein Same gewässert und gehegt werden. Auf der Gedankenebene „wässern" wir unsere Samengedanken durch unsere täglichen Meditationen, die ihr Wachstum anregen. Ein vernachlässigter Gedanke stirbt, ebenso wie eine zarte, junge Pflanze, um die sich niemand kümmert. Ein Same ist winzig, aber es kann ein Baum daraus werden. Selbst die bescheidenste Idealvorstellung kann unseren Charakter formen und unser Handeln inspirieren, bis daraus ein wahres Meisterstück der Selbstüberwindung, des Fleißes oder der geistigen Leistung wird. Sich das Ideal in der Meditation zu vergegenwärtigen, lässt es Wirklichkeit werden.

Gedanken, die in der Meditation regelmäßig visualisiert werden, wie die persönlichen Lebensprinzipien, ergießen sich zunächst als Gedankenformen oder Archetypen. Am Anfang mögen sie klein und schlecht entworfen sein. Wenn wir jeden Tag ein wenig mehr an diesen Lebensprinzipien arbeiten, wird der Archetyp der einzelnen geistigen Prinzipien zu pulsieren beginnen und größer werden. Sein Muster hat sich verbessert und seine Farbe vertieft. Die Meditation bietet uns die Chance, wunderschöne, lebendige Archetypen oder Formen zu schaffen.

Eine gute Visualisationsfähigkeit erlaubt es uns, den Frequenzbereich einzustellen und die gesamte Meditation mit einem Lichtmantel zu umhüllen. Sie übermittelt die schöpferischen Energien unserer Seele, die den Verstand bereichern, indem sie ihn lenken und ihm den nötigen Scharfblick verleihen, das Ziel zu erreichen. Von der Kausal- oder Seelenebene aus fließen die Gedanken und Einflüsse mit Gottes Segen aus dem Reservoir kreativen Lichtes in unsere Erfahrung ein. Diese schöpferischen Gedanken werden nach bestimmten Mustern geformt, die für unser Ideal, das wir im Sinn haben, Pfade schaffen. Je öfter wir visuell an diese Dinge denken, desto breiter wird der Pfad werden, auf dem wir innerlich diesem Ziel entgegengehen.

Die Meditation bietet die Möglichkeit, uns innerlich vorzustellen, wie der höhere Bewusstseinsaspekt den niederen Bewusstseinsaspekt belehrt. Wenn wir uns in tiefer Ehrfurcht ein geistiges Bild machen, werden wir auf der Seelenebene des Bewusstseins aktiv und formen machtvolle Archetypen. In dem Wissen, dass die lebendigen Wasser diese Urformen, die wir dem Gottesfunken bewusst übergeben, näh- ren, erkennen wir, dass jedes aufrichtige und würdige Mentalbild, das wir zu der göttlichen Gegenwart emporheben, gedeihen und Frucht tragen wird.

Je stärker unsere Visualisationsfähigkeit während der Meditation, desto klarer und vollkommener der Entwurf des Archetyps. Meditieren wir für unsere eigene Gesundheit oder die Gesundheit einer anderen Person, stellen wir uns diesen Gesundheitszustand innerlich vor und sehen ihn genau so eintreten. Dieser Archetyp leuchtet dann blitz- artig aus uns heraus und besitzt größere Kraft als jede Medizin. Das Problem ist nur, dass diese Urformen nicht erhalten bleiben, solange wir keine Meister sind. Aus diesem Grund müssen wir sie fortwährend erneuern. Wir sollten dessen niemals überdrüssig werden, denn es ist eine fesselnde und wunderbare Erfahrung, Gott auf halbem Wege zu begegnen.

Geistige Vorstellung und Erfüllung gehören zusammen. Wenn wir die Visualisation sehr gut beherrschen, werden uns Wirkungen und Segnungen zuteil. Dabei handelt es sich um das Ergebnis dieser geistigen Vorstellung durch Erfüllung.

Wenn wir alle vierundzwanzig Stunden die Einstimmungsübung mit einer effektiven geistigen Vorstellung unterstützen, wird unsere Einstimmung bestehen bleiben. Wir denken an den inneren göttlichen Geistfunken, als das Instrument des Lichtes, das jeden Körper mit seiner Ausstrahlung durchdringt. Wir stellen uns vor, wie dieses Licht jeden Träger belebt und befähigt, indem es die einzelnen Körper mit dem innewohnenden Gott verbindet. Die geistige Vorstellung sorgt dafür, dass unsere Einstimmung wirksam wird und in Verbindung mit der Lebendigen Quelle steht. Wenn unsere Imagination fruchtbar und aktiv ist, werden wir uns bewusst, dass uns die Meditation Freude bereitet.

Konstruktive Imagination ist eine gute Betätigung des Verstandes. Zusammen mit der Visualisation steigert sie unsere Aufmerksamkeit und unsere Abenteuerlust in einer Weise, dass unser Gesicht zu leuchten beginnt, unser Körper leichter und unser Geist fröhlicher sein werden, wenn wir unsere Alltagspflichten wieder aufnehmen.

Wir können für unsere Meditation ein bestimmtes Motto wählen, wie: *Tritt in den Strom, und du wirst ganz werden.* Stellen wir uns einen elektrischen Strahl vor, der intensiv weiß funkelt. Wir sehen, wie er zunächst nur uns bedeckt und dann den ganzen Raum einnimmt. Wir stellen uns vor, wir treten in ihn hinein, alle unsere Körper werden erneuert und die Atome aufgeladen. Unsere Gedanken konzentrieren sich ehrfurchtsvoll auf Gott. Diese Art geistiger Vorstellung ist das Geheimnis einer wirkungsvollen Meditation.

Kontemplation

Der Unterschied zwischen Meditation und Kontemplation besteht darin, dass die Meditation klar umrissene, eindeutig mentale und geistige Zielvorstellungen enthält. Die Kontemplation verfolgt ihre eigenen Ideale und Verwirklichungen in einer ungeplanten, schöpferischen Weise. Wir können jederzeit meditieren oder beten, aber Kontemplation ist etwas, das in uns geschieht, wenn wir uns in tiefe Andacht versenken.

Die Kontemplation findet auf einer sehr hohen Bewusstseinsstufe statt, in der die Vision der Seele den Verstand beschäftigt. Es ist die Anbetung Gottes. Dann folgen Offenbarung und geistige Inspiration. Unsere Gedanken werden von der innewohnenden Gottesquelle gespeist. Den Zustand echter Kontemplation erreichen wir höchst selten. Nur wenn die Persönlichkeitsebene tiefgreifend geläutert und eine sehr hohe Inspirationsstufe erreicht wurde, kann diese Erfahrung eintreten.

Der Kontemplation geht immer eine tiefe Meditation voraus. Sie strömt ganz natürlich in uns ein, und wir finden uns unvermittelt in einer freieren und kreativeren Bewusstseinsbahn wieder. Anstatt innezuhalten, um den Gegenstand der Betrachtung zu wählen, nehmen geistige Gedanken, einer nach dem anderen, unsere Aufmerksamkeit gefangen, bis wir vollkommen versunken sind in der Aufnahme lebendiger Kerngedanken. Wie spüren die tiefe Bedeutung der in unser Bewusstsein eindringenden Eindrücke.

Wenn wir gelernt haben, durch Konzentration und die Vergeistigung unserer Motivation, durch die Hinwendung zur Ewigkeit und durch Meditation, klare, eindeutige Mentalbilder zu schaffen, erreichen wir manchmal eine innere Tiefe, die mit dem Allerhöchsten in Verbindung steht. Wir denken nicht mehr, sondern empfangen in uns einströmende Eindrücke. Diese tiefste Form der Meditation gleicht der automatischen Schaltung eines Autos. In der Kontemplation gleiten wir auf eine höhere Ebene. Wir verlieren uns selbst in der Freude der Gottesbewusstheit.

Die Kontemplation öffnet uns für Ströme und Reservoirs voller reiner, archetypischer Gedankenformen. Als Moses sich in einem solchen Zustand befand, vernahm er die Göttliche Stimme, die ihm sagte: „Ich werde meine Güte vor dir herschreiten lassen."

In der Kontemplation werden neue Ideale, Angewohnheiten und Entschlüsse geboren. Sie gewährt uns Einblicke, Offenbarungen, Prophezeiungen und Unterweisungen, auf die wir uns verlassen können. Der hohe Bewusstseinzustand offenbart uns das Mögliche und Erwünschte. Die Meditation übernimmt dann die Aufgabe, diese Ziele zu verwirklichen.

Wenn wir die höheren Verstandesebenen oder Seelenbereiche erklommen haben, beginnt die Kontemplation. Wir treten in Berührung mit der Erhabenheit des Heiligen und der Erkenntnis erhabener Wesen, Kräfte und Intelligenzen. In dieser heiligen Atmosphäre werden die Werte der inneren Schulung, Selbstaufgabe und Charakterentwicklung belebt. Der Sinn der Kontemplation liegt darin, unsere Inkarnation aus höheren Bewusstseinsebenen zu sehen, auf denen alles offen, objektiv und idealistisch betrachtet wird. Die *Vision* wirkt unterstützend.

Die Kontemplation findet im Reich unserer höheren Natur statt und steht mit den Kräften unserer Zukunft in Verbindung. Sie zeigt, wie das Leben sein könnte, wenn wir diese höhere innere Ebene mit der objektiven Planung der Meditation verknüpfen. Da die Erfahrung in uns liegt, müssen wir auf den Gedankenstrom, der unsere höheren Mentalfähigkeiten durchströmt, achten und empfänglich für ihn sein.

Während wir in der Küche arbeiten, erhebender Musik lauschen oder ein Buch lesen, mag uns plötzlich ein kontemplativer Zustand erfassen. Wir werden von einem erhabenen Gedanken, der mit unserer augenblicklichen Tätigkeit in keinem unmittelbaren Zusammenhang steht, beseelt. Dieser wunderbare Gedanke erhebt uns auf eine höhere Oktave, als es unser übliches Denken zulässt. Bei der Kontemplation liegt der Bewusstseinsbrennpunkt entweder in den höheren Mentalbereichen oder auf der Seelenebene. Wir sehen Bilder und denken in Form von Idealen, die uns stärken.

Die Imagination scheint während der anfänglichen Kontemplationserfahrung eine Rolle zu spielen. Echte Ideale existieren jenseits unseres üblichen konkreten Denkens, das durch die Kontemplation belebt wird. Tatsächliche Zustände, die wir noch nicht bewusst kennen, erscheinen uns als Ideale, die durch Imagination in uns geweckt werden. In der richtigen Weise genutzt, führen sie uns in höhere Stadien der Suche. Wird die Imagination bewusst und konstruktiv eingesetzt, vermag sie den Verstand in hohe Bewusstseinsbereiche zu erheben.

Stille, Meditation, Kontemplation und Gebet lassen uns in der Welt Gottes heimisch werden und verschmelzen harmonisch miteinander. Vergleichbar mit einem Maler, der ein Bild malt, tauchen wir unseren Pinsel in eine neue Farbe und fügen seinen Ton der Gesamtwirkung bei, die wir zu erschaffen versuchen.

Rückbesinnung

Wenn wir uns bewusst auf unsere Meditationsarbeit zurückbesinnen, wird jene herrliche Seelenkraft unsere gesamte Individualität erneut durchdringen. Das positive Ergebnis, das wir in der Morgenmeditation erarbeitet haben, kehrt zurück und hebt uns auf jene Ebene, die wir erreicht haben.

Es gibt viele Möglichkeiten geistiger Erneuerung. Wir müssen vor allen Dingen unsere Einstellung, unser Bewusstsein und unser Verhalten auf eine vertrauensvolle Rückbesinnung einstellen, damit wir stets auf die Energie als geistige Gabe zurückgreifen können. Fühlen wir uns müde, lassen wir die vor uns liegende Arbeit einen Moment lang ruhen, um uns auf jene höchste Quelle in uns einzuschwingen. Die innewohnende Göttliche Gegenwart kennt das Reservoir der Erneuerung, und auf geistigen Befehl hin öffnet sich unser siebenfältiges Sein für die Belebung der stets verfügbaren Energie.

Mit jeder gezielten Rückbesinnung tauchen wir in den dynamischen Strom der Erneuerung ein, und mit zunehmend sich vertiefender Aufrichtigkeit wächst diese Fähigkeit.

Den Kern unserer Rückbesinnungen sollte der Wunsch bilden, den Willen der Hierarchie zu kennen und diesen Willen auszuführen.

Wir streben einen in der Quelle ewiger geistiger Erneuerung ruhenden Geist an. Aus diesem Grund müssen wir zu verschiedenen Tageszeiten unseren Geist klären, indem wir uns sprühende, reinigende, salbende Ströme des Gotteslichtes vorstellen, die unseren Körper, unsere Aura und unsere Emanationen in diesem Moment entschlossenen Innehaltens erfüllen. Die vorliegende Arbeit wieder aufnehmend, sehen wir eine Welt vor uns, in der dauerhafter Friede und Brüderlichkeit herrschen und die Menschen sich aufnahmebereit für die geistigen Erneuerungskräfte und die höchste Wahrheit öffnen.

Es ist wesentlich, bei jeder Rückbesinnung einen Eifer und Enthusiasmus für Gott zu entwickeln, wenn wir in diesen Augenblicken ehrfurchtsvoll das Feld des Bekannten und Unbekannten berühren. Wir werden Wundern, Kräften, Welten, Wesen und der Wahrheit gegenübertreten, die einen starken läuternden und belehrenden Einfluss auf uns ausüben.

10.

Gebet

Seit undenklichen Zeiten hat die Menschheit der Kunst des Betens ehrfürchtige Aufmerksamkeit entgegengebracht. Selbst primitive Menschen erkannten, dass ihnen durch das Gebet göttliche Hilfe zuteil wurde. Befinden wir uns in Schwierigkeiten, wenden wir uns meistens zuerst an Gott und bitten um Hilfe. Ob uns Not, Dankbarkeit oder Prüfungssituationen bewegen, in jedem Fall wird die Gegenwart Gottes gewünscht. Es gibt keinen höheren Weg, einem anderen Menschen zu helfen, als für ihn zu beten und die Gebete direkt an Gott, den Absoluten Geist, zu richten. Das Gebet wirkt für uns und durch uns für andere. Es ist ein äußerst wirkungsvoller Weg des Dienens. Wenn wir das unvollendete Werk Christi auf uns nehmen, erkennen wir, dass jeder von uns einen kleinen Teil dazu beitragen kann, um die Welt zu verbessern – und dieser Teil liegt in uns.

Vertrauen wir unser Leben Gott an, sehen wir alles in einem neuen Licht. Auch wenn unser Glaube an die Gottheit fest in unserem Leben verankert ist, bedarf unsere Andacht der Nahrung. Ein fortwährendes geistiges Bemühen führt zu einem vertrauenswürdigen und verlässlichen Charakter.

Jeder ernsthafte Christ verfolgt drei Ziele – Bewusstseinserweiterung, geistige Entwicklung und Dienst am Nächsten. Die höchsten Formen geistiger Verbindung, die es uns ermöglichen, diese Ziele zu erreichen, bieten Meditation und Gebet.

In den spirituelle Lehren und in der Psychologie heißt es, dass wir uns in jedem Augenblick unserer Existenz entweder vorwärts bewegen oder rückläufig entwickeln. Bewegen wir uns aufwärts und vorwärts, sind unsere Verhaltensweise und Gewohnheiten formbar. Wir sind eifrig bemüht, kreativ und voller Vertrauen. Die Gegenwart Gottes wird zugelassen, verehrt und in unseren Gedanken, bei der Formung unseres Charakters, unserer Angewohnheiten, in Gesprächen und in unserem Empfinden für andere Menschen und Ereignisse mit einbezogen. Wo Gott Einlass findet, gibt es Wachstum.

Es stehen uns dreihundertfünfundsechzig Tage im Jahr zur Verfügung, um Harmonie und Hingabe zu leben oder Veränderungen vorzunehmen. Es liegt an uns, durch Meditation und Gebet die Tür zu Gott offen zu halten. Jeden Tag gemeinsam mit Gott zu gehen und zu beten, fördert unsere geistige Entwicklung. Wir werden die Auswirkungen eines vertrauensvollen und freudigen Gebetes bald bemerken.

Ohne unsere Tätigkeiten mit einem Gebet zu beginnen und uns führen zu lassen, ist unsere Arbeit nicht gesegnet. Jeder Aspekt unserer täglichen Arbeit bedarf einer bewussten geistigen Entschlossenheit. Wenn wir dem Tag mit Hingabe begegnen, wird Segen auf unserem Heim und unserer Arbeit ruhen. Wir sollten in dem Bewusstsein beten, dass uns göttliche Wesen beobachten und aufmerksam zuhören, was wir zu sagen haben, und uns, während wir unser Gebet sprechen, emporzuheben vermögen.

Die Anbetung Gottes ist vorrangig. Sie berührt und verbindet in geheimnisvoller Weise jene alchemistischen Elemente, die heilend, stärkend und erneuernd wirken. Wenn wir aufrichtig beten, erheben wir uns in Bereiche, die unseren weniger geweihten Momenten versagt bleiben.

Wir betrachten das Gebet als die segensreichste Zeit heiliger Zwiesprache mit der Ewigen Gottheit. Wir sollten kreativ sein, unsere Aufmerksamkeit auf das eine Ziel konzentrieren und immer wieder neue Gedanken entwickeln. Wir stehen vor der Gottheit und sprechen nur mit Ihr. Unsere Bemühungen führen uns immer näher zu Gott – und Staunen erfüllt uns. Das Gebet muss dem tiefsten Inneren unseres Herzens entströmen.

Durch das Gebet bringen wir unseren Glauben an seine Vollkommenheit zum Ausdruck und dass er uns die Kraft und die Weisheit schenken wird, das Erforderliche zu erreichen. Je mehr wir beten, desto überzeugter werden wir, dass unsere Hilfsquellen unerschöpflich sind und es an uns liegt, bescheiden zu bitten, damit unser Becher entsprechend gefüllt werde.

Gebet und Meditation ergänzen sich gegenseitig. Wäre uns bewusst, welche Bedeutung die Vorbereitung auf das Gebet besitzt, ließen wir uns mehr Zeit für die Meditation. Sie ist die beste Vorbereitung auf das Gebet, und das Gebet ist die unmittelbare Zwiesprache mit der Quelle. Diese geistige Haltung steigert unsere Empfänglichkeit in einer Weise, dass sich uns der Gedanke Gottes einprägt.

Bei jedem aufrichtigen Gebet erreichen uns die Schwingungen Seines Geistes. Wir spüren einen erneuernden, belebenden und läuternden Strom aus anderen Sphären in uns einfließen, und ein starker Segen umhüllt und durchdringt uns. Es bedarf keiner wortreichen Gebete. Wir sollten das, was wir zu sagen haben, knapp formulieren. Dann bleibt unser Bewusstsein für den Gedanken und die Weisung Gottes offen, um sich unserem Verstand einzuprägen. Aufrichtigkeit, Liebe und Verehrung, mit denen wir der Gottheit gegenübertreten und sie in jedem Augenblick des Tages preisen, sind die wesentlichsten Elemente.

Das Gebet verbindet uns mit den Lebensströmen Gottes. Kein anderer Weg kann uns so würdig und vorbereitet auf diese Wellenlänge einstimmen. Es befreit von innerer Leere und Disharmonie und gibt der Aufnahme geistiger Gaben Raum.

Gebet bedeutet die unmittelbare Zwiesprache mit der Gottheit, der wir uns im Geiste der Erwartung, Aufrichtigkeit und in tiefem Vertrauen nähern. Wurde unser Gebet beantwortet, besonders wenn es sich um eine wichtige oder schwierige Angelegenheit handelt, sollten wir tiefe Dankbarkeit empfinden. Aus dieser Dankbarkeit und Freude heraus bitten wir Gott um Hilfe für jemanden, der sich in einer ähnlich schwierigen Situation befindet.

Das größte Geschenk, das wir uns gegenseitig machen können, ist das Gebet, das uns und denjenigen, für den gebetet wurde, segnet. Es bedeutet, unmittelbaren Zugang zu Gott zu finden. Jeder, der an Gott glaubt, betet. Aber derjenige, der eine andere Person wahrhaftig beschenkt, ist jemand, der überlegt und sorgfältig zu beten versteht. Jedes Gebet, das wir aussprechen, sollte so beschaffen sein, dass es unsere Tiefen und Höhen auslotet, uns entfaltet und den anderen die Antwort übermittelt.

Gebet ist kein Ritual. Es gleicht dem Anwerfen einer Lichtmaschine. Gebet ist keine Angewohnheit, sondern Gemeinschaft, keine Pflicht, sondern eine Ehre.

Warum wir beten

Das Wichtigste auf dieser Welt ist die Erkenntnis, dass Gott zuerst kommt; beim Aufwachen am Morgen, bei den Mahlzeiten und in freudigen oder kritischen Situationen. Gleichgültig, was uns begegnet, es ist wesentlich, immer zuerst an Gott zu denken. Von Gott kommt die Macht und die Herrlichkeit als Segens-Strom aus der Ewigen Quelle.

Aufgrund unserer Unvollkommenheit entspringt einer der Hauptgründe des Gebetes unserer großen geistigen Not. Wir sind Geschöpfe Gottes, aber noch unvollendet, damit wir durch unser geistiges Wachstum und Werden zu unserer Vollkommenheit beitragen. Wir benötigen Gott. Wir sind uns einer höheren Macht bewusst, die unsere Verzweiflung und Not versteht. Gott kennt bereits unsere Bedürfnisse, aber damit sich der Kreis schließt, müssen wir Gott die Einzelheiten im Gebet vortragen und ihn um seinen Segen und seine Antwort bitten.

Das Gebet bietet eine Möglichkeit, auf geistiger Ebene eine Antwort zu erhalten, aber wir sind uns der zahlreichen Lebensaspekte nicht bewusst, die dem Gebet anvertraut werden sollten. Tief in unserem Herzen müssen wir um die Erkenntnis bitten, unsere Lebensprinzipien kreativ anzuwenden. Wir sollten täglich um inneres Wachstum und um die Vergeistigung unserer Natur auf allen Ebenen beten. Wir sollten um die Fähigkeit bitten, Christus sinnvoller zu dienen und Gott für jede Gelegenheit zu danken. Wir sollten für einen spirituellen Aufbruch beten, um die Erde zu segnen, beginnend mit der Gruppe, der wir dienen. Wir müssen jeden Tag die Menschheit, die Geschöpfe und die ganze Natur segnen.

Das Gebet befähigt uns, einer Not mit tiefem Vertrauen zu begegnen. Wir denken an die Herausforderung eines schlechten Gesundheitszustandes oder an den Tod eines geliebten Menschen, der uns so lange mit tiefer Trauer erfüllt, bis wir im Gebet unsere Gefühle und unser Leben über diese Prüfungsebene hinaus zu Christus erheben.

Im Allgemeinen beten die Menschen, wenn sie sich in einer kritischen Phase befinden oder ihr Herz schwer ist. Sie denken dann in ihrem Gebet mehr an ihre Probleme als an Gott. Sie hoffen, auf diese Weise von ihren Bürden befreit zu werden, aber sie transzendieren die Probleme nicht. Ihr aufrichtiges Gebet erleichtert zwar die Bürde vorübergehend, doch wenn sie vollkommen in diesem Gebet aufgehen, sind sie sich Gott bewusster als ihrer Nöte. Sie erachten es als wichtiger, sich an die Lebendige Wesenheit zu wenden und Zwiesprache mit ihr zu halten, als den Dingen Bedeutung beizumessen, die sie Gott darbieten können.

Der wahrhaft Betende steht mit leuchtender Seele und in völliger Selbstvergessenheit vor Gott und öffnet sich stärker für Ihn und das, was in den inneren Bewusstseinsbereichen geschieht, als über seine Probleme nachzudenken. Ist das Gebet beendet, gibt es keine Probleme mehr. Sie wurden bereits emporgehoben. Er weiß, dass jemand sich ihrer angenommen hat. In tiefem Vertrauen erwarten wir die Antwort, die unser ganzes Wesen segnet und emporhebt. Wir vermögen die höheren Bewusstseinsebenen zu berühren und uns in jedem Augenblick der Erfahrung an diese Kraft zu erinnern.

Wenn wir einander zu schätzen wissen und die Erkenntnis haben, können wir vieles im Gebet bewirken. Wir sind nicht berechtigt, für eine andere Person zu beten, wenn sie es nicht wünscht. Doch haben wir die Erlaubnis, treffen die Gedankenwellen des Gebetes auf die Person und lösen die Starre, die sie oder das Problem gefangenhält. Es ist ein unendlich weites Feld, und wir dürfen es als Segen und Privileg betrachten, an unsere Lieben oder einen Unbekannten zu denken und Gott auf sie aufmerksam machen zu dürfen. Wenn man unser Gebet wünscht, müssen wir diese Person so lange begleiten, bis wir dieser Aufgabe entbunden werden.

Jemand, der für alles und jeden betet, erfreut sich einer fortwährenden Neubelebung des Geistes, denn diese Kommunikationsbrücke bringt Gott näher. Wenn wir gebetet haben, sollten wir einfühlsamer und reiner sein, und unser Verstand müsste rascher arbeiten. Diese Bewusstseinserhebung wirkt auf unseren Geist erfrischend und beglückend.

Wir sollten auf die Eindrücke achten, die wir am Ende des Gebetes von der Gottesgegenwart empfangen, damit wir wissen, dass wir gehört und angenommen wurden und uns die heilige, alles verstehende Wesenheit Gottes segnet und stärkt. Beruhigt und sicher wenden wir uns wieder unseren äußeren Pflichten zu, bereit, die Probleme des neuen Tages anzugehen.

Selbst das einfachste Tischgebet vor der Mahlzeit erhebt die Sinne und den Geist. Es erhöht nicht nur die Schwingungen der Nahrung, sondern bereitet uns innerlich und äußerlich darauf vor, diese erhöhten Frequenzen aufzunehmen. Das Tischgebet ist eine andere Form des Dankgebetes und stimmt uns auf die geistige Nahrung ein. Ebenso wie die anderen Gebete, bewirkt es ein rhythmisches Einfließen geistiger Energien. Ein wirkungsvolles Tischgebet sollte die Segnung des Lichtes, das uns unsere Nahrung schenkt, ebenso enthalten wie die vertrauensvolle Bitte, dass alle Hungernden dieser Welt ebenfalls gespeist werden mögen.

Ein anderer Grund für unser Gebet ist die Anbetung Gottes. Es gibt Augenblicke, in denen uns ungewöhnliche Umstände oder besondere Segnungen zum Schweigen veranlassen. Unser Geist wird klar, und unsere Hingabe lässt die Antworten einströmen. In solchen erleuchtenden Momenten möchte unser ganzes Sein Gott lobpreisen. Dies ist die höchste Form des Gebetes. Unser Bewusstsein verändert sich, und unsere höheren Fähigkeiten werden lebendig. Ein solcher Zustand erfüllt uns mit tiefer Dankbarkeit, inniger Liebe und dem Erkennen der Immanenz Gottes. Wir öffnen uns und werden empfänglich und durchlässig für das erhabene Göttliche Licht.

Es gibt Gebete der Anrufung, die uns beleben und uns mit Bereichen verbinden, deren Atmosphäre elektrisch vibriert und in denen mächtige Intelligenzen aktiv dem Leben dienen. Mit diesen Gebeten werden unsere Gedanken auf jene eingestimmt, die durch Gotteskraft die erforderliche Arbeit ausführen. Sie öffnen uns und unsere Umstände für die Gaben einzigartiger schöpferischer Ausdrucksformen.

Es gibt Gebete des Loslassens und des Verzichts, die uns auf den Willen Gottes einstimmen. Wir müssen die Angelegenheit loslassen und Gott übergeben. Mit der Wesenheit verbunden zu sein, umgibt uns mit schützendem Frieden. Es gibt unzählige Gebetsformen, aber unser Herz muss, je nach Bedarf, seine eigene Form wählen.

Bei einem Opfergebet verpflichtet man sich, täglich eine gewisse Zeit lang für bestimmte Weltnöte zu beten. Dabei könnte es sich um Welthunger, Frieden, Krankheit, Freiheit, Drogenmissbrauch, Geisteskrankheit, den Missbrauch von Tieren oder Kindern oder die Sicherheit von Reisenden handeln. Die Verpflichtung des Betenden bleibt während seines ganzen Lebens bestehen. Dieses Opfer kommt sowohl dem Betenden als auch der Sache, für die er betet, zugute. Wenn eine gläubige Seele diese Art von Gebet auf sich nimmt, zieht die gesamte Menschheit Nutzen daraus. Das Christuslicht wurzelt tief in einer solchen Person.

Diejenigen, die glauben, sie kämen ohne Gebet aus, leben bloß einen Teil ihres Potenzials. Nur die Persönlichkeit wird sichtbar. Sie führen den höheren Ebenen ihres Seins keine Nahrung zu, damit sie lebendig und aktiv bleiben. Um ihr höheres Selbst zu erreichen, müssen sie diese Fähigkeiten ausüben und die Atmosphäre des Ewigen in ihren bewussten Geist einfließen lassen. Wir können das Gebet niemals erschöpfen, denn seine Möglichkeiten sind unbegrenzt. Es ist so umfassend wie das Thema des unendlich Guten selbst. Gott ist das Reservoir, die Fülle und die Kraft. Die Gebetsarbeit verlangt, dass wir unser vertikales Denken erweitern, damit unsere Einstimmung als Brücke zwischen dem Göttlichen und uns selbst dient. Dann werden Verbindungswege aus unserem Herzen in die Welt entsandt.

Einige Leute glauben, unsere kleinen Nöte seien für unseren Schöpfer, den allmächtigen und allwissenden Gott, unwichtig. Doch Christus, unser Wegweiser, der uns weit voraus ist, wies uns an, die scheinbar kleinen Sorgen dem Ewigen vorzutragen. Jesus kannte die Verzückung in der Einheit mit Gott, die alle Hürden überwindet. Er erkannte den Geist unendlicher Barmherzigkeit, Liebe und Güte hinter der Allmacht des Allmächtigen. Die Gotteserkenntnis verlieh ihm seine unbezwingbare Tapferkeit, sein unerschütterliches Vertrauen und seine Stärke.

Die Bibel lehrt uns, ohne Unterlass zu beten und für alles zu danken. Andachtsvolle Gedanken heben ein Gespräch, Ereignis, Hindernis oder eine Situation zur Höchsten Quelle empor.

Gott ist sich Seiner Schöpfung und allem, was darin geschieht, in jedem Augenblick bewusst. Er kennt jede Situation, die wir durchleben, und vermag uns in jeder Lage die erforderliche Kraft zu geben, um diese zu meistern. Das Gebet öffnet die Tore. Je stärker unsere Hingebung an Gott, desto größer die Freude und Entschlossenheit und desto wunderbarer die sich ergebenden Umstände. Wir sollten eine Antwort auf unser Gebet erwarten. Wenn wir keine Antwort wünschen, warum beten wir dann? Gott segnet uns nicht mit Erfüllungen, an denen wir nicht interessiert sind. Es ist dieses Element der Erwartung, das jemanden, der wahrhaft zu beten versteht, transformiert, sobald er mit Gott in Verbindung tritt.

Ein aufrichtiges Gebet führt uns nur bis zu einem bestimmten Punkt.

Dann beginnt eine neue Phase, die Vereinigung mit der transzendenten Wirklichkeit Gottes in der heiligen Anbetung. Dieser erfüllendste aller Bewusstseinszustände währt nur einen Moment lang. Wir können ihn nicht beschreiben, wissen aber, dass zwischen dem niederen Quadrat von Verstand, Emotionen, Energien und Körper und der heiligen Triade der uns innewohnenden Gotteskräfte eine Brücke geschlagen wurde. Eine Sekunde lang sind wir uns einer vollkommenen Einheit mit der hinter dem Universum stehenden Macht bewusst. Vielleicht liegt in der Berührung dieser göttlichen Wirklichkeit die tiefste und wertvollste Gebetserfahrung.

Wie wir beten

Das Gebet gehört zu unseren wunderbarsten Privilegien. Wir wollen Gott danken, ihn bitten oder tiefer erfassen. Wir beten selten mit der nötigen Klarheit. Nur wenige wissen um die Bedeutung des Gebetes oder schätzen die Möglichkeit, die es ihnen bietet. Da wir unsere Entwicklung beschleunigen wollen, müssen wir das Beten ebenso beherrschen wie unser gesamtes Leben.

Wenn es unsere Aufmerksamkeit nicht vollkommen in Anspruch nimmt, bleibt das Gebet erfolglos. Wir müssen es in der richtigen Verfassung, Einstimmung und Bewusstseinstiefe sprechen. Dann bringen wir als Erstes unsere Anteilnahme zum Ausdruck. Es folgen geistige Vorstellung, Sorgfalt und Vertrauen. Diese ineinander übergreifenden Elemente ergeben ein gutes Gebet.

Beginnen wir unsere innere Arbeit mit dem Gebet, hat sich unsere Hauptbemühung erfüllt und die Neigung zur Meditation mag schwinden. Aus diesem Grund sollten wir unsere stille Zeit mit einem Gebet ausklingen lassen, da es unserer Andacht zum Abschluss eine reine Note verleiht. Zahlreiche kurze Gebete im Laufe des Tages sind wirkungsvoller als ein einziges langes Gebet, und selbstständige Gebete sind wirkungsvoller als auswendig gelernte.

Wir bereiten uns auf einen lebendigen und kreativen Wortlaut vor, indem wir zuerst in die Stille gehen und in unserer Mitte ruhen. Wir beschwichtigen unsere verwirrten und erregten Gefühle und betreten ehrfürchtig, erwartungsvoll und erfreut das Reich der Stille. Wir reinigen unseren Verstand von jeglicher Negativität, indem wir ihn der Obhut des

Göttlichen Geistes anvertrauen. Die in diesem eingestimmten Zustand aktiven Energien beruhigen, harmonisieren und läutern uns.

Alles, was gut werden soll, bedarf der Vorbereitung. Aus diesem Grund verwenden wir mehr Zeit auf die Vorbereitung als auf das Gebet selbst. Die Vorbereitung wird uns Halt geben und die Wachsamkeit und Fähigkeit verleihen, das Gebet im richtigen Moment auszusprechen. Die einzelnen Bewusstseinsstufen dieses Vorgangs zu benennen, wäre zu einfach, sie zu erfahren, wirkt belebend und erneuernd.

Im ersten Gebetsschritt bereiten wir unseren Geist auf die Zwiesprache mit Gott vor. Wir denken an die Gründe für unser Gebet, fassen innerlich zusammen, was wir vorbringen und zu wem wir sprechen wollen. Dies klärt unsere Aura und betont die Bedeutung. Dann stimmen wir uns auf die Wesenheit ein und wissen, dass Gott uns Gehör schenkt. Gott ist allgegenwärtig. Es ist nicht nötig, unser Gebet anzukündigen. Wir sind diejenigen, die zu Gott vordringen möchten. Vielleicht denken wir an die Gottesenergie, die durch das Universum strahlt und uns berührt.

Ehe wir korrekt zu beten vermögen, müssen wir zuerst unsere Aufmerksamkeit und Wachsamkeit schulen und lernen, in der strahlenden Gegenwart des Allerhöchsten aufzugehen. Gott erfüllt und stärkt uns, wenn wir still und ehrfürchtig verharren. Wir werden unseren Schöpfer nicht durch unseren Intellekt, sondern durch unsere Intuition besser kennenlernen. Die Anwesenheit Gottes wird dann greifbarer und lebendiger. Auf unserer höchsten Erkenntnisstufe dieser Zwiesprache mit Gott erleben wir nur einen winzigen Bruchteil der Einweihungserfahrung. Je höher wir uns gedanklich erheben, desto offener werden wir für Gott.

Ein wirkungsvolles, lebendiges Gebet muss dynamisch sein und bedarf nur weniger Worte. Wird unser Gebet zu lang, gleiten wir in einen meditativen Zustand. Der wichtigste Teil des Gebetes besteht darin, dass wir erkennen, an wen wir uns wenden. Was fühlen wir? Was tritt uns gegenüber? Wenn wir die Namen Gottes in der richtigen Weise aussprechen, sollte etwas mit uns geschehen. Es sollten sich eine Tür oder ein Fenster öffnen und uns die Möglichkeit bieten, unser Bewusstsein für die Unendlichkeit Gottes zu vertiefen.

Sprechen wir den Namen Christi richtig aus, wird eine Verbindung hergestellt, und wir befinden uns auf einer anderen Bewusstseinsebene. Wir tragen eine heilige Verpflichtung und Verantwortung, wenn wir

Ihn namentlich nennen. Wir sollten unsere Arbeit möglichst selbstständig verrichten. Sehen wir uns jedoch einer Krise gegenüber und wissen nicht, wie wir uns geistig verhalten sollen, übertragen wir die Bürde jener weisen und allwissenden Unendlichen Intelligenz, indem wir in Demut und Dankbarkeit um Hilfe bitten. Nur Gott besitzt die Macht zu heilen, zu erlösen, zu transformieren, zu segnen und zu erleuchten, doch unser Beitrag bereitet uns auf den Empfang der Antwort vor. Diese ist zeitlich auf unsere Vorbereitung und unseren Verdienst abgestimmt.

Es ist wichtig, die richtigen Worte zu wählen, nicht für Gott, der in unserem Herzen liest, sondern für uns selbst. Wir müssen herausfinden, welche Worte die Tore öffnen, die uns in die unmittelbare Anwesenheit Gottes führen. Nachdem wir sie eine Weile benutzt haben, sollten wir unseren Wortschatz erweitern und für neue Frische und Kraft sorgen. Wir müssen lernen, unser Gebet möglichst direkt, ehrlich und einfach vorzutragen.

Es ist wichtig, sich selbst zu vergessen, damit das Gotteslicht unsere ganze Aufmerksamkeit gefangennimmt. Wir wollen uns auf die grenzenlose Göttliche Wesenheit konzentrieren, zu Ihr sprechen und unsere Liebe und Ehrfurcht, unser Vertrauen, unsere Gefühle und jedes einzelne Wort an Sie richten. Drücken unsere Körperhaltung und Sprechweise Ehrfurcht aus, besitzen unsere Worte Kraft. Das Gebet übergibt uns dem Licht. Wir müssen erkennen, dass Gott uns aufnimmt, segnet, läutert und erneuert. In stillem Vertrauen erheben wir unsere Gebete dem Licht entgegen, wo sie am besten gehegt werden und Einfluss auf sie genommen werden kann.

Das Gebet soll kurz, ernsthaft und ehrfurchtsvoll sein. Senken wir es in den vorbereiteten fruchtbaren Boden eines mit Gott vereinten Bewusstseins, säen wir unseren Samen aus. Wir dürfen erwarten, was wir verdienen. Mit dieser positiven Erwartungshaltung wässern, jäten und pflegen wir den Gebetssamen. Das Vertrauen muss den durch das Gebet erzeugten Impuls aufrechterhalten.

Erwartung, Vertrauen, Liebe, Freude und Selbstlosigkeit sowie der innige Wunsch, anderen zu helfen, sollten das Gebet kennzeichnen. Dann lassen wir los. Sind wir immer noch besorgt, haben wir den Archetyp nicht freigegeben und vertrauensvoll, geduldig und mit innerer Freude der höheren Obhut anvertraut, in der Gewissheit, dass Gott uns in wundersamer Weise antworten wird.

Die geistige Arbeit erfordert eine gute Visualisations- oder Imaginationsfähigkeit. Wir achten nicht nur auf eine ehrfurchtsvolle Wortwahl, sondern stellen uns jedes Wort bildhaft vor. Beten wir zu Christus, sollten wir uns in diesem Augenblick sein Aussehen vor Augen führen, seinen Gesichtsausdruck, seine Haare, sein Gewand und seine strahlende, farbenprächtige Aura.

Einer der geistigen Grundsätze besagt, sein Gebet niemals mit einer Bitte für sich selbst zu beginnen. Die Weltnöte stehen an erster Stelle. Dann engen wir den Kreis ein und beten für die Gemeinschaft, unsere Lieben und für Personen, deren Namen uns genannt wurden, um für sie zu beten. Unsere persönlichen Bedürfnisse tragen wir zuletzt vor und bitten, dass jeder Mensch in der Welt, der sich in einer ähnlichen Lage befindet, ebenfalls Seine Antwort erhalten möge.

Das umfassende Gebet, das der gesamten Menschheit dient, sollte den größten Teil unserer Gebetszeit in Anspruch nehmen. Wir beten möglichst detailliert und denken an die dringende Notwendigkeit, Krankheit, Armut, Materialismus, Intoleranz und Übel zu besiegen. Unsere tiefe Sorge und spirituelle Liebe geben uns das Recht, die Macht der Gotteskraft zu kanalisieren und befähigen uns, sie in das Bewusstsein einfließen zu lassen. Wir können zum Frieden, Glück und Fortschritt der Welt beitragen, wenn wir gelernt haben, wirkungsvoll zu beten.

Wir beten, dass auf der Ebene von Politik und Bildung alles richtig gestellt werden möge. Es ist wichtig, jeden Tag um die geistige Erneuerung der Menschheit zu bitten. Bestimmte Intelligenzen nehmen sich der einzelnen Notlagen und Probleme an, die wir im Gebet vortragen. Sie werden nicht eher ruhen, als bis etwas geschehen ist. Wir danken für diese innere Arbeit, und unser Vertrauen wird die anfänglichen Kräfte, die diese Wiedergeburt bewirken, vermehren.

Wenn wir die Gebetsprinzipien verstehen, wissen wir, dass die vier Elemente *Anteilnahme, geistige Vorstellung, Sorgfalt* und *Vertrauen* dazu beitragen, die göttlichen Kräfte zu erden, wenn wir sie täglich in unser Bittgebet einfließen lassen. Wir wirken als Batterie oder Erdungskabel. Wir sind es nicht, die heilen – niemals. Es ist das Werk Gottes. Er hat uns erschaffen, und Er allein vermag zu heilen. Doch auf unserem Weg zur Meisterschaft lehrt man uns, wie wir vorgehen, was wir bei der Heilung bewirken sollen und was Gott für den Einzelnen wünscht.

Nachdem wir unser Bittgebet vorgetragen haben, folgt der zweite

Schritt, der Prozess des Loslassens. Diese Stufe wird am häufigsten versäumt. Während wir warten, erinnern wir uns an das, was geschehen ist und an die Wesen und Kräfte, die wir mit unserem Gebet aktiviert haben. Es bedarf eines gewissen Grades an Geduld und Ruhe sowie einer positiven Haltung unsererseits.

Der wichtigste Augenblick des Gebetes ist der, in dem wir unsere dringende Bitte zum ersten Mal in die Obhut der Höchsten Wesenheit legen. Danach rufen wir uns täglich ins Gedächtnis, dass sich diese Samen oder Gebete entfalten mögen. Wir sehen innerlich das Licht daran arbeiten und wie sich die Antwort Gottes zu manifestieren beginnt.

Nach dem eigentlichen Gebet können wir sprechen: *Gott, dieses Gebet liegt in Deiner Obhut. In Liebe und Vertrauen zu Dir sind wir zuversichtlich, dass die Person durch ihr Wachstum Deine herabsteigenden, transformierenden Kräfte verdienen wird.* Wir halten einen Augenblick lang inne und sprechen den Namen der Person aus, für die wir beten, und fahren fort: *Gott ist in dir gegenwärtig. Die innewohnende Gottesgegenwart strahlt Kraft, Stärke und neues Leben auf dich und läutert jeden deiner Körper, jede Zelle und jede Fähigkeit.*

Ein wesentlicher Aspekt der Gebetsannäherung liegt in der richtigen Geisteshaltung. Sie sollte folgende Gedanken enthalten: Nur Gott allein besitzt die Weisheit, Macht und die Kenntnis, wie, wann und warum sich dieses Gebet zu Seiner Antwort entfalten wird. Mit dem Gebet selbst haben wir nichts zu tun, außer dass wir es zum Ausdruck bringen und Anteilnahme empfinden. Wir möchten helfen, und unser Mitgefühl verbindet uns mit jener Seele.

Wir müssen so inbrünstig beten, dass wir vollkommen in unserem Gebet aufgehen und sich unser Flehen und unsere Ungeduld in den richtigen Worten auflösen. Vergegenwärtigen wir uns die Wesenheit, der wir unser Gebet vortragen, zweifeln wir nicht an den Ergebnissen unserer Bemühungen. Ein überzeugt gesprochenes Gebet macht uns bewusst, dass in diesem Augenblick etwas geschieht, an dem wir teilhaben. Damit ist unsere eigentliche Aufgabe beendet. Unsere tägliche Arbeit besteht darin, die Gebetskraft zu erhöhen.

Nachdem wir ein Anliegen vorgetragen haben, stellen wir es uns im Geist vor. Baten wir um Gesundheit, sehen wir, wie wir sie deutlich zum Ausdruck bringen. Beteten wir um Erleuchtung, versuchen wir uns vorzustellen, wie es sein würde, wenn uns der leuchtende Strahl trifft, der alle Chakras in einem bestimmten Rhythmus drehen und das Lebendige Licht einfließen lässt.

Unsere Gebetsarbeit bringt die Verpflichtung mit sich, uns zu wandeln. Damit eine Heilung dauerhaft sein kann, müssen die Samen der Zerstörung eliminiert und neue potenzielle und segensreiche ausgesät werden. Wir tadeln uns nicht für unsere Fehler, die zu einer Krankheit, einem Verlust oder irgendeiner anderen Misslage führten und des Gebetes bedürfen. Statt dessen bemühen wir uns um eine neue Betrachtungs- oder Verhaltensweise, indem wir unser Bewusstsein heben und uns auf unsere höchsten Potenziale einstimmen. Wir wollen diese Veränderungen und damit unsere Heilung beschleunigen.

Unser anhaltendes Interesse an ihrer Verwirklichung stärkt die Archetypen unseres Gebetes und unserer Gedankenformen. Wenn wir einen Plan gedanklich klar ausarbeiten oder für jemanden beten, bilden unsere Gedanken einen Archetyp, welcher der Zielsetzung unserer Gedanken gleicht. Größe und Einzelheiten des Archetyps hängen von der Klarheit und Kraft unserer mentalen Visualisation ab. Dazu bedarf es mehr als eines einmaligen Gebetes. Wir müssen dem Gebet „geistige Vitamine" zuführen, um es am Leben zu erhalten. A steht für Bewusstheit (awareness); B für Segnungen (blessings); C für Weihe (consecration); D für Hingabe (devotion) und E für Enthusiasmus. Wir sollten herausfinden, was den sich verändernden Erfahrungen des Tages am besten dient.

Unser Vertrauen in Gott lässt die Dinge geschehen. Nach dem eigentlichen Gebet denken wir jeden Tag verantwortungsbewusst und segnend an die Personen, für die wir beteten, bis eine Antwort erfolgt. Was unsere eigenen Bedürfnisse betrifft, müssen wir bereit sein, die Manifestation dieses Gebetes in jedem Fall zu akzeptieren. Wie Christus sollten wir vor jedem Gebet sprechen: *Vater, ich danke dir, dass du mich anhörst und mir immer Gehör schenken wirst.* Er wusste, dass sich das Gebet in Gottes wundersamer Weise erfüllen würde.

Wenn wir beten, denken wir daran, dass die äußere Welt und unser Wissen begrenzt sein mögen, Gott aber grenzenlos ist. Wir entsenden unser Gebet in die Weite der Göttlichen Welt. Das Maß und die Mittel, mit denen die Gottheit es beantwortet, mag uns in Erstaunen versetzen. Mit der Zeit werden unsere Gebete zunehmend einfacher, und wir werden den dahinter liegenden Vorgang besser zu verstehen lernen.

Die Gebetsmöglichkeiten sind grenzenlos. Jeden Tag entdecken wir neue Wege, Aufgaben und Kräfte. Niemand wird jemals wissen, wo die zahlreichen Gebetsformen, die der Vervollständigung und Vervollkommnung der Menschheit dienen, an eine Grenze stoßen.

Die Macht des Gebetes

Meditation und Gebet erheben unser Bewusstsein in einem Maße, dass uns Kräfte durchdringen, die unserer weltlichen Aufmerksamkeit verborgen bleiben. In diesen Augenblicken werden die Kräfte der sich entfaltenden Meisterschaft belebt. Die Selbstlosigkeit und Anteilnahme unserer Gebete für andere stärken unseren Geist und bringen uns der Meisterschaft näher.

Wir haben Gott in der Meditation und im Gebet nicht berührt, wenn wir nicht erneuert daraus hervorgehen. Die bereitwillige Selbstverleugnung muss dem Gottes-Bewusstsein, der Verehrung sowie dem Respekt und der tiefen Seelenliebe für Gott entspringen. Wir wollen die Gottesbewusstheit leben, nicht nur an Gott glauben.

Wir glauben an die Macht des Gebetes, den Menschen mit der Liebe und Hilfe Gottes zu verbinden. Es gibt verschiedene Formen des Gebetes: Die Danksagung, die Bitte und das Gelöbnis. Diese Ausdrücke sind leblos, solange wir sie nicht mit der Farbigkeit und Vitalität aufrichtiger Gefühle durchdringen. Wir sollten die kreative Anregung der Gebetsfrequenzen während des Betens erkennen. Spüren wir wirklich den göttlichen Schutz, in dem das Gebet als Lichtenergie vor das Antlitz Gottes emporsteigt? Dort wird es gesegnet und so lange gehalten, bis die Antwort bereit ist. Wir müssen den Dingen zuversichtliche Erwartung entgegenbringen und täglich unser Vertrauen in Gott vertiefen.

Ziehen wir uns in unser inneres Heiligtum zurück, um Zwiesprache mit dem Allerhöchsten zu halten, strömen von allen Seiten Energien auf uns ein. Wir sind uns bewusst, dass die Allgegenwart Gottes uns beobachtet und uns Gedanken zuführt, die wir benötigen, um von dieser neuen Ebene aus, die wir aufgrund unserer Demut erreicht haben, wirken zu können. Wir erbitten die Erneuerung unserer Energien, um unsere Aufmerksamkeit zu erhöhen.

Jeder Gedanke, jedes Bemühen und Streben sollte vor Gott getragen werden. Wenn es uns auch nur für wenige Sekunden gelingt, still Seinem prüfenden Blick standzuhalten, wird Er alle Facetten unseres Daseins beleben. Der Göttliche Plan wirkt in einer Weise, die unsere Vorstellungskraft übersteigt. Dann werden wir trotz aller Anforderungen den inneren Frieden bewahren können.

Unser Gebet sollte von einem erhebenden Gefühl begleitet sein. Wir haben Gott unser tiefstes Vertrauen entgegengebracht, und gleichgültig wie schlicht das Gebet auch gewesen sein mag, es wurde dem Unendlichen anvertraut – der Allgegenwart Gottes, den Elohim, den Göttlichen Meistern und Logoi, den Hütern des Universums. Das einfachste Gebet ist ebenso bedeutungsvoll wie die innigste, vollkommen selbstlos dargebrachte Bitte, wenn es aus einem aufrichtigen Herzen kommt.

Unsere einfachen Gebete werden von den Engeln des Gebetes, die im Dienste Christi stehen, aufgenommen. Sie sind es, welche die Archetypen schaffen, die auf einen Heilungsvorgang, die Selbstverwirklichung, die Erleuchtung oder ein Anliegen weltlicher Natur einwirken. Doch im Laufe unseres geistigen Wachstums müssen wir diese Arbeit selbst übernehmen. Wir können unseren Kelch leeren, um als Gefäß für die Leben spendenden Wasser oder Energiefrequenzen Gottes zu dienen.

Wirkungsvolle Gebete erheben sich auf eine Ebene, auf der jene erhabenen Intelligenzen, die Engel des Gebetes, als Mittler das Gebet mit dem Betenden durch besondere Lichtfrequenzen verbinden, die den Samen und den richtigen Zeitpunkt der Beantwortung enthalten. Das Erbarmen dieser strahlenden Lichtwesen ermöglicht es, dass unzulängliche Gebete umformuliert und in die Anwesenheit Gottes entlassen werden. Die Engel des Gebetes tragen diese herrlichen Gedankenformen mittels eines Lichtstrahles in den Gebetsgarten auf der höheren Mentalebene. In diesem Gebetsgarten empfängt ein noch majestätischerer Engel die Archetypen einer Reihe anspruchsvoller Fälle und wacht über sie. Er fügt bestimmte Nährstoffe und Qualitäten hinzu, die für das Individuum in der physischen Welt vonnöten sind. Handelt es sich um einen besonderen Fall, der mehr Licht erfordert, wird er wissen, an wen er sich wenden muss. Ein Gebet, das sich auf eine karmische Situation bezieht, bedarf des Schutzengels, eines Engels des Gebetes und eines „Kindel-Erzengels", die gemeinsam an derselben Gedankenform arbeiten, um den genauen Zeitpunkt festzulegen, in dem das Individuum von den Beschränkungen der physischen Ebene erlöst werden wird.

Obwohl wir alle das Gebet an Gott richten, lenken wir es im Namen Christi zu Ihm. Mittels eines Netzwerkes beantwortet Gott die Nöte und Gebete der Menschheit. Dazu gehören die dem Gebet dienenden Engelscharen und die Meisterseelen, die von unserem Planeten aufgestiegen sind und in den inneren Welten weilen. Sie besitzen die Fähigkeit, die auf Gott gerichteten Gebete, die sie sehen können, zu segnen und zu beantworten.

Die Adepten beobachten jede erwachende Person mit großem Interesse. Je ernsthafter und begeisterter wir unsere innere Arbeit verrichten, desto heller leuchtet unsere Aura, bis sie einem Freudenfeuer gleicht. Es ist dieses Feuer echter Begeisterung, das die Aufmerksamkeit des Engelreiches und der „Älteren Brüder" anzieht, die in den höheren Reichen dienen.

Wenn wir innerlich sehen könnten, was in unserem Umfeld geschieht, wenn wir Zwiesprache mit dem Ewigen halten, wüssten wir, dass wir uns niemals außer Sichtweite von mindestens zwanzig unsichtbaren Intelligenzen befinden. Wir sind niemals allein, sondern immer im Blickfeld dieser heiligen Wesen.

Beten wir um Heilung, treten wir mit dem großen, universalen Reservoir der Heilungskräfte in Verbindung, das sofort alle Lichtqualitäten in unsere Aura und in die einzelnen Körper sendet, die aufgenommen werden. Wir begrenzen uns selbst, wenn wir unvollständig beten. Bitten wir um Heilung, verwandelt sich augenblicklich die gesamte uns umgebende Atmosphäre, und es fließt ein frischer Strom herrlich blauen Lichtes in unsere Aura. Halten wir die Verbindung aufrecht, reinigt dieser Lichtstrom die Aura und absorbiert die seltsamen dunklen Wirbel der Niedergeschlagenheit. Er verwandelt die Dunkelheit, indem er sie hebt, bis die Aura von einem lichten Blau erfüllt wird. Dann beginnt die Heilung. Wir müssen uns weit öffnen, um das Einfließen der Heilungskräfte zu verdienen.

Wenn sich ein gottgläubiger Mensch in einer großen Notlage befindet und diese mittels eines direkten Gebetes oder durch sein tiefes Vertrauen dem Ewigen Gott vorträgt, geschieht etwas Wunderbares. Eine herrliche Gedankenform, in Gestalt einer Kugel oder eines wunderschönen Medaillons, erhebt sich immer höher, bis sie die Ebene der charakterlichen und geistigen Entwicklung des Individuums erreicht hat, das sie hervorbrachte. Der auf dieser Stufe verbleibende Gebetsarchetyp wird von vielen wunderbaren Intelligenzen gewartet.

Befindet sich der Betende in einem verworrenen Zustand oder formuliert seine Bitte ungenau, werden die Gedankenformen verschwommen sein. Sie sind ausgefranst und bringen die Absicht des Gebetes nicht klar zum Ausdruck. Es ist wichtig zu wissen, was verändert oder durch das Gebet ausgedrückt werden muss. Wissen wir nicht, welchen Weg wir einschlagen sollen oder was erforderlich ist, können wir Gott bitten, uns die Richtung zu weisen und uns Seinen Willen kundzutun. Manchmal zeigt sich die Antwort bereits in unserer eintretenden Ruhe und in der stillen Vorbereitung auf das Gebet.

Wenn die Menschen beten, geschehen wunderbare Dinge, über die es sich nachzudenken lohnt. Manche Gebetsformen gleichen wunderschönen Blumen. Blütenähnliche Gebete oder Weihrauchfontänen erheben sich aus der Aura einer Person, die in klaren Gedankenbildern betet. Andere Gebete schießen hervor und erreichen sofort die Seelenebene. Jedes aufrichtige Gebet besitzt einen Duft.

Ein selbstloses und unpersönliches Gebet entsendet weiße Ströme. Gebete der Freude und Liebe weisen eine rosa Farbe auf, die in ein Blassrosa übergeht. Wenn wir für andere oder für uns selbst um Heilung bitten, sind die Gedankenströme blau. Diese Dinge zu wissen, unterstützt unsere Fähigkeit, uns die Gebete innerlich vorzustellen.

Bei aufrichtigen und demütigen Gebeten baut sich ein elektrischer Wirbel auf, der die Göttliche Kraft aus dem Kosmos anzieht, um ihn zu füllen. Wir dürfen uns glücklich schätzen, täglich zum Gebet zusammenzukommen. Die Atmosphäre gleicht einem Kelch, der eine höhere Energie aufnimmt und in jedes einzelne Herz ergießt.

Begeben wir uns in das Sanktuarium des Gebetes, wird unser innerstes Heiligtum mit dem Licht Gottes erfüllt. Es erschließen sich die geistigen Reichtümer, um den Menschen zu heilen, zu erleuchten, zu bevollmächtigen und seine seelische Bestimmung hervorzubringen. Die Erkenntnis wird zur Anbetung, die dann zur Erleuchtung führt.

Wenn wir uns im Zustand des Gebetes befinden, beobachten und unterstützen uns die geistigen Lehrer. Je eifriger und aufrichtiger wir für die Heilung einer Person bitten, die selbst dazu nicht mehr in der Lage ist, desto stärker erregen wir das Interesse jener, die auf uns schauen.

Ein hellsichtiger Mensch vermag in die inneren Ebenen von Gemütszuständen wie Glaube oder Gebet zu blicken. Eines Tages betete ich für ein schwer herzkrankes Mitglied unserer Gemeinschaft. Meine vorangegangenen Gebete wurden beantwortet; aber an jenem Morgen tauchte ein strahlend weißes Tor auf. Das Gebetsbild stieß unablässig dagegen, ohne Einlass zu finden. Es war neun Uhr dreißig am Vormittag. Um zehn Uhr dreißig ging dieser Freund in die inneren Sphären ein. Ich erlebte es zum ersten Mal, dass ein Gebet zurückprallte, aber es war seine Zeit, vom Körper befreit zu werden.

Je konsequenter wir unsere Gebetsarbeit einhalten, desto aktiver und lebendiger werden die Gebetsarchetypen. Es entwickeln sich leuchtende, farbenprächtige Strahlen und Muster, deren Energie die Intentionen, die in sie hineingelegt wurden, ausführen. Es gleicht einem in die Atmosphäre strahlenden Feuerwerk. Senden wir unsere Gebete zu Gott empor, bemühen wir uns, die Eindrücke zu erspüren. Sie sind äußerst wichtig.

Ein Tier reagiert sehr rasch, wenn wir für es beten. Auf den inneren Ebenen nehmen sich die „Folatel-Engel" der Tiere an, die das menschliche Gebet aufnehmen und es in die Aura des Tieres legen. Es wirkt wie eine Art Elixier oder innere Medizin, durch die sehr viel Gutes erreicht wird. Es ist die lebendige Gotteskraft, die im Gebet aktiviert wird, welche die Heilung bewirkt.

Wenn unsere aufrichtige, tiefe Ehrfurcht wie ein Geysir emporsteigt, durchbricht sie alle Schranken, die sich ihr entgegenstellen, und verweilt in unserem Inneren. Dies ist das Bestreben eines jeden Gebetes, jeder Andacht und jedes Gottesdienstes.

Hindernisse

Ungeachtet unseres Alters, sollten wir belehrbar und flexibel wie Kinder sein. Wenn Gott nicht unser Antrieb ist, haben wir nicht das Recht zu beten. Wahrscheinlich fehlt uns die Reife für das, was wir erbitten. Alles, was uns geschieht, mag ein Hinweis Gottes sein, uns nicht eher Zutritt zu dieser erfüllenden Herrlichkeit zu gewähren, als bis wir uns belehren lassen.

Mangelnde Einstimmung kann auf mehrere Ursachen zurückzuführen sein: Druck, Erschöpfung, schlechte Gesundheit oder Stillstand der geistigen Entwicklung. In solchen Zeiten sollten wir eine geistige Bewusstseinsebene anstreben. Um unsere innere Mitte wiederzufinden, können wir bitten: Lasse meinen Geist erwachen, oh Gott. Wir sollten uns häufig darauf besinnen, unsere Einstimmung, Inspiration und innere Beziehung zum Göttlichen wiederzufinden, indem wir uns mit ihm verbunden und von innerer Freude erfüllt sehen. Wir wissen, dass Gott Seine Gegenwart nicht vor uns zurückhält. Es liegt allein an unserer mangelnden Einstimmung. Wir dürfen keine negativen oder ungeduldigen Gefühle zulassen, während wir die Verbindung aufbauen, um uns erneut die bewusste Aufnahme geistiger Energien zu verdienen. Wir betrachten den Zustand als vorübergehend und lauschen guter Musik, besuchen spirituelle Freunde und nehmen regelmäßig an den Gottesdiensten teil. Allmählich wird die Fähigkeit, Kräfte zu spüren und die Göttliche Gegenwart zu erkennen, zurückkehren.

Vergesslichkeit könnte manchen dazu bringen, nach dem eigentlichen Gebet gleichgültig und nachlässig zu werden. Dies ist keine Entschuldigung. In den meisten Fällen müssten wir ehrlich zugeben, dass es sich um Trägheit oder mangelndes Wissen handelt, das uns ängstigt, in die Tiefen selbstloser innerer Arbeit vorzustoßen.

Es wäre ein Fehler für jeden, der einen großen Teil der erhabenen Wahrheiten erkannt hat, wenn er sie in seiner Auseinandersetzung mit ernsten Problemen nicht anwenden würde. Diese Wahrheiten nicht in jeder Situation zu berücksichtigen, gleicht einem guten Studenten, der nur so viel lernt, dass er gerade mitkommt. Wir sollten uns bemühen, auf allen Ebenen mit einem möglichst breiten Informationsspektrum zu arbeiten, denn eine Situation, die auf das eine Gebet nicht anspricht, mag auf ein anderes reagieren.

Die geistigen Lehrer haben uns gesagt, dass die meisten Einstimmungen auf eine höhere Welt unter Oberflächlichkeit und mangelnder Gründlichkeit leiden. Die Leute neigen zur Selbstzufriedenheit und glauben, es genüge schon ein wenig Hinwendung. Wir sollten mit mehr Tiefe arbeiten, nicht bloß mit einer oberflächlichen Einstimmung.

Wir müssen beharrlich die umherziehenden niedrigen, nichtigen und kleinlichen Gedanken überwinden, die in unser Bewusstsein eindringen, und diese augenblicklich auf eine höhere Ebene heben. Jeder neidische oder missbilligende Gedanke entspringt niederer Gesinnung. Wir wollen uns daran erfreuen, wenn ein anderer glücklich ist. Der Vorteil eines Mitmenschen sollte uns ebenso viel bedeuten wie unser eigener. Aus dieser inneren Haltung heraus sind wir in der Lage, wirkungsvoll zu beten.

Eine negative Geisteshaltung lässt den Körper in sich zusammen- und das Bewusstsein nach unten sinken. Die Einstimmung veranlasst den Geist aufgrund unserer Ehrfurcht, sich auf das höhere Bewusstsein einzuschwingen, und dann übernimmt die Seele die gesamte Individualität. Selbst die Schattennatur spürt den Widerhall dieser Energie.

Wir sollten niemals unsere Arme oder Beine während des Gebetes überkreuzen. Mangelnde Disziplin darf uns nicht in einem solchen Maße beeinflussen, dass wir uns entmutigt fühlen, noch ehe wir beginnen. Statt dessen wollen wir uns auf die Fülle, Stärke, Kreativität und Inspiration des Göttlichen einstimmen. Es gibt keine Tagesstunde, in der wir uns nicht darauf einstellen könnten. Wir müssen nicht vollkommen sein. Wir benötigen keine hundertprozentige Sicherheit. Energie wird fließen, wenn wir sie erbitten.

Heilbehandlung

Jede Heilbehandlung setzt sich aus Meditation und Gebet zusammen. Um diese Form des geistigen Dienstes wirkungsvoll ausführen zu können, bedarf es einer tiefen Ehrfurcht, einer aktiven Liebe für die Menschheit, des Glaubens an die Verfügbarkeit der geistigen Kräfte und der Beherrschung und Lenkung konstruktiver Gedankenenergie. Sie bietet die Möglichkeit, vom Nehmenden zum Gebenden aufzusteigen, und es ist wichtig, eine hohe Bewusstseinsebene beizubehalten, damit die göttliche Kraft freigesetzt wird.

Der Unterschied zwischen Gebet und Behandlung liegt in der Fähigkeit, die geistigen Energien entsprechend zu nutzen. Im Gebet begeben wir uns in einen Zustand innerer Hingabe und konstruktiver Abhängigkeit von Gott. In der Heilbehandlung folgt dem einleitenden Gebet das tägliche Zusammentragen von elementaren Bestandteilen, Archetypen und transformierenden Methoden, die wir bei der vorliegenden Arbeit anwenden. Wir müssen erkennen, dass wir Gottes Werkleute sind. Man verlangt von uns, unser Handwerk zu erlernen und die wunderbare, fortwährende Schöpfungsarbeit zu unterstützen.

Die geistige Heilungsarbeit gilt einer Person oder der Welt. Durch unser Vertrauen beleben wir eine Gedankenform, die wir in unseren Gebeten geschaffen haben, und konkretisieren sie dementsprechend. Dieser Vorgang beginnt mit der Anbetung Gottes, unseres Höchsten Schöpfers, und der anschließenden Verknüpfung mit dem Christus-Geist. Während der Behandlung bitten wir, dass die Gedankenform belebt und gestärkt wird, uns der Christus-Geist, der Lebendige Christus, berühren und die bedürftige Person mit der elektrisierenden Anwesenheit Christi in Kontakt treten möge. Wir sehen innerlich die Gedankenform herabsteigen und sich der Person oder der Situation nähern, die wir seit langem in unser Gebet eingeschlossen und behandelt haben.

Die Sicherheit der Welt steht an erster Stelle. Dann folgt die Überwindung der Dunkelheit durch das Licht. Danach arbeiten wir daran, dass unser äußeres Leben unser inneres Wachstum klarer ausdrückt. Die nächste Stufe kennzeichnet unser Streben nach Vervollkommnung. Schließlich beten wir für andere, beginnend mit denjenigen, die sich in einer besonderen Notlage befinden.

Jeder geistige Schüler muss als Werkzeug für die Heilung der Welt dienen. Die Zeit um zwölf Uhr mittags eignet sich besonders gut, um ihre Nöte zu lenken. Wir beginnen unsere Heilbehandlung für die Welt, indem wir Christus ehrfürchtig grüßen, der alle geistigen Bemühungen und Errungenschaften segnen wird.

Dann erflehen wir den Christus-Geist für diesen Planeten und visualisieren Ihn als ein strahlend weißes Licht, das alle physische Substanz durchdringt. Wir sehen die geistigen Energien die Materie durchlichten und beschleunigen. Wir konzentrieren uns auf den Christus-Geist, der auf die Menschheit herabsteigt. Wir legen unsere Liebe in den aufrichtigen Wunsch, dass alle Brüder und Schwestern dieser Welt voranschreiten, sich entfalten und glücklich sein mögen. Wir denken an die Kontinente, weniger an die Nationen, und sehen die Menschen der Erde den Christus-Geist aufnehmen. Während wir für die Völker der einzelnen Kontinente beten, sehen wir ihre unterschiedlichen religiösen und politischen Überzeugungen. Wir bitten darum, dass die Christus-Liebe die gesamte Menschheit erfassen möge, damit sie eine universellere Sichtweise akzeptiert.

Dann sehen wir, wie sich die Regierungen dieser Welt durch Christus für den Einfluss des planetarischen Willens, den Weltfrieden herbeizuführen, öffnen. Wir bitten darum, dass die himmlischen Kräfte auf diese Körperschaften in einer Weise einwirken mögen, dass die Unterschiede nicht länger zu Konflikten führen. Wir bemühen uns, der Erde und ihren Völkern eine so tiefe Liebe entgegenzubringen, dass Verbrechen, Krieg, Krankheit, Leid und Gier von unserer Seele gefühlt werden. Dies ermöglicht es uns, den mächtigen Christus-Geist zu bitten, jene Orte und Personen, in denen solche zerstörerischen Kräfte besonders stark auftreten, zu durchdringen und zu durchlichten.

Zuletzt sehen wir uns selbst als einen Teil der Menschheit, der für die Verkörperung des Christus-Geistes bereit ist. In der Anbetung leben wir in Einklang mit dieser unendlichen Wesenheit, die alles Unreine von innen reinigt und erlöst. Die Kräfte des Gegensatzes verlieren allmählich ihre Stärke.

Jeder unserer sieben Körper enthält Billionen atomarer Intelligenzen. Je höher der Träger, desto erhabener ist die Entwicklung dieser Intelligenzen. Wir müssen lernen, sie voller Wohlwollen zu segnen. Diese Form der Heilmeditation führen wir je nach Bedarf einmal wöchentlich oder monatlich aus.

1. Stilles Mahnwort: *Wisset ihr nicht, dass ihr Gottes Tempel seid und der Geist Gottes in euch wohnt?*
2. Führe langsam und sorgfältig die Einschwingungs-Übung aus.
3. Die einzelnen Stufen verbinden dich mit dem innewohnenden Gottesfunken. Von dieser Ebene aus sagen wir: *Ich bin eins mit dem Allumfassenden Gott. Allmächtiger Gott, alles, wonach ich strebe, was ich brauche und erhalten werde, ist Dein. Sende einen Strom vibrierender Energie aus Deiner Fülle zu mir, der mich mit der Manifestation Deines Lebens, Deines Lichtes, Deines Willens und Deiner Weisheit stärken wird. Mögen diese Göttlichen Elemente auf die geistige Flamme in mir übertragen werden.*
4. Indem du dich an die „Tore" (Chakras) und „Pforten" (die einzelnen Wesensglieder) wendest, sprich: *Ihr Tore, hebt euch nach oben, hebt euch, ihr immerwährenden Pforten, denn es kommt der König der Herrlichkeit.*
5. *Durch den Innewohnenden König der Herrlichkeit möge der Strom Göttlicher Elemente als Licht meinen Adonai, den Ich-Bin Aspekt meines Seins, durchfluten.*
6. *Über meinen Adonai möge das Göttliche Licht in meine Seele dringen. Sei wachsam, meine Seele! Lass meine Atome stets nur wahrhaftige,*

hilfreiche und wesentliche Offenbarungen aufnehmen. Lass meinen ganzen Seelenkern die geistige Schönheit, getreue Intuition und höchste Kreativität ausstrahlen.

7. *Durch die Tore meiner Seele möge Gottes Licht in meinen gesamten Mentalkörper einfließen und meine Vernunft erwecken, läutern und erweitern. Atome meines Mentalkörpers, wacht auf und erhaltet neues, intelligentes Leben. Gewährt mir jederzeit eine umfassende Erinnerung, scharfe Unterscheidungsfähigkeit, Vernunft und die Wahrnehmung der Intuition, die meiner Seele entspringt.*

8. *Lass das Göttliche Licht durch die Tore meines Verstandes in meinen ganzen Gefühlskörper eintreten. Wache auf, mein Astralkörper, und sei geläutert, erneuert, verfeinert und in deinen Schwingungen angehoben. Atome, die ihr meine emotionale Natur ausmacht, durch den Gottesfunken in mir werdet ihr geleitet, durch mich zu jeder Zeit und an allen Orten wahre Gefühle, Wünsche und Selbstkontrolle auszudrücken.*

9. *Möge das Göttliche Licht durch meinen Astralkörper in meinen ätherischen Körper fließen. Ätherkörper, deine Atome werden angeleitet, eine Fülle an Vitalität und ein starkes magnetisches Schutzschild auszustrahlen.*

10. *Durch die Tore meines Ätherkörpers dringt das Göttliche Licht in meinen physischen Körper ein. Langsam pulsiert dieses Licht von meinem Kopf in meinen Kehlkopfbereich. Es strahlt in meine Brust und weiter nach unten, bis jede Faser meines Körpers, mein Kreislauf- und mein Nervensystem mit heilenden und Leben verbessernden Strömen aufgeladen sind. Atome, die ihr meinen physischen Körper zusammensetzt, durch den Gottesfunken weise ich euch an, mich immer bei guter Gesundheit zu halten. Mögen mich die Kräfte des Geistes, die zeitlos, schön und gut sind, durchdringen.*

Nun folgt der bemerkenswerteste Aspekt der Heilbehandlung.

Innerhalb der Atome gibt es drei unterschiedliche Arten von Aktivität. Der äußere Ring wird das „Orium-Feld" genannt. Dieser elektrische Ring sendet Energien in den Körper, mit dem er in Verbindung steht. Der mittlere Ring wird „Poreas-Ring" genannt. Wird dieser Ring durch ungesundes Denken, Fühlen oder gesundheitsschädliche Lebensweise gestört, erschöpft sich sein Rhythmus oder bewegt sich gegen den Uhrzeigersinn. Dieser Ring enthält die

Erbfaktoren, die karmisch entweder konstruktiv oder schädigend wirken. Der dritte und innerste Ring wird „Edam-Feld" genannt. Er enthält die eindrucksvollsten Ereignisse unserer Vergangenheit. Ein hingebungsvolles Leben schwächt die negativen Einflüsse aus früheren Leben und stärkt die Bilder des Guten, das wir ansammeln.

Wir beschließen die Heilbehandlung mit den Worten: *Lass das Göttliche Licht in das Edam-Feld jedes Atoms in allen meinen Körpern, aus denen meine Wesenheit besteht, einfließen. Durch den Gottesfunken in mir leite ich das Licht an, alles Dunkle, das die Edam-Ringe meiner Körper behindert, auszumerzen. Möge das Licht jeden Orium-Ring in mir durchfluten und stimulieren. Es möge durch das Orium-Feld in jedes Poreas-Feld einströmen, es ausfüllen und in das Edam-Feld fließen. Das unendliche Gotteslicht möge in das Zentrum eines jeden Atoms eindringen und es wie eine wahre Sonne aufglühen lassen. Möge mein Körper auf jeder Ausdrucksebene aus Licht bestehen, das aus unzähligen Sonnen in mir hervor leuchtet.*

Die Lichtmeditation dient der Vorbereitung auf heilige Feste. Um sie durchzuführen, müssen wir vollkommen entspannt sein. Wir blicken zur Göttlichen Gegenwart empor und senden dem Ewigen Licht unsere Liebe. Am Anfang mag dieses Licht unseren Geist nicht berühren, aber mit der Zeit spüren wir eine vibrierende Schwingung in den höchsten, noch unerforschten Regionen unserer Individualität: *Das segnende Licht Gottes strömt in meinen Geist, befähigt und erweckt ihn.* Dieses Gotteslicht lenken wir bewusst in unsere Seele und sprechen: *Der Strom des Gotteslichtes dringt in mein Seelenselbst ein, stärkt und verfeinert seinen Zustand und sein Wirken.*

Wir lenken das ewige Licht in unseren Verstand: *Das Gotteslicht durchflutet, läutert, erhebt und inspiriert meinen Verstand mit wahrer Weisheit.* Wir lassen das Licht in unseren Emotionalkörper fließen: *Meine Gefühle und Wünsche werden durch die Einwirkung des Göttlichen Lichtes geläutert, in Frieden getaucht und harmonisiert.*

Wir heißen das Licht in unserem Energie- und in unserem physischen Körper willkommen: *Das Licht Gottes durchdringe meine Nerven, jede Zelle und Drüse und jedes Organ meines Körpers. Es läutert, belebt und vervollkommnet meinen Atem, mein Blut und meine Energien.* An dieser Stelle sollten wir bestimmte Organe, die der besonderen Aufmerksamkeit bedürfen, gesondert behandeln.

Dann sehen wir das Licht aus allen geistigen Seinsebenen als farbige

Strahlen in unsere Aura fließen. *Das Göttliche Licht verschönert und erhebt die Ausstrahlung meiner Aura, bis alle Bereiche durchdrungen sind und meine Aura überall dort, wo ich mich aufhalte, eine positive Wirkung ausübt.* Dann bitten wir um den Lichtsegen für alles, das der erneuernden Kräfte bedarf. Wir beschließen unsere Lichtmeditation mit einem Dankgebet: *Ich danke dir, Vater, dass du mich angehört hast und mir immer Gehör schenken wirst. Amen.*

Aus geistiger Sicht ist die Wiederholung solcher Meditationen von großer Bedeutung. Bis es uns gelingt, unsere Konzentrationskräfte zu disziplinieren, werden sie verschwommen und ungenau sein. Bei jeder Wiederholung des Vorganges beleben wir die Archetypen erneut.

Schutzgebete

Ein Gebet für geistigen Schutz muss alle vierundzwanzig Stunden erneuert werden. Wir sollten unser Heim, unser Auto, unseren Andachtsbereich und geliebte Personen mit einer Schutzhülle umgeben. Diese Art innerer Arbeit bewahrt eine Person oder einen Ort vor Unglücken wie Feuer, Erdbeben, Diebstahl oder Schaden. Wir bitten darum, dass der dreifache undurchlässige Ring des Lebendigen Lichtes der heiligen Dreiheit, das weiße, schützende Licht, die Person oder den Ort einhüllen möge, damit nichts einzudringen vermag, außer dem, was von Gott selbst kommt. Es ist hilfreich, sich dieses Feld als drei Ringe unterschiedlicher Lichtfrequenzen vorzustellen. Wir bitten, das weiße Licht Christi möge alles Übel und alles Negative vertreiben, abwehren, zurückweisen und es der Christus-Kraft übergeben, durch die es augenblicklich aufgelöst und in die Ursubstanz zurückgeführt wird.

Ein dreifacher undurchlässiger Ring des Christuslichtes bietet einen starken Schutz. Er setzt sich aus drei konzentrischen Kreisen zusammen, die sich mit unterschiedlicher Geschwindigkeit im Uhrzeigersinn drehen. Sie umgeben das zu schützende Objekt. Der innere Ring besteht aus einem milchig weißen, undurchsichtigen Licht. Er dreht sich mit der geringsten Geschwindigkeit und besitzt die stärkste Schutzkraft. Der mittlere Ring dreht sich so schnell, dass man ihn sich nur als weiße Lichtblitze vorstellen kann. Seine Hauptfunktion besteht darin, innerhalb seiner Kreisbahn die negativen von den positiven Schwingungen zu trennen. Der äußere Ring wirkt reinigend. Er vernichtet alle zerstörerischen, dunklen Schwingungen innerhalb seines Umkreises oder weist sie zurück. Er ist der breiteste der drei Ringe und dreht sich mit solcher Geschwindigkeit, dass er nahezu unsichtbar bleibt. Je genauer wir uns diesen dreifachen Ring vorstellen können, während wir für den Schutz einer Person oder eines Gegenstandes beten, desto wirkungsvoller und dauerhafter wird die Gedankenform sein.

Wir sehen ihn nicht als Scheibe, sondern eher als eine feste weiße, von allem Übel unberührte Substanz in den inneren Welten. Er ist lebendig, kreativ und feurig. Die sich pfeilartig bewegenden Reinigungskräfte besitzen einen starken Magnetismus. Sein schützendes Licht gibt allem, was er berührt, Sicherheit. Wenn wir diesen Schutz erbitten, sollten wir immer das Wort *dauerhaft* hinzufügen, obwohl wir diese innere Arbeit täglich durchführen. Wir sprechen: *Möge der dauerhafte, dreifache, undurchlässige Lichtring heute erneuert werden.* Je präziser unsere Vorstellung ist, desto wertvoller wird die innere Arbeit sein.

Visualisation und Genauigkeit sind für alle Heilbehandlungen außerordentlich wichtig. Beten wir für die Sicherheit der Reisenden, sprechen wir: *Mögen alle Reisenden auf dem Land-, Wasser- oder Luftweg beschützt sein.* Bei dem Wort *Land* stellen wir uns die sich drehende Erde vor. Sagen wir *Wasser*, denken wir an die Meere und großen Flüsse und führen uns die Sicherheit der Schiffe vor Augen. In der *Luft* sind es die Flugzeuge, die des Schutzes bedürfen. Während wir für die Reisenden in der ganzen Welt beten, denken wir kurz an die Intelligenzen der Elemente.

Ein anderer Archetyp ist das *Lichtzelt*, das sich als wirkungsvoll erwiesen hat. Wir bekräftigen, dass ein riesiges Zelt aus fließendem Gotteslicht einen Ort oder eine Person auf jeder Bewusstseins- und Seinsebene umhüllt und durchdringt. Dieses Licht heilt, segnet, läutert, erhält und beschützt auf allen Ebenen. Das Lichtzelt lässt sich leichter vorstellen und aufrechterhalten. Wir sehen es erfüllt von weißem, vibrierende Licht, das von oben eintritt, sich weitet und sich in jeden Bereich ergießt und in die Erde fließt.

Wir können auch einen Schutzschild aus lebendigem Gotteslicht erbitten, der die läuternden, stärkenden und schützenden Energien auf einen Ort oder eine Person lenkt. Er absorbiert Dunkelheit,

Kampf, Krankheit oder Leid und verwandelt ein Zentrum des Streites oder der Zerstörung in einen Ort des Friedens. Man stelle sich einen strahlenden goldenen Lichtschild vor, eine schützende Lichtwand, die sich vor einem verletzbaren Bereich oder einem geschädigten Organ in unserem Körper erhebt.

In unserer Bitte um Schutz für die Welt müssen wir jeden Aspekt unseres Planeten einbeziehen. Unsere Erde ist nicht nur physischen Ursprungs, sie enthält die Welt des Gottesfunken, des Adonai, der Seele oder der Kausalwelt, die Mental-, Astral-, ätherische und physische Welt. Wir bitten darum, dass das Gotteslicht die aufeinander eingestimmten Welten beschützt und im Gleichgewicht hält. Wir bitten darum, dass Übel und Negativität ausgestoßen, abgewehrt und zurückgewiesen und dem glühend weißen Licht des ewigen Gottes übergeben werden, um sie auszulöschen und die ursprüngliche Substanz in konstruktive Energieformen umzuwandeln.

Wir verwenden neun schützende Lichtringe für den Planeten, indem wir uns jeden Ring als ein weißes Schutzfeld vorstellen, das tief in die Erde eindringt. Wir bitten um die Erneuerung der Wirkkraft dieser neun göttlichen Lichtringe und sehen ein kosmisches Lichtzelt herabsteigen. Die planetarischen göttlichen Mächte und Kräfte bilden den dreifachen undurchlässigen Lichtring, und das Lichtzelt betrachten wir als kosmische Strahlen, als einströmende Gotteskräfte, die unser atomares Gefüge erwecken. Stelle dir das Licht auf allen Ebenen vor.

Um für die Weltbedingungen zu beten, bedarf es einer umfassenden Vision des Göttlichen Planes. Erschaue die Welt, geborgen in Gott, unterstützt von Gott und erfüllt mit Göttlichen Frequenzen. Während des Betens sollten wir an die Menschheit, die Tiere, die Natur und die Heiligen Wesenheiten, die im All weilen, denken. Eine derartig umfassende Vision gleicht dem Blick aus einer Flugzeugkanzel. Wir müssen wachsam sein und auf unsere göttliche Stimme hören. Wir bitten darum, dass jenen, die dem Göttlichen Licht dienen, zusätzliche Kräfte verliehen und denjenigen, die der Dunkelheit frönen, die Kraft entzogen werde. Bete regelmäßig, dass das Göttliche Licht die Wolken des Bösen, von denen zerstörerische Personen und Kriegsführer umgeben sind, auflöse.

Es ist wichtig, für den Schutz unserer Autos und eine sichere Fahrt zu beten. Wir schließen alle Elemente ein, die der Sicherheit des Wagens dienen. Wir müssen langsam und gründlich vorgehen und uns ein geistiges Bild machen. Wenn wir einsteigen, segnen wir das Fahrzeug und den Fahrer. Im Namen unseres Herrn bitten wir, dass der dreifache Lichtring jedes einzelne Atom schützend umgeben und Lichtschwingen das Auto von unten und jeden einzelnen Reifen einhüllen mögen. Diese weißen Schwingen des schützenden Christuslichtes wirken als Isolierung zwischen einem schädigenden Einfluss und dem Auto selbst.

Wenn wir im Namen Christi einen dreifachen undurchlässigen Lichtring erbitten, sehen wir ihn alle Ebenen durchdringen: *Möge er auf der Ebene des Gottesfunken und des Adonai, der Seele, in der Mental-, Astral-, ätherischen und physischen Welt wirksam sein.* Wir machen uns ein geistiges Bild von dem inneren Lichtring, der die Autokarosserie umgibt. Der zweite Ring umgibt sie in einem Abstand von etwa zwei Metern, und der dritte Ring dehnt sich einige Meter weiter aus und bildet einen schützenden Puffer. *Möge jedes Übel, alles Negative und Dunkel von diesem Auto und der gesamten Reise vertrieben, abgewehrt und zurückgewiesen werden. Möge die Negativität in das glühende weiße Licht des Lebendigen Christus geworfen, dort ausgelöscht und alle Elemente in die konstruktive Ursubstanz zurückgeführt werden.* Diese Bitte hindert lauernde dunkle Schwingungen daran, sich in den Weg eines anderen Autos zu stellen.

Das Kreuz-Zeichen formt ein lebendiges weißes oder goldenes Lichtkreuz in der Atmosphäre. Das Böse wird sich einem solchen Kreuz nicht nähern, da es sich fürchtet. Das Kreuz wirkt läuternd. Es kann sich ihm nichts nähern, ohne von Laster und Boshaftigkeit gereinigt zu werden. Mit dem Kreuz-Zeichen drücken wir unsere Loyalität zu Christus aus, und wir weihen uns Christus erneut, wenn wir uns bekreuzigen. Daher muss es aufrichtig geschehen, denn wir sind an unser Gelöbnis gebunden.

Bekreuzigen wir uns von links nach rechts, verschließen wir uns gegen von außen kommende störende Schwingungen und konzentrieren uns auf Christus. Wir können uns auch von rechts nach links bekreuzigen, um uns für die höheren Welten stärker zu öffnen und aufnahmebereiter zu werden. Ein solches Kreuz-Zeichen führt zu einer raschen Bewusstseinsklarheit, bleibt aber nicht lange bestehen. Die Bekreuzigung von links nach rechts eignet sich besonders gut, um negativen oder kritischen Gedanken Einhalt zu gebieten. Ihre Wirkung hält länger an.

Wenn wir das Kreuz schlagen, sprechen wir: *Gott, Ewige Göttliche Wesenheit, Gott in Christus, Gott in dem Heiligen Tröster.* Dabei konzentrieren wir uns auf die Bedeutung der Worte.

11.

Geistiges Heilen

Christus hob die Bedeutung der Ganzheit und Vollständigkeit des Menschen hervor. Er heilte alle Arten von physischen, emotionalen und mentalen Beschwerden. Die frühen Christen praktizierten die Lehre, indem sie für einander beteten und sich für die Aufnahme geistiger Heilströme interessierten. Im zweiten Jahrhundert verlor sich diese Offenheit für die geistige Heilung. Die Theologie übernahm den Platz der unmittelbaren Verbindung zu Gott und tötete die innere Aufnahmefähigkeit des Menschen ab. Erst im zwanzigsten Jahrhundert brachten Kirchen die Botschaft vom inneren Wirken Christi wieder in ihren Glauben und praktizierten die Grundsätze der Heilung.

Ist jemand unter euch krank, so lasse er die Ältesten der Gemeinde zu sich rufen, und sie sollen über ihm beten und ihn im Namen des Herrn mit Öl salben. Und das Gebet des Glaubens wird den Kranken retten, und der Herr wird ihn aufstehen lassen, und wenn er Sünden getan hat, wird ihm vergeben werden. (Jak. 5,14-15) Dies bedeutet, der Kranke muss um Heilung bitten und sich an die Älteren wenden oder an jene, die weiser sind, um ihn mit Öl zu salben. Das Öl ist das harmonische Element, das ihn auf den Geist einstimmt. Es wirkt als Instrument für die geistige Durchdringung. Wird es von denjenigen verwendet, die in völligem Einklang mit Gott stehen und an die göttlichen Heilkräfte glauben, öffnen sie sich für diese Gotteskräfte. Es ist unser Ziel, würdige Gefäße für die einfließenden geistigen Kräfte zu werden.

Christus verlieh der geistigen Heilung in seinem Amt einen besonderen Stellenwert. Zuerst betete er zu dem Höchsten Schöpfer. Er achtete auf die Tatsache, dass die Heilung aus dem Inneren des Individuums kommen muss. Er wies darauf hin, dass die Gesundheit davon abhängt, ob wir mit uns und der Welt in Frieden leben. Gesundheit ist das Ergebnis eines natürlichen Zustandes körperlicher Stärke und organischer Harmonie. Sie umfasst die gesamte Individualität, nicht nur den Körper. Gesundheit bedeutet: Ein gesunder körperlicher Zustand und die Integration von Emotionen, Verstand und Charakter. Christus lehrte, dass Falschheit und Selbstsucht zur moralischen Krankheit führen.

Lebte er heute auf der Erde, würde er von Gruppen, Industrien und Regierungen sprechen, die hin und wieder geheilt werden müssten. Zerbrochene Freundschaften mag man als kranke Beziehungen betrachten, die der Erneuerung bedürfen. Bis zur Meisterschaft muss jeder seine Bemühungen verstärken, in seiner Charakterentwicklung Fortschritte zu machen.

Nur der unreife geistige Schüler behauptet, das Leben müsse in Harmonie, Wohlstand und körperlicher Gesundheit verlaufen, um weise und geistig vollkommen zu sein. Auf der Erde trifft dies nicht zu, wohl aber in unserer Seelenwelt. In der irdischen Welt begegnen wir zahlreichen Herausforderungen, die uns veranlassen, bessere Wege oder würdigere Methoden für unseren Fortschritt zu finden. Sehen wir uns kleineren oder größeren Krisen gegenüber, einer chronischen oder ernsthaften Krankheit, denken wir daran, dass wir Gottes Arbeiter sind. Er, der uns erschuf, vermag uns wieder aufzubauen. Unser Lebensplan steht in Seiner Obhut.

Je mehr wir Gott lieben, Christus verehren und danach streben, die christlichen Prinzipien zu leben, desto stärker erneuern wir die Menschheit. Wenn wir jedes einzelne Atom unseres Körpers, unserer Emotionen und unserer Gedanken verfeinern, wird unsere Seelennatur gestärkt. Wir stehen mit unserer Individualität, der Göttlichen Flamme, dem Gottesfunken in uns, in Verbindung. Unser Ziel und unsere Bemühungen gelten der Ganzheit. Wir müssen auf allen Ebenen, auf denen wir wirken, vollständig sein. Wir sollen nicht dem Erreichten Beachtung schenken, sondern den Dingen, in denen wir uns üben und entwickeln müssen. Nur eine vollendete Seele ist vollkommen. Unsere Unvollständigkeit sollte uns nicht beunruhigen. Wir sind unvollendet.

Einige Leute benötigen zusätzliche Energie, während andere ihre Gesundheit in ihren Herausforderungen finden. Manche bedürfen verbesserter Beziehungen und größerer Harmonie in ihrem Heim oder eines stärkeren Empfindens von Ganzheit. Alle diese Bedürfnisse gehören zu dem Wunsch, heil zu sein. Gemäß der Bibel entspringen die Begriffe *Erlösung* und *Gesundheit* derselben Wurzel wie *Ganzheit*. Wir sollten eingehend über unseren Gesundheitszustand nachdenken. Wir kamen aus dem Göttlichen Licht und kehren durch einen langsamen Evolutionsprozess dorthin zurück. Es gibt eine Welt, in der immer Gesundheit, Intelligenz, Freude, Liebe, Friede und Ehrfurcht herrschen. Wir können uns durch unser höheres Selbst auf ihre Lichtfrequenzen einschwingen und geheilt werden, so wie der Mystiker sich auf das Gotteslicht einstimmt und nach Erleuchtung sucht. Wir bekommen keine Anerkennung für irgendeine Veränderung. Es ist immer unser Schöpfer, der uns heilt.

Wir müssen den geistigen Aspekt des Heilungsvorganges in Bezug auf seine Bedeutung für eine vollkommene Gesundheit und Ganzheit verstehen. Jemand mag auf der äußeren Ebene seinen Körper richtig pflegen und ernähren, ohne gesund zu werden. Der psychologischen Entwicklung, den moralischen und geistigen Aspekten, sollten wir ebenfalls große, wenn nicht größere Beachtung schenken. Wie oft werden wir trotz unserer gesunden äußeren Lebensweise krank, weil wir den Belastungen, Anforderungen und verworrenen Strömungen unseres Umfelds nicht gewachsen sind. Aus diesem Grund müssen wir unser inneres Leben ebenso wachsam beobachten und lenken wie unser äußeres.

Gesundheit bedeutet Gleichgewicht, Ganzheit und innere Ruhe. Der Zustand eines ausgeglichenen, harmonischen Lebens spiegelt die Leichtigkeit wider, in der unsere vielfältigen Kräfte tätig sein sollten. Unsere innere Natur muss Frieden und tief empfundene Liebe ausstrahlen. Vergebung und Liebe können keinen gegnerischen oder schädigenden Einfluss auf uns ausüben.

Jeder Christ sollte sich aufgrund der Vergänglichkeit des physischen Körpers für die Heilung interessieren. Ob es sich dabei um eine rein geistige Vorgehensweise oder eine Kombination mit schulmedizinischen Mitteln handelt, spielt für den Allerhöchsten keine Rolle. Wir müssen für jede Methode offen sein. Sie alle dienen als Kanal für die erneuernde Gotteskraft. Die göttlichen Ströme wirken durch jede Heilmethode belebend, stellen wieder her, regenerieren und machen ganz. Wir sollten die Heilung aus verschiedenen Perspektiven betrachten, um das Wirken dieser göttlichen Heilkräfte im Zusammenhang verstehen zu können.

Der Grund für unsere Hauptschwierigkeiten liegt in mentalen, emotionalen und moralischen Abnormitäten. Wenn wir den Weg Christi beschreiten, suchen wir zuerst nach der inneren Ursache. Sollte der Körper nicht innerhalb einer bestimmten Zeit auf die geistigen Heilmethoden reagieren, bedarf es der Hilfe eines Experten, eines Arztes, spirituellen Psychoanalytikers oder Lehrers, um unsere Schwäche herauszufinden. Die medizinische Behandlung mag dem äußeren Körper Ruhe verschaffen, ihn kräftigen und die Wirkung der geistigen Heilbehandlung erhöhen. Die Behebung physischer Schmerzen trägt dazu bei, die Heilenergien wieder in das Bewusstsein und das Wesen des Kranken fließen zu lassen.

Physische Heilmethoden erreichen die Symptome, nicht die Ursachen körperlicher Krankheiten. Es wird die Zeit kommen, in der wir erkennen, dass anhaltende Gesundheit von innerer Reinheit und Bewusstseinsstabilität abhängt. Diese Voraussetzungen können ebenso wie die Angewohnheit konstruktiven Denkens und Handelns entwickelt werden. Ehe wir nicht harmonisch denken und leben, werden uns immer wieder Erschöpfungszustände und Krankheiten heimsuchen.

Gesundheit gehört zu unserer Entwicklung, sollte aber nicht der Hauptgrund unserer Existenz sein. Wenn die Gesundheit in unserem Leben eine allzu große Rolle spielt, sind wir ichbezogen und konzentrieren uns nicht auf Gott.

Unsere Verantwortung bei der Heilung

Paracelsus, einer der großen Eingeweihten und Heiler, der vor über vierhundert Jahren lebte, erklärte, dass die Krankheit unserem eigenen Hader entspringt. Körperliche Krankheit ist das Ergebnis innerer Negativität. Wir leiden unter den Belastungen und Anspannungen dieser geschäftigen, turbulenten Welt.

Was die Heilung unseres Körpers anbelangt, müssen wir unseren Geist und unsere Gefühle unter Kontrolle bringen und zur Ruhe kommen. Wir sollten uns bemühen, alles zu lernen, was mit Ganzheit in Zusammenhang steht. Heilung beruht auf unserer Bereitschaft, unsere negative Einstellung zu überwinden und gesund zu leben. Der Körper sollte durch eine ausgewogene Ernährung, regelmäßigen Sport und eine respektvolle Behandlung rein, gesund, jugendlich und aktiv gehalten werden. Zu einem ausgewogenen Leben gehören Andacht, Arbeit, Studien, Selbstverbesserung und Regeneration.

Neun Zehntel unserer Beschränkungen sind chronisch. In einem chronischen Zustand werden wir nicht geheilt, da wir nicht bereit sind, uns zu ändern, eine neue Sichtweise anzunehmen oder uns innerlich zu wandeln. Wir vergessen gerne, dass wir es sind, die sich verändern müssen. Wir richten uns im Gebet an den Allerhöchsten, der uns in Seine Obhut nimmt, und bitten demütig: *Dein Weg, Herr, nicht meiner. Dein Wille geschehe, in mir und für mich.* Sich Gott und seiner allumfassenden Obhut völlig hinzugeben, muss aus tiefstem Herzen geschehen. Aufmerksam lauschen wir, was der Herr über unsere Herausforderungen zu sagen hat. Es gibt vier *verschiedene Möglichkeiten, in denen er antworten wird: Ja, nein, warte oder es gibt einen besseren Weg.*

Es gibt bestimmte Zustände, die sich im physischen Körper manifestieren. Doch wir sind nicht allein auf die medizinische Wissenschaft angewiesen. Der Innewohnende Gott kann diese körperlichen Merkmale regulieren, verbessern, läutern und durchlichten. Der Körper wird sich erschöpfen, aber wir sollten dafür sorgen, dass dies nur geschieht, weil sich der Geist auf die nächste Ebene zurückzieht, nicht weil wir es versäumt haben, den notwendigen inneren Wandel vorzunehmen, ehe wir mit reinem Gewissen vor Gott treten. In dem Wissen, dass Er uns vollkommen zu erneuern vermag, sollten wir täglich vor das Angesicht Gottes treten. Die Lebenskraft, die unseren Körper nährt, kommt von Gott. Das Bewusstsein wird entweder vom Höheren oder vom Niederen regiert. Wir möchten nicht einem Pendel gleichen, das zwischen diesen beiden Aspekten hin und her schwingt. Gott muss unser Mittelpunkt sein.

Krankheit bedeutet Prüfung und fördert die Entwicklung unserer inneren Fähigkeiten. Jeder Begrenzung sollten wir entgegentreten und sie lösen, indem wir unsere machtvollen inneren Kräfte aufrufen. Es sind die Qualitäten, Kräfte und Energien, die der geistigen Natur des Menschen entspringen. Angesichts unseres spirituellen Wissens müssen wir die Verantwortung für die erforderlichen Veränderungen übernehmen, um unsere Probleme zu lösen. Die Überwachung der Heilung oder die Zuführung neuer Lebensenergien bleiben das Werk Gottes. Unsere Arbeit gleicht der eines Ingenieurs, der die Kabel verlegt, damit das Licht durchfließen kann. Jeden Tag, wenn wir an uns selbst arbeiten, denken wir an Gott, der jenen Punkt in uns erneut auflädt, der das Göttliche enthält.

Wo liegt, entsprechend der Lehre Christi, unsere Verantwortung für eine Heilung? Wenn wir krank sind, sehnen wir uns so stark danach, uns wieder besser zu fühlen, dass wir uns mehr auf diesen Wunsch konzentrieren, als darauf, die Ursache zu beseitigen. Das Geheimnis innerer Heilung liegt darin zu geloben, unsere Denk- und Lebensweise zu erneuern. In dem Augenblick, in dem der innere Aspekt erstarkt, wird auch der physische Körper kräftiger werden. Wir müssen uns bewusst einen feststehenden Rhythmus klügeren Verhaltens und Denkens aneignen. Wir können keine Vollkommenheit erwarten, denn das wäre die Meisterschaft, aber wir können aus unseren Fehlern lernen, was bedeutet, stärker und klüger zu werden und die Ursache unseres Zustandes herauszufinden, damit wir niemals mehr mit ihm konfrontiert werden.

Die esoterische Form der geistigen Heilung versucht, in drei Bereichen gleichzeitig eine Veränderung herbeizuführen, in Körper, Geist und Seele. Haben wir durch Vernachlässigung der Naturgesetze die physische Ebene aus dem Gleichgewicht gebracht, kann eine veränderte und klügere Betrachtungsweise der physischen Gesundheit dem erschöpften Körper dauerhaft helfen.

Zur Regeneration der Physis sollten wir drei Dinge beachten – Arbeit, Spiel und Ruhe. Um einen gesunden, entspannten körperlichen Zustand zu erreichen, müssen wir arbeiten, uns genügend erholen und ausreichend schlafen. Ein wenig Sport und eine gesunde Ernährung gehören ebenfalls dazu. Wenn wir wandern oder unseren Körper trainieren, dringen die blauen Heilungsstrahlen in uns ein und erweitern und verschönern unsere Aura.

Der Emotionalkörper bildet das Zentrum für unsere Wünsche und Empfindungen. Er zieht starke Gefühle an oder stößt sie zurück. Die Emotionalebene kann sich erschöpfen, wenn sich jemand laufend mit den Konflikten, der Unterdrückung und den Auseinandersetzungen dieser Welt beschäftigt. Nervöse und reizbare Menschen ziehen Krankheiten emotionalen Ursprungs an, bis sie erkennen, dass sie ihre gesamte emotionale Natur ändern müssen. Tritt eine Veränderung ein, löst man sich emotional von Dingen, die früher zu Reizbarkeit oder Widerspruch führten. Gesunde Emotionen basieren auf Selbstbeherrschung, Selbstvertrauen und Inspiration.

Spirituelles Denken verleiht unseren Gedanken Tiefe, Aufrichtigkeit und Ehrfurcht. Wenn wir uns durch Gebet und Regeneration um Gesundheit bemühen, sollten wir unser ganzes Selbst in einen Zustand der Ganzheit versetzen. Es ist unbedingt erforderlich, jede Lebensebene, jede Fähigkeit und jedes Organ zu achten. Das wesentliche Element einer Heilung besteht darin, die Regel einer veränderten Lebensweise zu akzeptieren. Während unser Körper und unsere Umstände heilen, gelten unsere Aufmerksamkeit und unsere Bemühungen einem besseren Leben. Wir beginnen mit dem Wandel und setzen ihn in einer veränderten Lebensweise um.

Unser Körper wird auf die geistige Heilung reagieren, wenn wir unsere eigenen Gedanken, die sich aus vergangenen Erfahrungen und Einstellungen im Hinblick auf Gottes Fähigkeit, einen physischen Körper wiederherzustellen, beiseite schieben. Wir müssen an die Macht unseres Schöpfers glauben, unseren Körpertempel vollständig zu reinigen, zu erneuern und zu transformieren. Wenn die Bitte um Heilung im Gebet geäußert wird, sollten wir bereit sein und vertrauensvoll bedenken, dass *mit Gott alle Dinge möglich sind*. Zweitens müssen wir unser ganzes Sein in den Zustand der Hingabe versetzen, um die Göttlichen Heilkräfte aufnehmen zu können. Unsere Gesinnung ist wesentlich wichtiger als unser körperlicher Zustand, denn sie bewirkt die Veränderung des Körpers.

Ebenso wie die Negativität des Bewusstseins jeder unserer einzelnen Fähigkeiten einen dunklen Anstrich verleiht, reinigt und läutert der Glaube jede Fähigkeit und jede Zelle. Wenn wir uns in der Anbetung Gottes auf die Stärkung, Läuterung und den Impuls des Glaubens einstimmen, wird der Körper mit Besserung darauf reagieren. Je mehr Heilung wir selbst benötigen, desto mehr müssen wir für andere um Heilung bitten, denn auf diese Weise wird der Glaube gestärkt und der heilende Einfluss erhöht.

Diejenigen, die geistige Heilung suchen, müssen sich auf den inneren Frieden konzentrieren. Geschieht dies mit Nachdruck und aus ganzem Herzen, kann das bewusste Kanalisieren der Heilkräfte beginnen. Der nächste Schritt ist die Überwindung negativer Gedanken. Ebenso wie wir keine schädigenden Nahrungsmittel zu uns nehmen sollen, müssen wir alle unangenehmen und unerfreulichen Gedanken bewusst verbannen.

Das Ziel ist es, unseren Geist auf den Quell immerwährender geistiger Erneuerung zu konzentrieren. Daher sollten wir ihn mehrmals am Tage klären. Wir wollen uns Ströme des funkelnden, läuternden, segnenden Gotteslichtes vorstellen, die unseren Körper, unsere Aura und unsere Ausstrahlung durchziehen.

Unsere kreativen Gedanken werden ähnliche Bilder erzeugen. Der Geist kann zur harmonischen Tätigkeit erzogen werden, um uns innere Ruhe zu bringen und uns von einer falschen Denkweise zu befreien. Wehre widersprüchliche oder nutzlose Gedanken ab, wenn sie deine Aufmerksamkeit oder dein Interesse erregen wollen. Ersetze die Furcht vor Krankheit durch eine klare Vision von Gesundheit und gesunder Aktivität. Wir sollten jede Gelegenheit nutzen, um Werkzeuge konstruktiven Denkens zu schärfen, indem wir uns der Macht der Worte bedienen, Gesundheit, Wohlstand, Regeneration und Erleuchtung zu bewirken. Jedesmal, wenn wir gute, produktive und vor allem auf Gott gerichtete Gedanken denken, werden die Atome unserer gesamten Individualität mit Licht durchflutet und entledigen sich der dunklen Ringe, die niedere Gedanken angezogen haben.

Viel zu vielen Menschen mangelt es an einer guten Vorstellungskraft. Nachdem der Geist geklärt wurde, sollte sich unser Bewusstsein Gott zuwenden. Wir sollten eine Welt sehen wollen, in der fortwährend Friede und tätige Brüderlichkeit herrscht und die Menschen sich für die Kräfte geistiger Erneuerung öffnen. Immer mit dem Naheliegenden beginnend, sollten wir unsere Umwelt den Weltfrieden, den Fortschritt und die Offenheit für die höchsten Wahrheiten reflektieren sehen. Wir rufen uns Gruppen, Anliegen und einzelne Menschen ins Gedächtnis und segnen sie, wodurch sie in diesen Momenten mit dem Geist der Gnade und seiner grenzenlosen Barmherzigkeit verbunden sind. Unsere uneingeschränkte Liebe für das Gute und die sich entfaltenden Göttlichen Strömungen heilt uns und schenkt uns Ganzheit, das Gute, nach dem wir suchen.

Die Liebe bewirkt den alchemistischen Vorgang der Heilung. Durch unsere tiefe Liebe zu Gott werden die Nöte und die Schönheit anderer sowie die kleinen Dinge und Kreaturen ihren Platz vorfinden. Wären wir fähig, nach diesen wichtigen geistigen Regeln zu leben, würden sich die Blockaden in unserem Selbst angesichts dieser ganzheitlichen Sichtweise auflösen.

Sehen wir uns einer Herausforderung gegenüber, lassen wir die Göttlichen Ströme der Ganzheit in jede Zelle unseres Seins einfließen. Wir wollen die überbewussten, bewussten und unbewussten Kräfte in uns miteinander vereinigen, da sie auf Gott ausgerichtet sein müssen. Wir können die Muster und die Herrschaft unseres höheren Selbst der instinktiven Natur einprägen, so dass sie seiner Führung folgen muss.

Manche Menschen leiden aus karmischen Gründen und mögen in diesem Leben nicht in der Lage sein, ihre Krankheit zu überwinden. Doch wir sollten dem medizinischen Fortschritt stets zuversichtlich entgegenblicken. Diese Seelen, die ihre physische Begrenzung zu tranzendieren vermögen, leben in einer wunderbaren Welt, denn ihre Emotionen und ihr Geist sind gesund, stark und voller Licht. Sie werden Besserung erfahren, wenn Gott die entsprechende Behandlung durchzubringen vermag, oder sie öffnen sich für einen Weg, der ihr Karma löst.

Heilmittel

Wenn uns Negatives begegnet, erinnern wir uns daran, dass die allgegenwärtige göttliche Kreativität in uns jede Situation meistern kann. Wir müssen sie bitten, uns den Weg zu weisen, während wir jeden Tag in unseren Beziehungen und in allem, was wir unternehmen, unseren Pfad zur Ganzheit beschreiten. Gebet, Meditation und unwandelbare Zuversicht sind die Mittel, um den Göttlichen Geist zu verwirklichen.

Eine dauerhafte Heilung muss aus dem tiefsten Inneren heraus geschehen. Es ist wichtig, sich zu entspannen, während wir über den Innewohnenden Gott nachsinnen und innere Stärke aufbauen. Wir wollen das höhere Selbst betrachten und erkennen, dass das Göttliche Licht das Leben erhält. Auf dem Höhepunkt konzentrierter Bewusstheit bitten wir um Freisetzung der Lichtenergien und sehen sie durch alle unsere Aspekte und unser gesamtes Sein fließen. Aufgrund unserer Bitte vermag das Licht den Mentalkörper zu erreichen und die positiven Denkpotenziale zu aktivieren, um neue Einsichten in Bezug auf die geistige Gesundheit und Verhaltensweise zu entwickeln.

Unter dem anhaltenden Lichtstrom konzentriert sich der Göttliche Glanz auf das höhere Selbst, und wir erfreuen uns eines tiefen Friedens. Wir können die Wellen von Niedergeschlagenheit, Widerstand,

Aggression, Rebellion und Angst freisetzen, damit sie in diesem Licht transformiert werden. Nun richten wir das Lichtzentrum auf unsere Energien aus. Wir unterwerfen sie möglichst vollständig dem heilenden und belebenden Licht und erlauben der Göttlichen Sonnenkraft, sich auf jene Organe zu konzentrieren, deren Schwingungen langsam, leblos und energiearm sind. Wir lenken den geistigen Strahl so lange auf das Organ, bis Wärme, Frieden und Entspannung gespürt wird.

Nun bitten wir, dass ein Strahl dieser Göttlichen Strömung die gesamte physische Hülle beleben, jedes Organ einschwingen, die Zellen aufladen und die Aura erfüllen möge. Würden wir uns immer der inneren Gotteskräfte bedienen, befänden wir uns in einem anhaltenden friedvollen Wohlbefinden.

In jedem unserer sechs, für das irdische Auge unsichtbaren Körper liegen sieben Haupt-Energiezentren oder *Chakras*. In der Bibel werden sie „Tore" genannt. Der Begriff *Chakra* kommt aus dem Sanskrit und bedeutet *Rad*. Sie verteilen die göttliche Energie in jedem einzelnen Körper und wirken über das Nervensystem auf unseren physischen Körper ein. Sie fangen die magnetischen Strömungen von der Sonne und der Erde auf und sind mit dem Planetarischen und dem Solaren Logos verbunden. Wenn wir gesund sind, gleichen die Chakras sich drehenden geöffneten Blüten und strahlen Kraft aus. Sind wir krank oder niedergeschlagen, sind sie geschlossen oder eingesunken, und die Energie kann nicht nach außen fließen. Aus diesem Grund müssen wir in der Meditation daran denken, dass der Gottesgeist jeden unserer Körper mit dieser Göttlichen Kraft erfüllt, welche die Chakras in der richtigen Weise aufrichtet.

Es gibt zwei Eigenschaften, die uns in ihrem aktiven Zustand für das Einfließen der Lichtströme durchlässig macht. Die eine ist wahre *Demut*, die den Willen Gottes annimmt, ohne gegen ihn anzukämpfen. Dieser Zustand öffnet uns für das Überirdische. Die zweite Qualität ist die *Bewusstheit* des Gotteslichtes, das sich in konzentrischen Kreisen aus dem innersten Zentrum, in dem es seinen Ursprung nahm, bis an den äußeren Rand des physischen Universums ausdehnt. Dies bringt uns ins Gleichgewicht, und unser gesamtes Sein wird gemäß der Göttlichen Ordnung integriert.

Möchten wir geheilt werden, unterstützt uns die Wiederholung eines Mantras oder Bibelverses, die auf unser Bedürfnis abgestimmt sind. Wir lenken unsere Aufmerksamkeit auf die Lichtfrequenzen der inneren Sphären. Hier einige Beispiele. Für das Herz: *Ich werde dir auch ein neues Herz geben und einen neuen Geist in dich hineinlegen. Jeder, der in Christus ist, ist ein neues Geschöpf.* Für die Augen: *In Deinem Lichte werden wir Licht sehen* oder *Herr öffne meine Augen.* Für Energie: *Denn Du bist der Lebensquell.* Zur Überwindung von Furcht: *Ich suchte den Herrn, und Er hörte mich und befreite mich von aller Furcht.* Allgemeine Gesundheit: *Ich bin der Herr, der dich heilt. Siehe, ich werde dir Gesundheit und Genesung bringen und dir eine Fülle an Frieden und Zuversicht offenbaren.*

Die geistige Anregung besitzt eine starke therapeutische Wirkung auf den Menschen. Eine positive Affirmation setzt eine Urkraft frei, die dem negativen Energiefluss entgegenwirkt. Die konstruktive Suggestion soll die Empfangsbereitschaft für die göttlichen Ströme anregen und uns für die erneuernden Kräfte öffnen. Sie bereitet uns auf den Zustand vor, der die Heilung fördert.

Musik, eine angenehme Umgebung und der Klang fließenden Wassers tragen ebenfalls positiv dazu bei. Fließendes Wasser wirkt sich besonders auf den Astralkörper aus, da es ihn durchlässiger macht und stärker öffnet. Gute Musik, Kunst oder die Natur vermögen uns über das physische Unbehagen zu erheben und unsere Empfangsbereitschaft für die Heilkräfte zu erhöhen. Guter Musik zu lauschen, wirkt sich auf die Emotionen aus. Selbst das Summen einer Melodie „knipst das Licht an" in unserem Astralkörper. Funktioniert er in der richtigen Weise, öffnen wir uns für die göttlichen Heilkräfte. Düfte besitzen ebenfalls eine bestimmte Wirkung.

Hindernisse

Jeder Mensch, der sich auf der Erde inkarniert, trägt eine karmische Last oder eine ungetilgte Schuld dem Leben gegenüber, die er durch Selbstüberwindung begleichen muss. Dies kann sich in Form der Überwindung von Furcht, Intoleranz, Vorurteilen, Zügellosigkeit, Trägheit oder Negativität äußern. Wenn wir klug sind, nehmen wir uns einige der bewussten Schwächen vor und arbeiten intensiv daran, denn wenn wir nicht in die vertikale Richtung wachsen, sind wir festgefahren und entwickeln uns rückläufig, was zu den unterschiedlichsten Zuständen führt, die der Heilung bedürfen. Jedes Individuum, das nicht ganz und vollständig auf die innere Göttlichkeit eingestimmt ist, wird sich von Zeit zu Zeit mit der Gravitationskraft der instinktiven Mächte auseinandersetzen müssen, die versuchen, unsere Aufmerksamkeit vom Licht abzulenken.

Krankheit ist nicht gleichbedeutend mit Sünde. Sie weist nur auf eine falsche Lebensweise in der Vergangenheit hin. Manchmal bedarf es einer Krankheit, um die notwendige Änderung in seinem Leben vorzunehmen und die richtige Sichtweise zu gewinnen. Wir sollten uns niemals verurteilen oder schuldig fühlen, wenn wir krank sind. Der übertriebene Moralist, der fälschlicherweise dazu neigt, sich selbst oder andere zu kritisieren, wird diese Schuld auf sich nehmen und über etwas Geringerem brüten.

Schmerz, Kummer und die Herausforderung der Krankheit verwunden einige Menschen so tief, dass sie an ihrer Fähigkeit zweifeln, gesund zu werden – ihre Sorge ist zu groß. Ihre negative Reaktion auf die Krankheit blockiert ihr Bewusstsein für die Leiden und Probleme anderer, die viel schwerwiegender sind. Unsere Aufmerksamkeit muss auf Gott gerichtet sein, nicht auf den geplagten Körper.

Die meisten Krankheiten sind auf einen unruhigen Mental- oder Emotionalkörper zurückzuführen. Sorge, übertriebener Materialismus, Vorurteile und Stolz schaden dem Mentalkörper, so wie Kohlensäure gesundes Hautgewebe verbrennt und zerstört. Disharmonische Schwingungen wirken in unserem Mental- und Emotionalkörper wie Gift. Unsere gestörten Reaktionen zerfressen den Astralkörper und rufen mit der Zeit „Löcher" hervor, durch die Astralenergie entweicht. Impulsive Angewohnheiten sind das Ergebnis eines derartigen Verlustes. Innere Ungeduld, Ängste und Selbstmitleid sind die Folge solcher undichten Stellen, und der allmähliche Verlust der Astralenergie erschüttert den physischen Körper in einem Maße, dass er krank wird. Wenn wir beschließen, umzudenken und unseren Gefühlen eine positive Richtung zu geben, lernen wir, unsere negative durch eine konstruktive Sichtweise des Lebens zu ersetzen. Jeder von uns ist in der Lage, sich selbst dahingehend zu erziehen und die Regel zu beachten: *Überwinde das Böse mit dem Guten.*

Wir müssen erkennen, dass das Schicksal unserer Gesundheit weitgehend von unserer geistigen Haltung, den Gefühlen und der Art beherrscht wird, in der wir mit unseren Energien umgehen. Unsere mentale Starre und unser falsches Denken verschließen unsere

Empfänglichkeit für die inneren feinstofflichen Aspekte, und eine Kette negativer Reaktionen setzt ein. Unser Astralkörper fängt die durchsickernde Furcht und Negativität auf, und es entsteht Spannung. Unsere Verspannung unterbricht die Versorgung des Ätherkörpers, was wiederum den physischen Körper beeinträchtigt. Jede übertriebene Anspannung bewirkt eine Trennung zwischen den inneren Reichen und der äußeren Welt. Übertriebenes Verantwortungsgefühl und starke Ichbezogenheit können zu Krankheit führen, da wir verkrampfen und uns dadurch für ungesunde Dinge öffnen.

Viele verschlossene und unnahbare Menschen leiden unter verdrängten Gefühlen, die sie nicht zum Ausdruck zu bringen wagen, aus Angst, sie könnten außer Kontrolle geraten. Es gibt geistige Leerräume der Furcht und Mutlosigkeit, der Besserwisserei oder des Martyriums. Zahlreiche Menschen erbringen wunderbare Leistungen, aber ihre Motivation ist falsch. Sie werden von egoistischen Überlegungen geleitet, nicht von Selbsthingabe. Wir müssen diese Dinge in uns erkennen und uns bemühen, jeden negativen Aspekt zu überwinden.

Unaufrichtigkeit verschließt ebenfalls den Strom aus der höheren Natur. Der Mentalkörper gerät außer Kontrolle, was sich auf den Astral- und auf den physischen Körper auswirkt. Ehrlichkeit ist ein wesentlicher Aspekt vollkommener Gesundheit.

Das Unterbewusste neigt dazu, uns in Schuld- und Minderwertigkeitsgefühlen oder der Unfähigkeit, vergeben zu können, gefangenzuhalten. Begrenzungen und Festlegungen des Bewusstseins führen zu Hindernissen und Unbeugsamkeit. Wir müssen einen Punkt erreichen, an dem wir uns nicht mehr nach Impulsen oder dem starken Zug unserer Instinkte richten. Wir wollen Entscheidungen treffen und den Anweisungen des Geistes folgen.

Psychologen und Ärzte vertreten die Ansicht, dass ungesunde Gedanken den Körper vergiften und sein Gefüge schwächen. Ein gebrochenes Bein mag auf einen Sturz zurückzuführen sein, aber der Bewusstseinszustand der Person in jenem Augenblick war die eigentliche Ursache des Unfalls. Konstruktives, kreatives Denken und geistige Verwirklichung bilden die Grundlage für geistige Gesundheit.

Wenn wir zu viel arbeiten, uns sorgen oder ein Virus den Körper angreift, drehen sich die Chakras langsamer und der Emotional- und Mentalkörper nehmen Schaden. Wie ein grauer Nebel überschattet die Selbstbezogenheit den Mentalkörper, der sich nicht für das Licht öffnet. Wir müssen unser Haus in Ordnung bringen, um uns durch eine gesunde Lebensweise, ein gesundes Fühlen und Denken von unserer Verwirrung und Überzogenheit zu befreien. Wir blicken nach oben, denn von dort fließen die Kräfte, die uns dauerhaft stärken.

Einer der Gründe für unsere Erkrankungen liegt in unserer Persönlichkeit, die sich dem Höheren Selbst nicht unterwerfen will. Spüren wir einen inneren Widerstand gegen Veränderungen, wehren wir uns gegen die wichtigste Lebenslektion, dass nämlich konstruktives Wachstum auf positiver Akzeptanz beruht. Sind wir nicht gewillt, Veränderungen vorzunehmen, werden wir uns entsprechenden Herausforderungen gegenübersehen. Widerstand kann uns krank machen. Wenn es Gottes Wille ist, dass wir Selbstvertrauen entwickeln, in eine neue Umgebung gehen oder noch einmal von vorne anfangen, müssen wir es akzeptieren. Setzen wir unser Vertrauen in eine höhere Weisheit und wissen, dass wir es schaffen werden, gehen wir mit Gott.

Mit unserer Unbeugsamkeit, Eigenliebe, Furcht und unserem geistigen Stolz haben wir Barrieren gegen Gott errichtet. Sie müssen alle verschwinden, denn sie gehören nicht zum Göttlichen in unserem Inneren. Wir versuchen, Gott vorzuschreiben, wie unsere Heilung verlaufen soll. Gott vermag uns auf verschiedene Weise zu heilen – durch einen Arzt, durch Arzneimittel oder durch eine geistige Behandlung. Wir müssen offen sein und ihm vollkommen vertrauen.

Dunkle Bewusstseinsbereiche, wie Ängstlichkeit, Ichbezogenheit, Intoleranz, mangelnde Versöhnungsbereitschaft oder Trägheit, müssen geläutert und der Obhut des wartenden Lichtgeistes übergegeben werden. Dies sind die vergiftenden und negativen Kräfte, die Krankheit anziehen. Wir sind einer Heilung nicht würdig, wenn wir nicht gewillt sind, uns von Spannungen, Vorurteilen und übertriebener Kritik zu lösen. Sobald diese Charakterzüge Gott freiwillig unterworfen werden, erfolgt Heilung.

Spirituelle Heilmethoden

Eine der frühen Heilmethoden der Christen war die Heilung durch Handauflegen. Im ersten Jahrhundert brachten die Menschen Petrus verschiedene Gegenstände und baten ihn, sie zu segnen. Wird ein Medaillon, ein Kreuz oder ein Gewand für Heilzwecke gesegnet, ruft der erleuchtete Heiler, Geistliche oder Priester den Christus-Geist an, Seine Kraft in einer dauerhaftes Gedankenbild der Heilung um den Gegenstand zu konzentrieren. Den Gegenstand beseelt die Schwingung der Gesundheit, die als Schutzschild gegen zerstörerische Einflüsse wirkt.

Es gibt Magnetopathen, die eine starke Vitalität besitzen. Dabei handelt es sich meistens um Personen, die dem ersten Strahl angehören und in anderen „die Batterie wieder aufladen" können. Diese Art der Heilung kann auf einer Pilgerreise, in einem Retreat oder an einem heiligen Ort eintreten, wenn er zum Zweck der Heilung geweiht wurde. Wir öffnen uns für diesen Magnetismus am besten auf ätherischer Ebene, auf der sich an diesen Orten die Heilkraft befindet.

Aus der geistigen Natur der Sonne ergießen sich magnetische Kräfte in die Aura. Ohne diese Kraft könnten wir nicht gesund, stark und leistungsfähig bleiben. Unserem Verlangen entsprechend, wird der Magnetismus stärker in die niederen Körper einfließen. Vergeistigen wir unser Verlangen, werden die magnetischen Kräfte langsam die Aura erfüllen und wie eine Fontäne durch den Scheitelbereich in die Umgebung sprühen.

Die Mentalkräfte stehen über den physischen Kräften. Am Anfang wurden alle Dinge durch das Bewusstsein geformt. Daher können sie verbessert und umgestaltet werden. Die mentale Heilweise wird möglich, wenn wir neue Bewusstseinsebenen erreicht haben, die unsere Gedanken läutern und stärken. Sind wir demütig, aufnahmebereit und belehrbar, können gewaltige Kräfte in unseren Geist fließen und uns allmählich zur Ganzheit führen. Die mentale Heilung muss uns immer ehrfürchtig auf das einstimmen, was über uns liegt.

Pythagoras bediente sich esoterischer Heilungsformen, die neue Muster und Gedanken zum Ausdruck brachten. Er lehrte seine Schüler, das Gute zu denken, um solche vibrierenden Muster oder Archetypen der Heilung zu erhalten. Er setzte außerdem die Farb- und Musiktherapie ein. Er wusste, dass der Astralkörper auf Farben reagierte und badete die Patienten, je nach Bedarf, in orangefarbenem, strahlend grünem oder blauem Licht. Grün und Orange sorgten für Energie, Gelb regte den Geist an, Blau wirkte entspannend und Weiß sollte Bakterien und Keime abwehren.

Behandelte Pythagoras geisteskranke Personen, ließ er sie Rechenaufgaben lösen. Er glaubte, wenn man mit dem Zahlenrhythmus umzugehen vermochte, würde auch der Geist richtig arbeiten, denn wenn wir uns auf Ordnung konzentrieren, beginnen wir, Ordnung zu manifestieren. Patienten, die unter Depressionen oder Angstzuständen litten, half er durch Musik und Poesie.

Unter einem „Heiler durch Präsenz" versteht man einen Menschen, der von einer hohen Bewusstseinsebene aus lebt und von dem eine beruhigende, klärende und heilende Strahlkraft ausgeht. Seine Lebensweise macht ihn zum Kanal für Kraftströme der Erneuerung. Sein Licht zerstreut die Schatten der Krankheit. Der Meister Amiel ist ein „Heiler durch Präsenz" und kann um Hilfe gebeten werden, Kräfte zu erneuern und zu sammeln, um die Krankheit zu überwinden.

Spontane geistige Heilungen unterscheiden sich von den Heilungen, die sich durch Gebet oder bestimmte Behandlungsweisen einstellen. Diese wunderbaren Heilungen sind selten. Nur etwa ein Prozent der Patienten, die das Heiligtum in Lourdes aufsuchen, erleben sie. Diese Heilungen werden als ein ungewöhnliches Gnadengeschenk betrachtet. Gott ist für jede Form der Heilung verantwortlich. Wenn wir Heilung anstreben, können wir keine Starre beibehalten. Wir geben uns Gott hin und lassen uns von Ihm führen. Diese mystischen Heilungen entspringen einer tiefen Gottesverehrung und der vollständigen, vertrauensvollen Übergabe unserer Nöte an Gott.

Wir können lernen, unseren Körper zu beherrschen, indem wir dem Schmerz befehlen, ihn zu verlassen. *Gehe hinaus in das Licht, wo dich das weiße Feuer Gottes auflöst.* Es muss ein Befehl sein, der sich zunächst nicht auswirken mag. Doch mit Ausdauer werden wir lernen, den Schmerz durch die göttliche Kraft zu beherrschen.

Gott bedient sich vieler Wege, um die Lebensströme in einem ernsthaft Kranken zu erneuern und zu mehren. Die Ärzte können diese Göttliche Energie durch eine korrekte Diagnose und die entsprechende Medikation kanalisieren, ebenso die Gebete mitfühlender Freunde. Es wird eine Zeit kommen, in der sich der Geistliche, der Psychologe und der Arzt zusammensetzen und für den Patienten beten, um zu sehen, in welcher Weise jeder zu dessen dauerhaftem Wohlergehen beitragen kann.

Machtvolle Invokationen haben sich in der Heilungsarbeit als wirkungsvoll erwiesen. Neue Impulse und Elemente werden unseren Gebetsformen hinzugefügt, wenn wir die verschiedenen Gottesaspekte anrufen. Sprechen wir Gott, den Mutter/Vater Geist, an, wenden wir uns an die Quelle, die uns erschuf. Dann schließen wir Christus in unser Gebet mit ein, denn er ist der Erneuerer des Lebens und unser Erlöser. Drittens wenden wir uns an den Heiligen Tröster, die Quelle der Weisheit, um uns zu inspirieren. Wir beten zu dem Geist der Gnade, denn wir wissen, dass bestimmte Faktoren die Krankheit verursacht haben, die im Bereich der Gnade und Barmherzigkeit Gottes liegen. Die Gnade überwacht unser Karma, und wir möchten unsere karmischen Schulden ans Tageslicht bringen und konstruktiv begleichen. Die vollendeten Männer und Frauen und die Engel-Hierarchie schließen wir ein, denn sie sind weise, der Heilung kundige Ärzte. Jeder neue Gottes-Aspekt, der in der Heilung mit einbezogen wird, fügt dem Licht, das unserem Gebet entströmt, einen anderen Farbton hinzu. Es schafft ein Feld, das die Aufmerksamkeit der all-sehenden Intelligenzen verdient.

Ein sorgfältig durchgeführtes Heilungsgebet für einen anderen Menschen übernimmt die Arbeit der Engel für uns Sterbliche. Wir müssen uns möglichst genau über die Einzelheiten des Krankheitszustandes informieren, so dass wir wissen, an welcher Stelle das Licht auf die Person auftreffen soll, um die Schwachstellen zu beheben. Ehe wir mit unserem Gebet beginnen, rufen wir möglichst viele Aspekte Gottes an, denn je mehr wir berühren, desto mehr werden sich von dem Lebendigen Licht auf die zu heilenden Bereiche konzentrieren. Dann bitten wir, dass die Nöte der kranken Person der Aufmerksamkeit des liebenden Gottes anheimgestellt werden mögen. Wir bitten um Seine heilende Berührung, die befallenen Organe zu segnen und das gesamte Sein zur Ganzheit zu führen. Im Namen des Lebendigen Christus bitten wir darum, dass die Meister der Heilung, Meister Dratzel, der große Diagnostiker, und Meister Amiel, der Heiler durch Präsenz, dem Arzt mit der richtigen Diagnose zur Seite stehen. Durch Christus bitten wir die Engel der Heilung, sich um den geliebten Menschen zu kümmern. Wir bitten auch den „Kindel-Erzengel", der die Verantwortung für die Lebensaufzeichnungen dieses Individuums trägt, zu sehen, ob die Gnade Gottes wirksam werden darf, um dieses Leben zu verbessern. Wir sehen den gereinigten Lebensstrom rosafarben in die Aura treten, sich wie ein Adernetz in allen Körpern verteilen und das Individuum mit neuem Leben aufladen.

Bei einer geisteskranken Person kann ein Zeichen des flammenden „Kreuz des Lebens" Böses vertreiben. Das Kreuz sollte über den Haupt-Chakras des Körpers geschlagen werden, beginnend mit dem Kopf bis hinunter zu den Zentren an den Fußsohlen, von der ausgestreckten rechten Hand über die Mitte zur linken Hand. Dabei sprechen wir: *Möge das lebendige weiße Licht des Christus dieses Kreuz mit flammender Intensität beseelen und aufladen.* Es ist wichtig, den Querbalken von rechts nach links zu ziehen, damit die Heilströme weiterhin in das Individuum einfließen können. Bei diesem Vorgang halten wir unser Bewusstsein durch die Seelenaktivität auf unsere höchsten inneren Kräfte eingestimmt.

Das flammende Kreuz besitzt die Eigenschaft einer starken elektrischen Kraft, die langsam, aber wie Radium in der Atmosphäre wirkt. Trotz ihres Potenzials wird es eine Weile dauern, bis das Individuum reagiert.

Ein erhabener Meister erklärte, dass die Zeit kommen wird, in der wir die vollständige Verantwortung für den Wiederaufbau unserer gesamten Seinsstruktur tragen werden. Nun liegt sie in den Händen höherer Intelligenzen, die Gott beauftragt hat, für uns in dieser Weise zu wirken. Wir sollten beachten, dass wir in unserem Inneren eine Göttlichkeit tragen, diesen Gottesfunken, der vollkommen ist. Wenn wir dieser Präsenz demütig entgegentreten und uns für ihr Licht öffnen, vermag sie ihre glorreichen Strahlen durch alle Dimensionen zu senden, bis die physische Ebene erreicht wird.

Archetypen und Funktionen des Körpers

Unser Körper funktioniert entsprechend der Archetypen oder Muster im Kausalbereich unserer Seele. Jedes physische Organ besitzt einen solchen Archetyp, der leuchtet, wenn das Organ ordnungsgemäß arbeitet, bei dessen Schädigung jedoch dunkel und zerstört wird. Demütig bitten wir den Innewohnenden Gott, den Rhythmus und die Frequenz des Organs zu erneuern und damit den Archetypus zu korrigieren.

Die höheren Wesenheiten lehrten, dass es sich beim Blut um das geheimnisvollste Element in uns handelt. Es ist sowohl der Träger des Innewohnenden Gottes als auch der niederen Wunschaspekte, des ätherischen Magnetismus und der physischen Konstitution. Wir können unsere Blutbahn mit einem Wassersystem vergleichen. Das Blut führt uns die Nährstoffe aus der Nahrung zu. Dies versinnbildlicht die Aufnahme der Wahrheit, die uns stärkt und aufgenommen werden muss, um uns geistig zu ernähren und schließlich zur akzeptierten Wahrheit zu werden.

Das Nerven- und Drüsensystem ist dem Astralkörper zugeordnet. Leber, Milz und Blut leiten die Impulse aus dem Ätherkörper, der Quelle unserer Vitalität, weiter. Wir sind für unsere Heilung weitgehend selbst verantwortlich, denn wir müssen unseren Teil dazu beitragen, damit die göttlichen Kräfte unser Werkzeug durchströmen und reinigen können.

Gott gestaltete unseren Körper in wunderbarer Weise, und die Zahl zwei spielt eine besondere Rolle – zwei Augen, zwei Nasenfflügel, zwei Ohren, zwei Hände, zwei Füße sowie einige innere Organe, die paarweise auftreten, wie unsere Nieren und unsere Lungenflügel. Nach Pythagoras ist zwei die Zahl der Erde, unserer äußeren Dimension, und vor allem die Zahl der Bemühung. Während wir in dieser Welt mit diesen Organen leben, bemüht sich tatsächlich jeder Einzelne, um zu sehen, zu hören, zu empfangen und Gottes Plan zu verwirklichen.

Geistige Krankheitsursachen

Hinter jeder Krankheit steckt eine geistige Ursache, die den Zustand anzieht, der ihrer negativen Qualität entspricht. Sie beruht auf jener Schwäche, die mangelnde Objektivität, Konstruktivität, Kreativität und Spiritualität in unserer Lebensweise kennzeichnet. Solche Negativitäten tragen den Samen der Zerstörung in sich, die uns mental, emotional oder physisch erkranken lassen können. Viele Krankheiten sind auf karmische Schulden aus vergangenen Leben zurückzuführen, in denen wir uns gedankenlos oder grausam verhalten haben. Jeder, der sich auf der Erde inkarniert, durchlebt eine Reihe von Toden durch Krankheit.

Rückenschmerzen sind auf das unnötige Tragen von seelischen Bürden zurückzuführen. Ekzeme, welche die Hände befallen, sind Zeichen einer übertriebenen Sensibilität. In beiden Fällen bedarf es der Bereitwilligkeit und der inneren Sicherheit bei der Arbeit sowie des unerschütterlichen Gottvertrauens.

Erkältungen, Bronchitis oder Sinus-Infektionen sind das Resultat unseres inneren Widerstandes oder einer Kritiksucht. Unser Körper trägt schwer daran, wenn das gesamte Nerven- und emotionale System sich einer Sache des Privatlebens, der Arbeitswelt oder der Gesellschaft widersetzt oder ihr kritisch gegenübersteht. Können wir eine Situation nicht ändern, müssen wir sie objektiv betrachten, ohne uns dagegen aufzulehnen. Wir übergeben die Angelegenheit der Obhut Gottes und reinigen unsere Emotionen und nervlichen Reaktionen auf negative Gefühle.

Kopfschmerzen entspringen gewöhnlich der Tatsache, dass gewisse Personen auf allen Gebieten Perfektionisten sind und besser als gut sein möchten. Meistens denken sie zu sehr an das, was andere Leute sagen könnten. Da es ihnen an Selbstvertrauen fehlt, müssen sie ihr Selbstwertgefühl aufbauen, um nicht von der Beurteilung anderer abhängig zu werden. Mangelnde Liebe beeinflusst den Magen. Meistens sind übertrieben sensible und ehrgeizige Menschen davon betroffen. Sie müssen sich entspannen. Beide Temperamente sind oft übernervös und können schlecht mit Stress-Situationen umgehen.

Die innere Ursache für Gallensteine ist unterdrückte, nicht bewältigte Bitterkeit. Wir erkennen, dass wir uns unbewusst gegen eine unangenehme Situation „verhärtet" haben. Jeder Stein im physischen Organismus symbolisiert eine festgefahrene Einstellung hinsichtlich einer Situation. Um sich für immer von dieser Schwierigkeit zu befreien, müssen wir lernen, allem und jedem zu vergeben.

Der Darm reinigt unseren Körper. Probleme im Darmbereich sind ein Zeichen dafür, dass jemand zu lange an einer Sache festgehalten hat und sich von ihr befreien muss. Dabei kann es sich um eine schlechte Angewohnheit oder falsche Ansichten handeln. Die durch Widerstand aufgestauten Negativitäten müssen freigesetzt werden. Emotionen und Angst beeinträchtigen die Nieren. Diese Angst kann im Mentalbereich sitzen oder eine Reaktion auf unangenehme Prüfungen sein. Alle Angstreaktionen müssen überwunden werden.

Physische Krankheiten weisen auf bestimmte geistige Zustände hin, an denen festgehalten wird. Der Graue Star entsteht durch die negative Verschleierung des Verstandes gegenüber der Wahrheit. Manchmal erkennen wir einen Aspekt der Wahrheit, sind aber nicht gewillt, diesen im Leben zu verwirklichen. Wir versuchen, dieses Wissen um Intoleranz, Ichbezogenheit oder irgendeine andere Erkenntnis zu unterdrücken und treten dem Leben auf eine eher begrenzte Art und Weise entgegen. Bleibt dieser Zustand bestehen, kann er zur Blindheit führen. Die innere Ursache des Glaukoms wurzelt in allzu großem Selbstmitleid. Die Blindheit des Glaukoms spiegelt eine Überempfindlichkeit gegenüber unseren eigenen Gefühlen und unsere Gefühllosigkeit gegenüber unserer Umgebung wider.

Rheumatismus und Arthritis sind die Folgen einer eingeschränkten Geistes- und Herzenshaltung. Dies kann hauptsächlich auf emotionale Bindungen zurückzuführen sein und auf die Lektion, andere Menschen, geschäftliche und häusliche Gegebenheiten oder die unliebsame Verhaltensweise gegenüber einer Lebenssituation loszulassen. Wir müssen eine gewisse Flexibilität entwickeln, also anpassungsfähig und bejahend sein sowie bereitwillig jede Herausforderung möglichst weise nutzen. In diesem oder in einem früheren Leben mag die Person streng und unnachgiebig gewesen sein. Eine solche Geisteshaltung zieht Kräfte an, die auf der physischen Ebene zu Rheumatismus und Arthritis führen. Um auf eine dauerhafte Heilung hinzuarbeiten, muss der Kranke sich von dieser begrenzten Haltung freimachen.

Spirituell gesehen, kennzeichnet die Leber das Organ der Kraftreserven und steht mit unserem Erinnerungsvermögen in Beziehung. Wird diese Reserve vernachlässigt, bedeutet das eine Schädigung des Körperorgans. Durch Vergebung müssen wir lernen, die Fehler und Grausamkeiten der Vergangenheit zu vergessen. Offen und konstruktiv geäußerte Empfindungen erhalten dieses Organ gesund.

Tuberkulose ist ein Zeichen von Willensschwäche, Lebensangst oder der Schwierigkeit, eine positive unabhängige Einstellung zu verwirklichen. Dieser Zustand könnte das Ergebnis jahrelangen Gehorsams gegenüber dominierenden Einflüssen von seiten des Zuhauses oder des sozialen Umfeldes sein. Die Lungen deuten auf die aufnahmefähige oder offene Haltung des Menschen gegenüber den höheren Seinsebenen hin.

Der Zustand der Epilepsie wird oft durch den heftigen Kampf eines Individuums zwischen Licht und Dunkel ausgelöst. Eine andere Ursache wäre, dass man sich von äußeren Kräften beherrschen lässt, wie ein Medium, das sich in Trance versenkt. Dies gleicht einer freiwilligen Knechtschaft. Daraus könnte sich im nächsten Leben das Leiden der Epilepsie ergeben.

Willensschwäche, Passivität und Gehorsam gegenüber willensstärkeren Personen in einem früheren Leben sind nicht selten die Grundlagen für Diabetes. Üben wir uns in Selbstdisziplin und stellen uns den vorliegenden Problemen, werden wir niemals mehr an diesem

Leiden erkranken. Es ist wichtig, die Gesundheit über das Vergnügen zu stellen und die Kraft zu schätzen, die der Disziplin entspringt.

Die inneren Lehren über Bakterien und Viren besagen, dass diese Organismen die physischen Körper von Elementalen darstellen, die der dritten Evolutionslinie oder der dunklen Seite der Natur angehören. Dieser Aspekt greift die Menschen an, sobald sich eine Möglichkeit bietet, sei es durch Krankheit oder in moralischer Hinsicht, und er bleibt fortwährend aktiv. Wir müssen uns um ein inneres Gleichgewicht bemühen, um dem Eindringen dieser Elemente keine Gelegenheit zu bieten.

Behandlung

Die geistige Behandlung wirkt sich auf den Geist, die Emotionen und den Körper eines um Hilfe bittenden Patienten aus, indem eine Verbindung zu dem Organ oder dem betroffenen Körperbereich hergestellt wird. Jemand, der nicht in die Krankheit verwickelt ist, steht außerhalb und vermag intensiv und wirkungsvoll zu beten. Er konzentriert das Ewige Licht des Geistes auf die Person, deren Name langsam und liebevoll ausgesprochen wird. Es durchdringt jede Zelle, jedes Organ und jede Fähigkeit und reinigt die seelisch-geistige Atmosphäre im Umkreis des Patienten. Jeden Tag lässt sich die Gedankenverbindung zu dem Kranken etwas leichter aufbauen, und die geistige Kraft leuchtet stärker auf.

Eine chronische Krankheit reagiert auf eine tägliche entschlossene Behandlung, wohingegen eine gefährliche Krankheit mindestens zwei- oder dreimal täglich der inneren Arbeit bedarf. Die Behandlungsmethode hängt davon ab, ob wir der Patient sind, der sich um Ganzheit bemüht, oder ob wir diese für einen anderen Menschen anstreben. Nachdem wir die Bedingungen für die innere Heilung so weit erfüllt haben, wenden wir uns den Kräften zu, die in der Aura und den höheren Körpern Veränderungen herbeiführen. Wir beten in Christi Namen, dass Sein weißes Licht der wärmenden, reinigenden Kraft unseren Mental-, Emotional-, Äther- und physischen Körper läutern und anschließend in unsere Aura strahlen möge, damit auch sie gereinigt werde. In dem Augenblick, in dem es in den physischen Körper eintritt, konzentrieren wir uns besonders auf das zu behandelnde Organ.

Am folgenden Tag bitten wir den sanften blauen Strahl Christi, die vier niederen Körper und die Aura zu durchdringen. Dieser kühle Strahl wirkt besänftigend und harmonisierend. Am dritten Tag bitten wir um den elektrischen grünen Strahl. Diese Energie nährt Bäume, Sträucher, Blumen und Gräser. Er besitzt nicht die Kraft des weißen Strahles, wirkt aber stimulierend und belebend. Halten wir uns im Freien auf, durchdringt er uns. Sind wir krank, bedürfen wir einer längeren Aufnahme dieser Strahlen, die der Sonne entspringen. Ein bewusster Gedanke an sie hilft, um unsere Genesung zu beschleunigen.

Am vierten Tag behandeln wir die Atome in den vier niederen Körpern. Falls wir uns selbst behandeln, wenden wir uns den Idealen und Zielen zu, die im Hinblick auf vollkommene Gesundheit den Rest dieser Inkarnation in Anspruch nehmen werden. Das Muster oder Ideal, das wir empfangen, dient der Gesundheit in unseren vier Körpern und erzeugt einer Fülle an Energie, um sie aufrechtzuerhalten.

Beten wir für eine schwerkranke Person, bitten wir einen Heilengel oder eine vollendete Seele an ihre Seite, um sie ohne Unterlass zu überwachen, bis eine Besserung eintritt. Es ist erstaunlich, was geschieht, wenn die inneren Wirklichkeiten sich manifestieren dürfen. Gott braucht menschliche Kanäle, die als Erdungskabel für das Licht wirken. Je mehr wir in unseren Gebeten an jemanden in Not denken, desto besser für diese Person.

Gilt unser Gebet einem Menschen mit einer Krankheit, die sich im Endstadium befindet, bemühen wir uns, daran zu denken, dass das Leben ein Geschenk Gottes ist und die Wiederherstellung eines Lebens bei Gott und dem Wunsch des Patienten nach neuem Leben liegt. Gott kann und wird Seine Unterstützung gewähren, aber das neue Leben muss verdient sein. Niemand sollte um die Gnade der Heilung bitten, ohne seine Verpflichtung zu erkennen, ein besseres, gesünderes und hingebungsvolleres Leben zu führen.

In einer Krisensituation können die sieben Haupt-Chakras der einzelnen Körper behandelt werden. Im physischen Körper werden sie durch die Drüsen vertreten. Im Äther-, Astral-, Mental- und Kausalkörper und auf der Ebene des Adonai und des Geistkörpers erscheinen sie als „Energie-Räder". Diese herrlichen farbigen Lichträder sorgen für die Atmung und Zirkulation in den innersten Körpern. Wenn die Heilungsenergie nicht durchzudringen vermag, liegt es meistens an der Trägheit eines oder mehrerer Chakras.

Wir beginnen mit den beiden unteren Energiezentren, die sich an der Wirbelsäulenbasis und ein wenig höher auf dem Ätherkörper bis hin zu dem innewohnenden Gottesfunken befinden und die Energie vom Planetarischen Logos und vom Solaren Logos einfließen lassen. Wir wollen diese Chakras fröhlicher und lebendiger in ihrer Bahn tanzen und sich ihrer Trägheit entledigen sehen. Das dritte Chakra oberhalb des Nabels, das vierte in der Herzgegend und das fünfte im Kehlkopfbereich stehen mit dem Selbst in Zusammenhang. Sie führen Energie aus dem höheren Selbst in die Körper. Das sechste (Stirn-Chakra) und das siebte (Scheitel-Chakra) bringen die Göttliche Energie herein. Bei einer Heilung strahlen sie das intensivste wahrnehmbare Licht aus.

Die Visualisation bildet einen wesentlichen Aspekt der Heilungsarbeit. Wir können uns in einem Brunnen geistiger Heilkräfte oder Energien sehen. Er enthält blaue, beruhigende oder grüne, belebende Strahlen. Oder wir sehen uns in einer Grotte mit einem Springbrunnen, aus dem sich die weißen Strahlen der Läuterung über uns ergießen. Das Licht durchflutet jeden Körper und erfasst unsere gesamte Aura, bis es von den physischen Atomen aufgenommen wird.

Wir können uns Christus vorstellen, der das Herz-Chakra eines Kranken berührt. An einem anderen Tag sehen wir einen Arzt, einen vollendeten Meister, der sich mit der Person befasst, bis die Krise vorüber ist. Je lebendiger unsere Vorstellungskraft, desto intensiver können wir auf jeden Körper eingehen. Wenn wir an unser höheres Selbst denken, das sich der niederen Aspekte annimmt und einen allmählichen Wandel in unserem ganzen Wesen bewirkt, öffnen wir unsere Aura für den lebendigen Kraftstrom Gottes.

Bedürfen wir einer besonderen Behandlung für unsere eigene Gesundheit, bitten wir die göttliche Kraft, unseren Seelenfunken zu erfüllen und von dort unseren Mentalkörper. Dann bitten wir, dass sich diese Kraft in unserem Astralkörper widerspiegeln möge. Wir erkennen die Qualitäten, die unsere astralen Fähigkeiten harmonisieren, verfeinern, läutern, stärken und bereichern werden. Anschließend bitten wir darum, dass sich die reinigenden und erneuernden Energien in den Ätherkörper ergießen. Wir konzentrieren uns auf den inneren Gottesfunken, der den physischen Körper durchstrahlen und in das bedürftige Organ eindringen wird. Wir gehen langsam und sorgfältig vor und beten ehrfürchtig: *Göttlicher Geist, der Du in uns wirkst, lasse Deine Lichtkräfte meine Lungen...mein Herz... oder meine Kehle durchstrahlen,* je nachdem welcher Bereich der Heilung bedarf. Auf diese Weise können wir die Göttlichen Kräfte für unsere Heilung erden.

Gesund, stark, anmutig oder ruhig zu sein, verlangt, dass die angeborene Intelligenz willensstark und entschlossen die Vervollkommnung verwirklicht.

12.

Natur

Jeder sollte sich danach sehnen, mit Gott in Verbindung zu treten und sich Seiner bewusst zu werden. Wachsende Ehrfurcht und Ausdauer werden uns diesem Ziel näher bringen. Es gibt viele Wege, um Gott zu finden. Die einzelnen Möglichkeiten, durch die wir einen flüchtigen Einblick in die Göttliche Wirklichkeit erhaschen können, sollten hilfreich und belehrend sein. Mit zunehmender geistiger Reife erkennen wir, dass uns andächtige Aufrichtigkeit auf den richtigen Weg führt. Einer dieser Wege, der uns in vieler Hinsicht segnet, wenn wir ihn weise beschreiten, ist die Verehrung Gottes durch die Natur.

Das Heiligtum für unsere Heilung liegt mitten in unserer komplexen Umwelt. Es ist die Natur, die heilt und erneuert, transformiert und lehrt. Wir können unser Leben vereinfachen, aber wir benötigen das große Lehrbuch der freien Natur, um zu erkennen, was wirklich wichtig ist. Jeder, der ihre unendliche Weite aufsucht, findet inneren Frieden und Segen, denn hier sind wir Gott näher. Wir haben eine andere Welt betreten, eine geistige Welt, die uns belehrt und beglückt.

Die Natur befreit uns von den Spinnweben des Materialismus und der Oberflächlichkeit unseres Alltags. Ihre lebendige Kraft durchdringt unser oberflächliches Wesen und inspiriert unser Denken und Fühlen aus einer inneren Tiefe heraus, die sonst nur selten in uns anklingt. Unsere Bewunderung und Liebe für die Herrlichkeit der Natur offenbart unseren Charakter.

Wir sind umgeben von den Wundern der Natur, und wenn wir dem inneren Aspekt unserer Existenz Raum geben, vertieft sich unsere Ehrfurcht und dankbare Wertschätzung. Die heilige Flamme des Lebens leuchtet in den sichtbaren und unsichtbaren Formen auf. In Hügel-, Berg-, Wüsten- und Küstenlandschaften finden wir weise Heiler und Lehrer. Der erwachte Christ sucht die Mysterienschule der Natur auf, die größte Schule, die wir kennen. Ihre Klassenräume liegen dort, wo wir uns gerade aufhalten, und jedes Naturreich besitzt eine Abteilung in dieser riesigen Universität.

Um sich dieser großartigen geistigen Lehrmeisterin nähern zu können, müssen wir alles Unwesentliche beiseite schieben und zu würdigen wissen, dass sich Gott in jeder Form Seiner Schöpfung offenbart. Sind wir bereit, mögen wir mit den alten Propheten sprechen: *Ich spreche zu der Erde, und sie wird mich lehren*, denn so ist es seit Anbeginn geschehen. Wir sollten uns still an den Geist der Natur wenden und ihn ehrfürchtig bitten, uns in seiner Weisheit zu belehren. Vielleicht fügen wir hinzu: *Lass deine Schätze offen vor mir liegen und meinen Geist sich ganz dir öffnen.*

Wir blicken zum Himmel empor und sehen die unzähligen Mysterien, die unser Bewusstsein läutern und erweitern. Wir schauen zur Erde und wissen, dass sie unendliche und grenzenlose Entwicklungsmöglichkeiten bietet und wir an ihren erhabenen Mysterien teilhaben. Wir sind eins mit diesen Königreichen, denn ihr Schöpfer erschuf auch uns.

Nicht alles auf der Erde wurde für den Menschen geschaffen. Wir sind nur ein Teil der Schöpfung. Vom elementarsten Leben in einem Elektron bis hin zum Meister oder Göttlichen Lehrer, wirkt das Leben in zielbewusster, wundersamer Weise und entfaltet und offenbart den Willen Gottes.

Für den Schöpfer ist der Grashalm oder der Mammutbaum ebenso wichtig wie der Mensch. Wir müssen lernen, die Dinge richtig zu bewerten und demütig und gelehrig von Gottes Schöpfung zu empfangen.

Gehen wir in die Natur hinaus, fühlen wir uns mit ihr verbunden. Niemand wird ausgeschlossen, wenn er sich ihr ehrfürchtig und anerkennend nähert. Bewässern wir unseren Garten, begeben uns auf einen Spaziergang, erholen uns auf dem Land oder in den Bergen, bietet sich uns die Gelegenheit, unser Bewusstsein für die inneren Welten zu öffnen.

Eine heilige Wesenheit verleiht der gesamten Natur Bedeutung, Schönheit und Macht. Wenn wir nach draußen gehen, bedienen wir uns unseres geistigen Feingefühls und werden plötzlich den Geist Gottes erkennen, der in der Natur wirkt und sie segnet. Unser erstes Bemühen wird es sein, uns darin zu üben, möglichst viel von dem

Göttlichen in der Natur zu entdecken. Gott mehr zu lieben als uns selbst, steigert unsere Fähigkeit, das Bewusstsein zu erheben und zu sehen. Es vertieft unsere Dankbarkeit. Vergessen wir uns selbst, werden Bedeutungslosigkeit, Niedertracht und Aggressionen weggewischt, was uns Bescheidenheit lehrt. Die in uns aufkeimende Demut führt zu einer stärkeren Einstimmung, vermehrter Energie und Heilung.

Wenn er weise beschritten wird, fördert der Weg zu Gott durch die Natur alle Fähigkeiten im Menschen. Wir müssen unsere fünf Sinne voller Wachsamkeit gebrauchen. Der schlafende sechste Sinn wird dadurch zu einer ähnlichen Bewusstheit erweckt. Der sechste Sinn ist die Intuition, unsere innere Bewusstheit. Die Einstellung eines Menschen wird durch die Äußerung der Anerkennung und seine Liebe für all das, dessen er sich in der Natur bewusst wird, angehoben und geläutert. Die Sinne sind besonders damit beschäftigt, das strahlende göttliche Leben in der Schönheit der physischen Form zu erschauen. Wir bekunden unsere Verwandtschaft mit allem Leben, selbst mit den niedrigsten Geschöpfen und Insekten. Je häufiger wir diese, das Bewusstsein erhöhenden Wahrnehmungen zu üben vermögen, um so geschulter wird der sechste Sinn werden.

Wir fragen uns: „Wie viel nehme ich hier im Herzen des Waldes mit meinen Sinnen auf?" Bestehen diese Eindrücke ausschließlich aus der anerkennenden Bestätigung der umgebenden Schönheit, die man so lange vermisste? Oder wird die Bewusstheit durch eine erweiterte Wahrnehmung des inneren Lebens, durch eine innere Bewegung, erlangt, welche von einem anderen Sinn kündet – dem sechsten Sinn? Durch die Anhebung der Wachsamkeit, der Beobachtungs- und Aufnahmefähigkeit und des Erkennens verspürt man in den Tiefen der Seele die Allgegenwart des Geistes und seinen Segen. Der Geist Gottes tritt voller Frieden in das Bewusstsein ein, während Seine ganze Schöpfung, aufgrund unserer umfassenden Erkenntnis, in ihrer Verwandtschaft für uns erschaubar zu werden scheint.

Unser sechster und siebter Sinn wird sich nicht eher entfalten, bis wir allem, was wir sehen, tiefe Liebe entgegenbringen. Wenn wir in wahrer geistiger Liebe zur Natur erwachen, werden unsere inneren Kräfte voller Freude erblühen. Wir werden Dinge sehen und spüren, die vorher verborgen waren. Manche Menschen können es nicht abwarten, Gott mit ihrem ganzen Wesen zu spüren. Aber diese Erkenntnis reicht schon aus, um an die Grenzen kosmischen

Bewusstseins zu stoßen. Die Schwelle der Erleuchtung zu berühren, erfüllt bereits mit großer Freude.

Wenn wir Gott finden und erwachen wollen, sollten wir uns regelmäßig an jene heiligen Orte in der Natur zurückziehen, die unser Herz erheben, unser Bewusstsein läutern und wo wir Gott bitten, uns zu belehren. Unsere Liebe, unser Schutz und unser Respekt kommen der Natur zugute. Doch die Segnungen, die sie uns zuteil werden lässt, sind unvergleichlich höher.

Die Natur lehrt uns, dass wir mehr über Gott erfahren können, wenn wir Ihn durch Seine Werke betrachten. Sie verspricht, uns in die Wunder des Lebens einzuweihen, wenn wir das Leben um uns herum anerkennen – nachdem unsere Bewunderung für den Allerhöchsten die sichtbaren und unsichtbaren Seinsbereiche mit einschließt. *Schaue dich um und lerne aus allem, was du siehst. Das Gute, das du siehst, kannst du werden. Dein Gedanke kann kristallklar sein. Dein Charakter kann stark wie jener Baum werden. Das Licht des Tages und der Friede der Nacht können auch aus deinem Herzen strahlen. Segne alles, was du schaust, und sei bereit, meine Botschaft zu erkennen.*

Vorbereitung auf einen Ausflug in die Natur

Sobald wir wissen, dass ein Ausflug in die Natur geplant ist, sollten wir sofort beginnen, uns vorzubereiten. Mit Geist und Verstand müssen wir bereit sein, wenn wir wünschen, dass unsere Wanderung ein vielversprechendes Ergebnis hervorbringt. Unser physischer Körper muss für die Zeit tiefer Gemeinschaft mit dem Göttlichen in der Natur kräftig und ausgeruht sein.

Ehe wir uns auf den Weg machen, sollten wir uns den Zweck unseres Aufenthaltes vor Augen führen. Die Natur dient uns nicht nur als Feriengebiet oder Erholungsort. Sie ist kein Ausflugsziel, das wir besuchen, um uns an seiner Schönheit zu weiden. Diese Gründe genügen, um nach draußen zu gehen, sind aber begrenzt. Wir wünschen uns, unserer Einstellung und unserem Respekt gegenüber den Wirklichkeiten, mit denen wir mit Hilfe unserer Intuition und unserer physischen Sinne durch die Natur in Berührung kommen, eine höhere Note zu verleihen.

Wir können uns auf diese Begegnungen vorbereiten, indem wir still und aufnahmebereit lauschen. Wir müssen alleine sein, um zu sehen, zu denken und zu fühlen, damit wir unterwiesen werden. Während wir den Horizont betrachten, kann sich plötzlich alles wandeln. Wir fühlen uns eins mit den Intelligenzen der Natur und spüren die einströmende Kraft, die wir zuvor nicht wahrgenommen haben. Erstaunen erfasst uns, doch unser Verstand bleibt forschend.

Während einer Pilgerreise oder auf dem Weg zu einem besonderen Platz in der Natur muss unsere Motivation geläutert und verfeinert werden. Treten wir in das geistige Kraftfeld einer Pilgerreise ein, befreien wir unsere Gedanken und Angewohnheiten von mentalen Spinnweben. Ziehen wir uns in die Natur zurück, werden wir für die Bewältigung der alltäglichen Anforderungen geschult und gestärkt. Wir möchten unser Bewusstsein auf einer möglichst hohen Stufe halten und unsere Aufnahmebereitschaft stärken.

Wenn wir die Natur betreten, sollten wir zwei Voraussetzungen erfüllen. Auf physischer Ebene müssen wir das *Erkennen* üben. Was erkennen wir an dem Ort, an dem wir uns gerade aufhalten? Wie stark empfinden wir die Anziehungskraft, die Frequenzen und Düfte, die vorüber wehen? Die zweite Voraussetzung ist die *Empfänglichkeit* für das einströmende Licht aus höheren Regionen. Wenn wir von der Natur lernen wollen, müssen wir bei jedem Schritt erkennen, was wir sehen, und es bewusst wahrnehmen.

Es gibt Menschen, die innerlich so kurzsichtig sind, dass sie eine Region immer wieder sehen, ohne die dort anwesenden Kräfte zu spüren. Sie empfinden keinen Respekt für das Spiel der Natur mit Licht und Schatten, die Farbintensivierung und das Wachstum der Bäume oder die Myriaden von kleinen Wesen, die sich in den Wiesen tummeln.

Der Natur-Mystiker, der den inneren Aspekt der Natur wahrnimmt, macht uns mit Gott in diesen Manifestationen bekannt und eröffnet uns neue Verständnisebenen. Die Natur lehrt uns, sich der Seele entgegenzustrecken, die rein ist.

Wir müssen uns der Natur aufmerksam, sorgfältig, rücksichtsvoll und voller Erwartung nähern, damit unsere Seele bestimmte Eindrücke aufzunehmen vermag. Es gibt Ebenen, die sich der Berührung mit unseren physischen Sinnen entziehen, die wir aber intuitiv erfassen und später tatsächlich wahrnehmen. Der Anblick eines strahlenden Naturwesens, das einen Baum oder eine Blume pflegt, lässt uns innehalten und tiefe Dankbarkeit empfinden für eine solche Schönheit und Reinheit – die dynamische Aktivität im Dienste Gottes. Welche Werte sollten wir kultivieren, die unser Erwachen für die Natur fördern? Die Anerkennung der Schönheit des Heiligen steht an erster Stelle und lehrt uns Einfachheit. Wir möchten uns unserer Bürden entledigen, damit die Natur uns stärken und segnen kann. Eine andere Qualität ist die Geduld, denn das Leben entwickelt sich langsam. Aufmerksamkeit und Empfindungsvermögen sind wesentliche Aspekte für die innere Wahrnehmung. Wir müssen die Schönheit des Augenblicks beobachten und ehrfürchtig in uns aufnehmen. Das Wahrnehmungsvermögen öffnet unsere Aura, um Belehrungen und Segnungen aufzunehmen, was die höheren Intelligenzen begrüßen. Unser Bewusstsein auf einer möglichst hohen Stufe haltend, gehen wir in die freie Natur hinaus, in der Erwartung, das Heilige zu berühren.

Erleuchtung durch die Natur

Die Schöpfung sollte uns sehr kostbar sein. Überall in den Mysterienschulen der Natur fühlen wir Kraft und Sensitivität und wissen, dass Gott von Anbeginn diese besonderen Plätze mit den flammenden Strömen eines wunderbaren Lebens geweiht hat.

Unsere Ehrfurcht vor dem Göttlichen in der Natur und unsere Aufmerksamkeit diesem gegenüber verfeinern unsere intuitiven Fähigkeiten. Wir spüren die unsichtbaren Scharen, die uns umgeben und deren Segen unsere Erfahrung bereichert. Je häufiger wir uns diese inneren Wirklichkeiten vor Augen führen, desto stärker werden die Lichtbande werden, die uns mit der wahren Welt Gottes verbinden. Angenommen wir wurden geführt, uns an einen bestimmten Baum im Sitzen anzulehnen. Nachdem wir uns bequem niedergelassen haben, mustern wir den vor uns liegenden Wald und suchen nach äußeren Gründen für den aus einem inneren Impuls heraus eingenommenen Beobachtungspunkt. Man mag einen Strom verspüren, der eine neue, belebende Kraft in sich trägt und auf den Hügel einfließt. Die Schönheit und Inspiration der vor uns liegenden Landschaft erfüllen uns mit Zufriedenheit, aber auch mit fragenden Gedanken. Die einzigartige Schönheit dieses Ortes beantwortet unsere Fragen. Die Antworten, die unser Verständnis erhellen, strömen aus Ebenen, die über unseren normalen Verstand hinausreichen. Solche Einsichten mögen uns in die Tätigkeiten der Devas in den Lichtreichen einweihen oder neue spirituelle Erkenntnisse eröffnen. Das sind die Momente, in denen sich unsere Seele zu erkennen gibt.

Die Natur bringt Erleuchtung. Überall, wo wir sind, offenbart sie uns ihre Lektionen. Sie lehrt uns Geduld, wenn wir den langsamen Evolutionsprozess der Natur beobachten und den Plan Gottes für diesen Planeten erkennen. Sind wir aufgeschlossen, hält sie nichts zurück. Wenn unsere Gedanken rein sind, fürchten sich Tiere und Vögel nicht in unserer Gegenwart. Der Wind ermahnt uns, tief einzuatmen und diesen heiligen Atem durch unseren Körper fließen zu lassen. Es scheint so, als säßen wir im Zentrum von Bewegung und Musik. Unsere Seele mag einen Chorgesang oder eine Loblied erkennen und möchte in den Gesang des Waldes mit einstimmen. *Ihr Berge, frohlocket mit Jauchzen, der Wald und alle Bäume darin.* (Jes. 44,23) Dann erhalten wir intuitiv die Anweisung, unseren Weg fortzusetzen.

Unsere Augen betrachten liebevoll die vor uns liegende Landschaft. Sie schweifen von Baum zu Baum bis zum Horizont und zum Himmel über uns. Wir erfreuen uns an den verschiedenen farbenprächtigen Formen der Natur und an den Vögeln, die wir beobachten. Ehrfürchtig lauschen wir den Windharfen, die eine Melodie auf den Bäumen spielen. Das Gesumme der Insekten und die Gesänge der Vögel sensibilisieren uns für die höhere planetarische Musik, in der die Natur mitschwingt. Wir entdecken Düfte und wohlriechende Elemente in der Atmosphäre, die wir früher nicht wahrgenommen haben. Wir berühren eine Baumrinde und fühlen ihre belebende Ausstrahlung.

Dämmerung, Regen, Mondlicht, der Wechsel der Jahreszeiten, ein mächtiger Baum, die Muster einer Schneeflocke, das Ungestüm der Winde, der Duft, den sie zu uns tragen, die Lieblichkeit einer winzigen Blume und das Erkennen ihrer wunderbaren Schönheit, alle diese Dinge erfüllen uns mit Ehrfurcht vor der Erhabenheit des Göttlichen Schöpfers.

Die Natur offenbart uns, dass alles Leben entweder Intelligenz besitzt oder von Intelligenz beeinflusst wird. Wie bescheiden der Platz auf der Evolutionsleiter auch sein mag, den eine Lebensform einnimmt, sie strebt instinktiv dem Sonnenlicht entgegen und wird sich durch die dunklen Bereiche empor erstrecken, bis das Sonnenlicht erreicht ist. Dieses instinktive Wissen ist eine Form von Intelligenz. Alle Lebewesen in der Natur werden von Intelligenzen geführt, die sich mit ihrem inneren und äußeren Wachstum, ihrer Entwicklung und Erweckung befassen. Wir sollten diese für unseren physischen Blick unsichtbaren, von Gott eingesetzten Helfer grüßen. Mit unserem Gruß und mit der Anerkennung ihrer Arbeit kommen wir diesen fleißigen Helfern näher. Einer der großen Vorzüge der Natur äußert sich in ihrer Heilkraft. Wir betreten ihre wunderbaren Tempel und Kathedralen, weil wir der Heilung bedürfen – der Heilung unseres überlasteten Verstandes, unserer besorgten Gefühle und unseres physischen Körpers. Was unsere Augen erblicken, sollten wir lieben und schätzen und uns für Belehrungen öffnen. Die Natur schenkt uns inneren Frieden und segnet alle, die in ihren Weiten Gott näherkommen wollen.

Es ist ratsam, alleine zu wandern. Wir können uns nicht auf die höheren Wesenheiten einschwingen und unsere Umgebung erfühlen, wenn uns irdische Gedanken gefangennehmen oder wir uns mit anderen unterhalten. Je größer unsere Aufnahmebereitschaft, desto mehr werden wir lernen. Stehen wir in Einklang mit unserem höheren Selbst, wird unser Wachstum angeregt, und wir gewinnen Einsichten, die uns bis zum Ende unserer Inkarnation begleiten. Blicken wir empor und werden uns der verschiedenen Intelligenzstufen bewusst, von denen wir umgeben sind und die sich dem Schöpfer vollkommen hingeben, verändert sich unser Bewusstsein. Streben wir danach, einen Hauch der Ewigkeit zu erfahren, indem wir uns auf die inneren Welten einstimmen, wird man uns von diesen Ebenen aus unterstützen.

Steigen wir einen Bergpfad empor, ist es wichtig, dass die Strömungen des Berggipfels auf unsere Aura auftreffen. Wir verweilen mehrmals auf unserem Weg und sagen uns: *Halt: Schauen und lauschen!* Nach jeweils ein paar hundert Höhenmetern trifft man auf wirkungsvollere Schwingungszustände. Wir nehmen die stärkeren Sonnenkräfte wahr, während wir den Wald und den Horizont nach neuen Wundern, Zeichen und Instruktionen absuchen. Ein Hellseher wird erkennen, dass jeder Stein lebendig ist. Ein weißlicher Nebel, der an die Form eines Thrones erinnert, scheint sich in wogenden Bewegungen aus dem Zentrum eines mittelgroßen Steines zu erheben. Ein Strauch mit glänzenden stacheligen Blättern erscheint denen, die zu schauen vermögen, wie ein brennender Busch strahlender Energie. Sträucher werden von klaren Lichtstrahlen durchzogen, die sich im Sonnenlicht regenbogenfarben entfalten. Elektrische und magnetische Wärme- und Lichtstrahlung erreicht uns vermittels der Berge aus den höheren Dimensionen. Einige Höhenstrahlen regen an, einige wirken läuternd oder heilend, während andere kräftigen oder die menschlichen Energien verfeinern. Wir können wohl kaum einen solchen Strahl durchschreiten, ohne seine belebende Wirkung zu verspüren. In der unmittelbaren Nachbarschaft der Berggipfel betreten wir den Bereich von unermesslich fortgeschrittenen Engeln der Natur – den sogenannten *Allsees* und *Allrays*. Wir werden von Luftwesen beobachtet, die die Winde und das Wetter lenken. Die am höchsten entwickelten unter diesen Engeln sind die erhabenen *Tija-Engel*, denen alle Naturreiche unterstehen.

Die Berggipfel spornen uns an, aufwärts zu streben. Fortgeschrittene Seelen, besonders Christus, sind für die Menschheit, moralisch, intellektuell und spirituell gesehen, der Gipfel des Erreichbaren. Wir suchen die Berge zur Heilung und Erleuchtung auf und kehren dann in die Niederungen und in die Städte zurück, um das Licht des Geschauten auszustrahlen.

Je erdgebundener unsere Gedanken sind, um so weniger vermögen wir von der übernatürlichen Wirklichkeit aufzunehmen. Sind wir jedoch fähig, unsere Gedanken und Bemühungen zu konzentrieren und auf eine höhere Ebenen auszurichten, werden wir überall auf unseren Wegen belebenden Ereignissen von spirituellem Wert begegnen. Vielleicht fühlen wir uns veranlasst, einen Stein vom Wegrand aufzuheben, ein Stück herabgefallene Baumrinde oder ein interessantes Holzstück, das an irgendetwas erinnert. Wir sollten allerdings nicht nach solchen Zeichen suchen. Diejenigen, die eine Mitteilung für uns enthalten, liegen auf unserem Weg, und unsere Augen werden sie im richtigen Moment entdecken.

Die Natur bietet uns die Möglichkeit, unser Bewusstsein auf die Unendlichkeit einzustimmen. Wir blicken zum Himmel empor und denken an Jupiter, der eintausenddreihundertmal so groß ist wie dieser Planet, und auf die Sonne, die eintausendmal so groß ist wie Jupiter. Unser Sonnensystem stellt nur einen winzigen Teil dieser gewaltigen Galaxie, der Milchstraße, dar, zu der unser System gehört.

Unser Sonnensystem liegt im nördlichen Teil dieses Sternensystems, obwohl wir hundertsechzig Lichtjahre vom Zentrum der Milchstraße entfernt sind. Es gibt unzählige Galaxien im Universum, einige davon größer als unser System. Es gibt Sterne, die sind so groß, dass unsere Sonne zwergenhaft daneben erscheint. Der Stern Betelgeuse ist zweitausendachthundertmal größer als unsere Sonne, während Antares zwanzigmal größer ist als Betelgeuse. Die Entfernung zu dem nächstliegenden Stern, den wir mit bloßen Augen erblicken können, beträgt fast siebenundzwanzig Billionen Kilometer, und die nächste Galaxie liegt fast zehntausend Quadrillionen entfernt. Wenn wir an solche Größenordnungen denken, erkennen wir die Unendlichkeit Gottes, die nur unsere Seele zu verstehen vermag.

Verschiedene Aspekte der Natur

Der unterschiedliche Charakter der Landschaft dient verschiedenen Aufgaben. Die Wüste schärft den Verstand. Sie schließt ein mental stark aufgeladenes Gebiet ein, das Denker, Schriftsteller und Menschen mit ausgefallenen Aufgaben anzieht. Diese Personen fühlen sich zu Wüsten hingezogen, weil sie in dieser Isolation klarer denken können. Die einzelnen Wüstengebiete werden, ihrer vorherrschenden mentalen Strahlung entsprechend, voneinander abweichen.

Die Küste mag ein kühler Platz zum Ausruhen und Entspannen sein, man sollte jedoch bedenken, dass alle Wasseransammlungen hochmagnetisch sind und eine abziehende Eigenschaft besitzen. Ein ausgedehntes Wassergebiet zieht sowohl die Auren der Menschen als auch die ätherischen Kräfte der Erde selbst an. Das Meer entzieht uns die verbrauchten Energien und führt uns neue Kräfte zu, wenn wir aufnahmebereit sind. Ein Teich oder Bach strahlt nicht einen solch starken Einfluss aus wie große Wassermengen. Lebhafte Flüsse üben einen reinigenden Einfluss auf die aus, die sie betrachten oder in ihrem Wasser baden. Ein kleiner, klarer See verleiht dem Einzelnen größere Harmonie. Seengebiete sind gewöhnlich auf Schwingungen eingestimmt, die Frieden ausstrahlen.

Flache Landstriche, wie Wiesen oder Ackerland, sind spirituell nicht so lebendig wie Haine oder Wälder. Betrachten wir Bäume mit forschendem Blick und dankbarem Herzen, ermöglichen sie es uns, ihre Botschaft zu empfangen. Wir entdecken, dass sich die einzelnen Bäume stark voneinander unterscheiden. Selbst innerhalb ihrer eigenen Gattung ist jeder einzigartig. Die Laubbäume sind jünger in der Evolutionskette als die Nadelbäume. Die Nadelbäume sind die am weitesten fortgeschrittenen Bäume. Alle duftenden Bäume sind hoch entwickelt. Der Pinienduft wirkt heilend und entspannend. Die Bristlecone Pinie ist der älteste Baum der Erde. Die Aura eines solchen Baumes gleicht einem Springbrunnen, denn er sprüht funkelndes Licht aus. Der Mammutbaum strömt Ruhe und Gelassenheit aus. Seine Strahlung wendet sich nach oben zu Gott und gleicht einer Pyramide. Ein Wald kann mit Heilungsenergien aufgeladen sein, die besonders den Ätherkörper beleben. Ein Eichenhain strömt Frieden aus und wirkt auf gestaute Bereiche ein, wenn wir ehrfürchtig innehalten und lange genug unter seinen Ästen stehen, um von der Tiefe her gereinigt zu werden.

Bäume können uns vieles lehren. Ein blühender Akazienbaum weckt in mir den tiefen Wunsch, ungestört, einen zeitlosen Moment lang, in seine strahlende Herrlichkeit zu schauen. Wenn dieser Baum blüht, habe ich das Gefühl, dass seine Strahlenkrone im Namen der ganzen Baumwelt Gott seinen Dank darbringt. Seine strahlende Schönheit erfüllt mich mit tiefer Ehrfurcht. Bäume wirken als Anziehungskräfte jener Ströme, die wir nur in ihrer Anwesenheit empfangen können. Je mehr Bäume in unserem Garten stehen, desto stärker wird diese Ausstrahlung sein und die Devas anziehen. Wenn die Menschen doch begreifen könnten, dass Bäume nicht nur der Schönheit einer Gegend dienen, sondern von strahlenden Intelligenzen umhüllt sind, die feinstoffliche Energien durch die heranwachsenden Bäume senden.

Berge strahlen die segenbringendsten Kräfte des Naturreiches ab. Sie sind Reservoire ungeheurer eisblauer Energien, die aus einer Höhe, wie beim Mt. Rainier im Staate Washington, von bis zu einhundert oder einhundertfünfzig Kilometern abstrahlen. Die Berge unterscheiden sich in ihrer Wirkung auf Menschen genauso wie Meere und große Ströme. Einige sind freundlich und andere eher zurückhaltend. Sie unterscheiden sich auch in ihrer spirituellen Zielsetzung und in der Art, in der sie dienen. Sie wirken erneuernd und stärkend und sind Orte der Prüfung. Wir suchen die Berge auf, um die Herausforderung zu fühlen und durch die Einwirkung ihrer Kräfte belebt und aufgeladen zu werden. Einige wirken ausschließlich als Zentren der energetischen

Aufladung. Andere werden benutzt, um Menschen in die inneren Mysterien des Lebens einzuweihen. Berge, auf denen spirituelle Erleuchtung am ehesten gefunden werden kann, besitzen einen etwas verbreiterten Gipfel, so dass sie von weitem an eine Festung erinnern. Zu dieser Gruppe gehören der Mt. St. Helens in Washington, der Mt. San Jacinto und der Mt. Frazier in Südkalifornien. Berggipfel, wie der Mt. Rainier und der Mt. Shasta, gehören jener Klasse an, durch die die Umgebung aufgeladen wird. Das Matterhorn ist ein Berg, der uns neue Kräfte verleiht. Diese Berggipfel regen die Menschen an, verhelfen jedoch nicht zu Unterweisungen, wie sie die „Tafel-Berge" vermitteln. Alle Berge offenbaren den positiven Pol der Schöpfung und fördern die Anbetung.

Ausgehend von Mount Everest, gibt es ein ausgedehntes Netzwerk in der Natur, das alle hohen Berge der Erde miteinander verbindet. Fortgeschrittene Intelligenzen benutzen die Berggipfel als Wachtürme, um sich gegenseitig zu verständigen. Niemand wird die Berge als selbstverständlich erachten, wenn er erst einmal die mächtigen „Hüter der Gipfel" gesehen hat. Diese Kraftplätze strahlen eine Energie aus, die uns stärker unterstützt als jene in den Niederungen. Aus diesem Grund führt Gott uns in die hohen Berg-Regionen, um die wunderbaren Wesenheiten zu erleben, die mitwirken, das Wetter zu beeinflussen, die Winde zu kontrollieren und die angestauten Energien aus der Aura der Menschheit, die sich auf der Ätherebene angesammelt haben, freizusetzen.

Intelligente Naturwesen errichten in allen Nationalparks der Welt Stützpunkte, um die Kraftströme und Inspirationen von einer großen Natur-Kathedrale zur anderen zu senden. Sie wecken in uns eine neue Liebe für die freie Natur und bewundernde Dankbarkeit für ihre Schönheit. Besuche einen Nationalpark, betrachte ihre äußere Schönheit und erspüre die inneren Wesenheiten, die diesen Ort behüten und durchdringen.

In unterschiedlichen Landstrichen findet man unterschiedliche Energien, die verschiedenen Aufgaben dienen. Südkalifornien besitzt einzigartige Qualitäten, da es in jenem Gebiet liegt, welches als „Wiege der neuen Menschheit" bezeichnet wird. Dieser Landstrich für den anstehenden Fortschritt der Menschheit erstreckt sich von San Luis Obispo bis zur Grenze von Mexiko und von der Küste bis etwa einhundertzwanzig oder einhundertfünfzig Kilometer landeinwärts.

Dieses magnetische Feld zieht unzählige Menschen mit einer Vielfalt an Glaubensformen, Interessen, Talenten und der Sehnsucht nach Gott an. Trotz der teilweisen Dürre dieses Landes schöpfen diejenigen, die diesen Teil der Welt zu schätzen wissen, mehr aus seiner aurisch violett-blauen inneren Schönheit als aus irgendeiner anderen Region, die schöner und grüner ist.

Spirituelle Zentren liegen in einsamen, geschützten Gebieten. An diesen Orten spüren wir eine andere Art von Schwingung in der Atmosphäre, und es eröffnen sich neue Bewusstseinsebenen. Bereits vor seiner äußeren Gründung durchflutet die Geistige Hierarchie einen solchen Ort mit spiritueller Kraft. Sie hat diese Zentren ausgewählt, um Frequenzen auszustrahlen, die es in anderen Regionen, die weniger den höheren Welten geweiht sind, nicht gibt.

Wir besuchen ein spirituelles Zentrum, um unser Bewusstsein zu heben. Questhaven bietet diese Möglichkeit. Inmitten der Hügel spüren wir Gott um uns und in uns. Das Gefühl des Friedens wirkt ausgleichend und beruhigend und stärkt unsere geistige Aufnahmefähigkeit. Da die dramatischen Merkmale des Gebirges fehlen, handelt es sich um eine entspannende, friedliche und besänftigende Erfahrung. Die Natur kritisiert uns nicht. Liebevoll weist sie uns darauf hin, dass wir in ihren Frieden und ihre Schönheit hineinwachsen können. Wir fühlen das ätherische Meer, das Questhaven in seinen erneuernden und aufladenden Wogen badet.

Unsere Augen schweifen über den unendlichen Himmel, und wir beobachten die wunderbaren Wesen, die das Leben auf der Erde zur Entfaltung bringen, und empfinden tiefe Demut vor dem Werk Gottes. Wir erkennen oft nicht, dass sich verschiedene Lebenslinien gleichzeitig entwickeln. Minerale, Pflanzen, Geschöpfe und Menschen entwickeln sich langsam zur Vollkommenheit, sehr langsam, aber bestimmt. Erhabene, weiter fortgeschrittene Seelen helfen der Menschheit und spornen unser Wachstum durch ihre Liebe und Unterstützung an. Wir unsererseits, die wir so reich beschenkt werden, haben die Verpflichtung, den Geschöpfen unser Mitgefühl und unser Interesse entgegenzubringen und sie zu schützen – es sollte eine enge Beziehung zu ihnen aufgebaut und zum Ausdruck gebracht werden.

Das Mineralreich vermag unsere Gedanken schwach zu empfinden. Felsen bilden das Rückgrat der Natur, gleichsam ihre Wirbelsäule. Sie erstrecken sich über und unter der Erdoberfläche. Es werden Marmor,

Radium, Kohle, Silber und Gold sowie kostbare Edelsteine gefördert. Es sind die Früchte der Mineralwelt. Wir sollten die verschiedenen Verwendungsmöglichkeiten und die Schönheit des Mineralreiches zu schätzen wissen. Wir lernen daraus, dass Gott weiterhin überall auf der Erde die Grundlagen erbaut. Auch wir müssen unser Leben auf ein starkes Fundament gründen, um wunderschöne Edelsteine von unvergänglichem Wert hervorzubringen. Vielleicht sollten wir uns einen Halbedelstein wie Jade oder Jaspis besorgen, ihn oft und liebevoll streicheln und an die Erbauer dieser Form denken, die zu der Entwicklung dieses Juwels beitrugen.

Betrachten wir das Pflanzenreich, erkennen wir, wie abhängig wir von ihm sind. Ohne dieses Königreich könnten wir auf der Erde nicht leben. Die Nahrung, die wir zu uns nehmen, und die Luft, die wir einatmen, beruhen auf seinem Pflanzenleben. Von diesem Reich können wir lernen, dass wir unser Leben vielfältig, schön und zielbewusst gestalten müssen. Bäume sind die am weitesten entwickelten und lieblichsten Freunde in diesem Königreich.

Gärten sind eine Widerspiegelung unserer ehrfürchtigen Liebe für den Geist der Schönheit in der Natur. Wenn wir sie bewässern, ahnen wir nicht, welcher Wandel sich auf der inneren Ebene vollzieht. Besonders Pflanzen und Blumen lieben den Sprühregen – von der kleinsten Blume bis zum größten Baum entlockt er einen Jubel, der uns segnet. Die Aura der Bäume leuchtet auf, und ihr Ätherkörper bringt ihre Dankbarkeit zum Ausdruck. Wenn wir uns liebevoll um unseren Garten kümmern, werden wir von den Devas gerne in ihrer Nähe gesehen. Unser Respekt vor dem Werk Gottes unterstützt ihre Arbeit.

Wir sollten eine große Liebe für die Tiere empfinden, denn sie sind unsere jüngeren Freunde. Die Wildtiere stehen noch am Anfang ihrer Entwicklung, doch wenn wir mit ihnen arbeiten, fördern wir ihre Aufnahmefähigkeit und ihren Fortschritt. Die am höchsten entwickelten Tiere sind Hunde, Katzen, Pferde, Affen und Elefanten. Es ist wichtig, innerlich für ihr Wohlergehen, ihren Schutz und ihre Entwicklung zu arbeiten. Wir wollen unseren jungen Freunden das Beste geben, dessen wir fähig sind.

Wir sollten auf die Tierstimmen in der Atmosphäre achten und dem Vogelgesang lauschen. Die Vögel gehören einem völlig anderen

Königreich an als die sonstige Tierwelt – nicht nur innerhalb ihrer physischen Spezies, sondern auch in ihrer geistigen Evolution. Vögel gehen in das Deva-Reich über. Sehen wir diese Luftgeschöpfe die Baumrinde emsig von Larven oder Schädlingen befreien, sollten wir ihnen dafür danken. Sie können uns vieles lehren. Alles Leben ist kostbar, und wir sollten auch diese Lebensform möglichst genau studieren.

Die Bibel sagt: *Gott, der Herr, ist Sonne und Schild.* (Ps 84,12) Der Stern, der die Erde erwärmt, wird von einer Wesenheit beseelt, die als Solarer Logos bekannt ist. Es ist nicht verwunderlich, dass viele Völker die Sonne verehrten. Solch ein mächtiges, strahlendes und vollendetes Wesen fordert den tiefsten Respekt des Menschen heraus. Die Sonne sendet nicht nur starke physische Strahlen aus, sondern wirkt auch auf den ätherischen, astralen, mentalen und den rein seelischen Ebenen. Wir sollten die geistigen solaren Energien täglich einladen, unser eigenes aurisches Feld zu durchfluten und um jene Sonnenströme bitten, die uns beständig kräftigen, heilen und erleuchten.

Hindernisse

Wenn wir uns mit dem äußeren Leben und seiner Routine befassen, nehmen Kleinigkeiten und unnötige Dinge unsere Aufmerksamkeit in Anspruch, und für Gott bleibt keine Zeit. In einem solchen Fall kann die Natur nicht unsere Lehrmeisterin sein, denn wir öffnen uns nicht für ihre reinigenden Kräfte, ihre Wunder und ihre Schönheit. Es muss uns so nach Wahrheit verlangen, wie der Körper nach Nahrung hungert. Dann wird uns jeder Ort, jeder Pfad, jeder Baum und jeder Sonnenuntergang zum Segen gereichen und uns in das Licht emporheben. Mit wachsendem Verlangen nach Gott werden wir erleben, dass sich durch unsere Liebe und Dankbarkeit für alle Geschöpfe die Schleier nach und nach lichten.

Die Furcht vor dem Alleinsein, vor der schweigenden Begegnung mit uns selbst und dem Gebundensein, sind die Gründe, weshalb wir uns der Natur nicht erwartungsvoll nähern. Ihre Erhabenheit birgt eine gewisse Einsamkeit, doch wir sind niemals allein. Wir werden von Intelligenzen der Natur beobachtet, die weit über uns stehen und herrlicher sind, als wir erahnen. Wir sollten uns nicht davor fürchten, uns selbst gegenüberzutreten, denn wir können nur von unserer Last befreit werden, wenn wir die innere Stärke aufbringen, unseren Angewohnheiten und Gedanken, die uns vom Licht zurückhalten, ins Antlitz zu blicken. Wir benötigen die Einsamkeit, um uns selbst zu verstehen und zu erkennen, was wir ändern und transformieren müssen. Unsere Geschäftigkeit und Bindung an andere können uns daran hindern, alleine in die Natur hinauszugehen.

Wenn unsere Aufmerksamkeit abschweift, durchbrechen wir den Rhythmus der Konzentration und Bewusstheit, in allem, was wir sehen, die Gottheit wahrzunehmen. In solchen Augenblicken sollten wir unsere Gedanken sammeln und uns intellektuell oder bildhaft auf Naturszenen im Laufe der vergangenen Jahrhunderte einstimmen. Wie entstand diese Region, oder wie sah sie in früheren Zeitaltern aus? Wir könnten uns gedanklich mit der Entwicklung von Wildblumen befassen oder uns an ihre Namen erinnern. Wir könnten uns den Segen der großen Bäume vor Augen führen und unserer Freude an ihrer Vielfalt Ausdruck verleihen. Diese Dinge halten unsere Aufmerksamkeit auf die Natur gerichtet.

Wir gleichen gedankenlosen Gästen in einem ordentlichen Haushalt, wenn wir die Natur stören. Unser Lärm, unser sorgloses oder unruhiges Gerede oder unsere Gleichgültigkeit rufen Unordnung hervor. Es ist das Zuhause der Naturgeister, um das sie sich kümmern und das sie in Ordnung halten, und wir sind ihre Gäste. Wir müssen unbedingt lernen, ihre Anwesenheit zu erspüren und mehr Rücksicht zu nehmen. Wir wollen uns das emsige innere Naturleben vorstellen und ihm erwartungsvoll begegnen.

Symbole in der Natur

Die Natur liefert uns bemerkenswerte Formen, die eindeutig auf das geistige Leben hinweisen, wenn wir sie als solche betrachten. Vieles, was in der Natur geschieht, können wir auf unsere eigenen Erfahrungen übertragen. Diese Symbolsprache bereichert unsere Beschreibungen. Wir sprechen über den leuchtenden Stern am Himmelszelt – und meinen Christus. Wir folgen unserem Stern, was bedeutet, wir folgen unseren Idealen.

Der Morgen ist voller Symbolik. Wir sprechen von der *Morgenröte der Erleuchtung.* Die Morgenbotschaft weist darauf hin, dass wir alle vierundzwanzig Stunden eine neue Inkarnation wiederholen. Der Sonnenaufgang erfüllt uns mit dem mystischen Empfinden, dass etwas Besonderes geschieht. In den inneren Welten gleicht der Tagesanbruch einem Blitz, der die inneren Ebenen der Menschen zu neuem, entschlossenem Streben anregt. Wenn nach der Nacht die Sonne noch nicht auf den Planeten scheint, werden die Devas und auch wir bereits von den Lichtstrahlen des Solaren Logos wiedererweckt.

Ein quadratischer rauer Stein betont, symbolisch gesehen, ausgeglichenere Bemühungen und ein vertrauensvolles und praktisches Streben, um geistige Prinzipien anzuwenden. Ein dreieckiger Gegenstand steht für Sehnsucht oder betonten Idealismus. Man mag Zweige finden, die einem Kreuz, einer Zahl oder einem Buchstaben ähneln. Wir könnten uns intuitiv von einem Stein oder Holzgegenstand angezogen fühlen, der einem Bluebird, einer Eule, einem Hund, einem Eichhörnchen, einer Elfe oder einem Herz gleicht, alles Figuren mit starker Symbolkraft.

Die Natur weist uns auf vieles hin, das wir bei uns selbst anwenden können. In dem abgestorbenen Holz, das der Sturm zu Boden riss, können wir Veraltetes und Überholtes sehen, das uns noch bindet und von dem wir uns befreien müssen, ansonsten wird uns das Leben dazu zwingen.

Jahreszeiten

Markante Punkte des Jahres sind Frühling, Sommer, Herbst und Winter. Esoterisch gesehen, sind diese Punkte bedeutungsvoll, da sie einen Wechsel der führenden Wesenheiten anzeigen. Erhabene Engel, die über den Erzengeln stehen, die *Archai,* tragen die Verantwortung für die Leitung der einzelnen Jahreszeiten. Die vier Jahreszeiten bringen ungeheure Kraftströme, von denen sich jeder von dem vorangegangen unterscheidet. Geistig und symbolisch gesehen, entsprechen sie dem menschlichen Leben. Der Frühling versinnbildlicht die Jugend und der Sommer die Fülle wiederauflebender Kraft. Der Herbst symbolisiert die Lebensmitte und der Winter das Alter, die goldenen Jahre, in denen keine Zeit vergeudet werden darf. Seit der Geburt Christi versinnbildlicht diese Zeit auch die Geburt des Göttlichen in der Materie.

Wenden wir uns der spirituellen Bedeutung der Jahreszeiten zu, so erkennen wir, dass der Winter sich auf die Kräfte der Ruhe und des Rückzugs stützt. In kosmischem Sinne atmet Gott ein und aus. Wenn Er einatmet, bedeutet dies Winter. Alles schläft und scheint tot zu sein. Mit dem Göttlichen Ausatmen wird alles neu belebt, und der Frühling ergrünt. Der Winter bietet die Gelegenheit, in sich zu gehen und intuitiv in den höheren Bewusstseinsaspekt einzukehren, den Gott uns allen geschenkt hat. Die Fröhlichkeit des Frühlings macht uns bewusst, dass dies die Jahreszeit der Wiederauferstehung ist. Die wiederauflebenden Kräfte, die aus der stillen Betrachtung geboren wurden, säen den Samen der Ernte.

Von November bis Mai liegt die Betonung auf innerem Wachstum und geistiger Vertiefung. In diesen sechs Monaten des Jahres liegen unsere großen spirituellen Feste und sakramentalen Riten. Wir stehen unter dem Einfluss erhabener Intelligenzen, die Christus und der Menschheit dienen und uns inspirieren und erneuern. Wir sind uns der sich von Erntedank an aufbauenden Kraft bewusst, die mit der nahenden Geburt unseres Herrn Melodie, Rhythmus, Staunen und Ehrfurcht ausstrahlt.

Der Mai bringt eine völlig andere Atmosphäre mit sich. Wir kommen unter den Einfluss von Intelligenzen, die die Natur segnen und das Leben mit stärker werdenden Kraftströmen erfüllen. Von Mai bis November liegt die Betonung auf der Schönheit des Heiligen, die uns in freudige Verzückung versetzt. Der heilige Atem Gottes überstrahlt Bäume, Wildblumen und die gesamte Natur und erneuert sie. Hinter der irdischen Üppigkeit des Mai verbirgt sich ein Mysterium, das die ganze Natur durchdringt. Es ist eine mystische Zeit, angefüllt mit Weisheit, Segen und Inspiration. Sie symbolisiert den Frühling der Seele. Aus den inneren Welten betrachtet, ergießt sich über alles ein apfelgrüner Strom und erfüllt es mit neuem Leben. Die Naturtempel erstrahlen in kristallklarem Licht.

Die umfassenden Kraftströme aus den inneren Welten, die Anfang Mai Einzug halten, setzen sich während des Sommers fort. Man sollte einen Urlaub planen, um die Natur zu erleben. Wir betrachten die Wunder der Schöpfung, blicken zum Horizont und nehmen die Einzelheiten der Landschaft in uns auf. Unsere innere Einstimmung sollte uns daran erinnern, dass wir die Wunder entdecken, wahrnehmen und uns daran erfreuen. Unsere Intuition sollte das Kräftespiel der

Landschaft des Himmels und die Höhepunkte dieser majestätischen Schöpfung erfassen. Es ist eine wunderbare Zeit, um auf den vom Mond überfluteten Pfaden zu wandern. Während des Frühlingsfestes stimmen wir uns auf die Wesenheiten der Nacht leichter ein als zu anderen Zeiten.

Der Geist der Schönheit, der in dieser Jahreszeit Einzug hält, veranlasst uns, unsere Umgebung zu verschönern, hinaus in die Natur zu gehen und die Herrlichkeit Gottes zu verkünden, denn in ihr finden wir Seine Bilder überall. Es ist nicht nötig, sie zu verzieren, sie zu korrigieren oder zu versuchen, sie zu malen. Sie sind da. Wir achten oft nicht darauf, dass Seine Kunst in unseren eigenen Gärten beginnen sollte.

Die Jahreszeiten beeinflussen den Menschen stärker, als uns oft bewusst wird. Es gibt eine äußere und eine innere Reaktion auf das Wetter. Mit der Sommerhitze stellt sich eine gewisse Mattigkeit und Trägheit ein, es sei denn, wir transzendieren das äußere Wetter und schwingen in Einklang mit dem Ewigen Geist, der über dem Klima und den Jahreszeiten steht. Sommer bedeutet eine Zeit des Wachstums. Wenn dieser Gedanke in uns nicht lebendig ist, ziehen wir den kürzeren, denn Wachstum muss sein. Es ist eine Freude, die innere Seite der Jahreszeiten zu betrachten. Völlig unerwartet brechen Farbströme aus den inneren Ebenen hervor und ergießen sich über die gesamte Landschaft. Bisweilen strömen goldene Lichtflecke herab. Manchmal erfüllen Gebilde unseren Himmel, die dem Nordlicht ähneln. Es sind alles Signale hoher Wesenheiten an die Intelligenzen der Natur, die sich über diese Nachrichten freuen.

Der geistige Grundton des Sommers sind Bewusstheit und Verwirklichung. Bewusstheit ist die vollkommene Konzentration des vertikalen Bewusstseins, um intuitiv die Art des Klimas und die Wesenheit zu erspüren, die uns gegenübertritt. Verwirklichung bedeutet, den Wert des intuitiv Erfassten zu erkennen und zu verstehen. Weitere Aspekte des Sommers sind Wachstum, Entspannung und Erholung. Man spürt die Myriaden von Intelligenzen, die den Willen Gottes bis in die äußersten Bereiche der Erde und des Kosmos ausführen. Der Blick zum Sternenhimmel während der Sommermonate weitet unseren Geist, wenn wir an die Unendlichkeit Gottes denken, und lässt uns angesichts der Grenzenlosigkeit der Himmel verstummen.

Diejenigen, die auf eine sehr hohe Ebene eingeschwungen sind, hören den Gesang der Natur im Sommer besonders stark. Alles arbeitet im Rhythmus dieses Gesanges, und jede Intelligenz fügt ihre Note oder ihre Stimme diesen herrlichen Tönen hinzu. Dieser Gesang unterscheidet sich von der Sphärenmusik, deren rhythmische Klangwellen in weiter Ferne erklingen. Der Gesang der Natur erhebt sich genau dort, wo wir sind.

Elemente

Als die Erde aufblühte und die zahlreichen Lebensformen hervorbrachte, um sich auf die Ankunft des Menschen vorzubereiten, gab sie jeder Spezies und allen Entwicklungsebenen genau das, was diese für ihre Existenz benötigen. Die frühen Alchemisten erkannten vier Hauptgruppen der Elemente. Es waren die Lebensordnungen Erde, Luft, Feuer und Wasser. Diese Elemente sind sehr komplex und umfangreich. Mehr über sie zu wissen, trägt dazu bei, sie in uns selbst zu beherrschen, denn jedes Element besitzt eine geistige Bedeutung.

Wir wissen, dass es winzige Lebensformen gibt, so winzig, dass sie auf einer Nadelspitze Platz haben. Die winzigsten Daseinsformen oder Elementale in den vier Hauptelementen werden zum Geist des Atoms. Es gibt eine Zeit, in der das, was als kleiner Punkt nuklearen Lebens im Erdreich begann, die Entwicklung eines Planetarischen Logos erreicht. Jenes Leben, das im Luftreich als Sylphe beginnt, entwickelt sich zu einem König dieses Königreiches.

Das Luftelemental verabscheut Lärm, Ruß, Rauch und Verunreinigung – alles, was diesem Königreich Schaden zugefügt hat. Die jungen Elementale sind launisch und wollen nicht, dass die Menschen ihre Atmosphäre zerstören. Bei schönem, sonnigem Wetter überwiegen die Luftwesen in unserer Nähe. In solchen Augenblicken müssen unsere Gedanken mutig, furchtlos und ehrlich sein, denn sie erwarten von uns Integrität.

Die Luft steht in Verbindung mit dem Atem und im Austausch mit der Mentalwelt. Wenn wir einatmen, sollten wir sprechen: *Ich atme Leben ein*, oder wenn wir uns nicht wohl fühlen: *Ich atme Gesundheit ein.* Der physische Atem gehört in den Zuständigkeitsbereich des Luftreiches, und wenn wir in dieser Weise sprechen, wird unsere Aura durch den Atem geerdet, um unsere Gesundheit zu verbessern.

241

Bemühen wir uns, unsere Stimme konstruktiv einzusetzen und uns negativer Äußerungen zu enthalten, werden die Luftwesen, die unablässig über die Schöpfung in dieser physischen Welt wachen, uns näherkommen und unser Bemühen und unsere Aufrichtigkeit in irgendeiner Weise belohnen.

Wenn wir die Erde und alles, was sie zu unserem Wohle hervorbringt, dankbar anerkennen, respektiert uns das Naturreich. Sobald uns Dankbarkeit erfüllt, werden wir in der Natur beobachtet, angefangen mit jener Lebensform, die man gewöhnlich als Gnom bezeichnet, und ziehen Wesen an, die bereit sind, uns zu helfen. Menschen, die Minen oder wundervolle Materialien in der Natur entdecken, die sie künstlerisch verwerten, wurden meistens ohne ihr Wissen von den Elementarwesen der Erde geführt. Die Erdgeister fordern Selbstlosigkeit, um den Menschen zu helfen.

Die Wasserwesen strahlen Ruhe aus und sind auf ihren einzelnen Entwicklungsstufen wunderschön anzuschauen. Sie reagieren auf unsere erhobenen Gefühle. Niemand, der kein reines Herz besitzt, ist im Wasser sicher. Das Wasserreich fordert die Reinheit der Gefühle.

Das reinste Element ist das Feuer. Für uns ist es das schwierigste, um damit umzugehen, weil die Feuer-Intelligenzen einer völlig anderen Ordnung entstammen. Meistens handelt es sich um solare Kräfte und Daseinsformen. Sie beginnen auf der Stufe des Salamanders, den wir im Kaminfeuer sehen, bis hin zur Sonne selbst. Die Sonne hat sich innerhalb des Feuerreiches zum Logos entwickelt. Wir sollten dem Feuer dankbar sein und uns niemals vor ihm fürchten, denn es versucht, das Leben und alles im Menschen zu läutern. Das Feuer spielt bei karmischen Prüfungen und Krankheiten eine Rolle, nicht um uns zu verletzen, sondern um uns zu entlasten und unsere geistige Wahrnehmung und Aufgeschlossenheit für das Einfache und die höheren Werte zu förden.

Jedes Element besitzt eine starke Beziehung zu unserem physischen Körper. Luft steht in Zusammenhang mit den Ohren und Feuer mit den Augen. Die Erde steht in enger Verbindung mit dem Herz-Chakra und dem Herz als Organ. Das Wasserelement ist stark auf unseren Ätherkörper und die Belebung der Lebenskraft durch eine richtige Lebensweise ausgerichtet. Die kleinen Hinweise erweitern unsere Vorstellung von diesen Königreichen. Wir sind nicht rein physischer Natur. Der größte Teil unseres Seins gehört der Ewigkeit an und wird entsprechend unseres inneren Wachstums von mächtigen Kräften und Energien genährt.

Natur-Mystiker

Alle großen Natur-Mystiker sind auf die inneren Wirklichkeiten der Natur eingestimmt. Sie sprechen von ihren Riten und Einweihungen, wie heilige Männer über die Weisheit der Bibel oder ihr Verständnis von den einzigartigen mystischen Erfahrungen reden. Sie verstehen, dass die geistige Welt die Natur durchdringt und auch wir mit einem aufrichtigen Herzen und in selbstloser Absicht die äußere Form manchmal zu durchdringen vermögen, um den lebendigen Geist zu schauen, der alles erfüllt, den Regen, das Unwetter, den Blitz, den Vogelflug, die Schönheit der Wiesen, die Sumpfgebiete und Pinienwälder. John Muir stimmte sich bewusst auf die Devas und Natur-Engel ein. Er beschrieb seine erste Erfahrung mit den inneren Wirklichkeiten der freien Natur folgendermaßen: *Ich wollte nur spazierengehen und blieb doch bis Sonnenuntergang. Denn hinauszugehen, bedeutete in Wirklichkeit hineinzugehen.* Damit meinte er, als er in der freien Natur sein geläutertes, waches Bewusstsein auf Gott richtete, betrat er die ewige Welt und erlebte die Natur in einer umfassenderen Weise. In beredten Worten brachte er seine hohe Achtung vor den Bäumen, dem Wind und den Bergen zum Ausdruck. Die Bäume und der Wind sind Freunde. Die Bäume brauchen die Anregung und Bewegung durch die heftigen Stürme, die durch den Wald brausen. John Muir spürte die Erregung und Freude des Waldes in dieser erleuchtenden Erfahrung.

Sam Campbell, ein herausragender Natur-Mystiker, vermochte in die inneren Welten zu blicken. Aufgrund seiner Weisheit und Naturliebe nannte man ihn den Philosophen des Waldes. Andere Natur-Mystiker sind Hal Borland und Sigurd Olson, die von der Schönheit der Wälder und dem Zauber der Natur sprechen.

Auch Edwin Way Teale gehört zu diesem erleuchteten Kreis. Durch die ungeheure Kraft seiner Liebe zur Natur gleicht jedes seiner Bücher einer Naturbibel. Er besitzt die Fähigkeit, den praktischen und wissenschaftlichen Aspekt mit dem esoterischen zu vereinen. Die Nächte verbrachte er im Freien, lauschte, fühlte, beobachte und schnupperte die Düfte und notierte die Eindrücke in sein Tagebuch.

Konrad Lorenz, ein Wiener Biologe, berichtete über die Gewohnheiten der Tiere und andere Naturaspekte, die er beobachtete, und erwies der Menschheit und den Tieren damit einen großen Dienst. Ralph Waldo Emerson pflegte jeden Tag in die Natur hinauszugehen. Die Verzückung über die Schönheit, die ihn umgab, hob ihn manchmal fast aus seinem Körper, so dass er kaum noch wusste, wo er war. Eines Tages betrachtete er einen blühenden Obsthain. Die erleuchtende Kraft, die in diesem Augenblick in ihm aufwallte, erhob ihn auf die erste Einweihungsstufe.

Thoreau bemerkte, wir sollten uns weniger auf den äußeren Aspekt der Erde konzentrieren, als vielmehr auf ihre inneren Geheimnisse. Die Information war für ihn nicht so wertvoll wie die unmittelbare Wahrnehmung und wachsende Erkenntnis. Die Fähigkeit, unsere physischen Augen als Kompass für die Erkundung der verschiedenen Wirklichkeiten von Himmel und Erde zu nutzen, die der nachdenklichen Betrachtung bedürfen, ist allein wesentlich.

Alle Eingeweihten der Natur ermahnen uns, die Natur immer wieder neu anzublicken, mit Augen, die in das Innere eines Gartens, den wir täglich mehrmals sehen, einzudringen vermögen und in Licht und Schatten einen Aspekt von Schönheit, Duft und Lieblichkeit wahrnehmen, den sie zuvor niemals sahen. Auf diese Weise werden wir die Geheimnisse Gottes besser zu verstehen lernen.

13.

Die Schönheit und die Künste

Man kann zu Gott auf vielen Wegen gelangen, die uns bereichern und veredeln. Es gibt den Pfad der Hingabe oder der Verehrung, den Pfad des Dienens, den Pfad der Weisheit und den Pfad der Schönheit. Schönheit ist ebenso inspiriert und von Gott erfüllt wie jeder andere heilige Pfad. Wir sollten nach Ausgeglichenheit streben und weise, praktisch und inspiriert ein Repräsentant der Schönheit sein.

Unser Jahrhundert drängt uns immer stärker zur Ganzheit. Daran ermahnen uns Medizin, Psychologie, Religion und die Künste. Wir sollten uns diese Botschaft zu Herzen nehmen, unsere Einseitigkeit zu überwinden versuchen und in allem das Gute sehen. Wenn uns die äußere Welt mit ihren Arbeiten und Pflichten zu stark gefangennimmt, streben wir auf unserem geistigen Pfad nicht nach Erleuchtung, nach einem ganzheitlichen Verständnis für die Künste und die Natur – und wir wissen sie nicht zu schätzen.

Wir benötigen Schönheit ebenso wie Gesundheit und Güte, denn Schönheit bedeutet für den Geist, was Brot für den Körper heißt. Da sich der Bedarf an Schönheit nicht immer so stark bemerkbar macht wie andere Bedürfnisse, vernachlässigen wir sie oft. Unser Charakter wird kraftlos und wankelmütig, wenn Schönheit und Harmonie zu lange in unserem Leben fehlen. Dichtkunst, Musik, Tanz und Malerei bereichern unsere Persönlichkeit. Unser Verständnis und unsere Wertschätzung verleiht der Kunst einen lebendigen persönlichen Wert. Die Schönheit wird mit der Zeit immer stärker ein Teil von uns selbst werden, und wir erblicken sie sogar in den einfachsten Objekten.

Der Geist der Schönheit ist freigebig, und wenn wir sensitiv und bereit sind, werden wir erkennen, welchen Reichtum er unserem inneren Leben schenkt. Es bedarf dafür der Läuterung unserer Sinne, und wir müssen unser Herz und unsere Gedanken erheben. Der unsichtbare Aspekt der Schönheit überwiegt den sichtbaren.

Die unterschiedlichen Ausdrucksformen der Schönheit gleichen unsere Natur aus und vervollständigen sie. Klang, Farbe, Form, unsere Gefühle und unsere Gedanken bergen Schönheit. Ihre höchste Form liegt in der Schönheit des Heiligen, die wir in Gott und in der Natur finden. Der Immanente Gott spricht von den Berggipfeln zu uns, erfüllt die Täler, färbt die Blumen, klingt aus dem Vogelgesang, den wir hören, und erinnert an Gott in Seiner Schöpfung. Es gibt die heilige Schönheit, die durch einen Gottesdienst weht und sich im Chorgesang ausdrückt und in der Kunst einer schönen Lebensweise, in der wir Gott sichtbarer machen. Wir spüren die Schönheit des Heiligen im Wesen einer großen Seele, denn sie berührt den Saum des Göttlichen.

Wenn eine Seele Gott von der höchsten ihr erreichbaren Stufe anbetet und wir uns bemühen, das ganze Leben auf eine höhere Stufe zu erheben, werden wir konstruktive Schönheit finden, eine Schönheit, die uns stärkt und verfeinert, wie gute Manieren und Liebenswürdigkeit. Das Alltägliche drückt Schönheit aus, wenn wir ihm eine geistige Bedeutung verleihen. Diese Art der Schönheit erhebt uns, und wir fühlen eine stärkere innere Harmonie und Freude. Gott ist lebendiger in uns, wenn wir Ihn in der Schönheit erblicken.

Neben der heiligen Schönheit, die aus einem erhabenen Charakter hervorleuchtet, und der Schönheit göttlicher Offenbarung in der Natur stehen die verschiedenen Ausdrucksformen der Kunst. Dieser Schönheitssinn der schöpferischen Künste bereichert die Menschheit. Die inspirierte Kunst lässt uns erahnen, was über die Erde hinausgeht. Die klassische Ästhetik der schönen Künste bereichert uns, und man darf sich glücklich schätzen, in ihnen talentiert zu sein. Besitzen wir selbst nicht die Fähigkeit zu malen, zu singen, zu komponieren oder architektonisch kreativ zu sein zu sein, sollten wir es kenntnisreich zu schätzen wissen.

Wer die Schönheit in der Kunst und in der Natur erkennt, sollte etwas von dem Geist der Schönheit in sich verkörpern und sein Umfeld mit dem Zauber der Farben bereichern. Wir sollten uns zuerst um die Schönheit unseres Heims, unserer Kirche und unserer Gemeinde kümmern und sie dann in der Welt suchen. Wir müssen zu unterscheiden lernen und unseren Geschmack entwickeln, um das Schöne und Göttliche zum Ausdruck zu bringen.

Nur wenige Menschen wurden in ein spirituelles und kulturell hochstehendes Umfeld hineingeboren. Aber selbst das einfachste Zuhause kann eine Liebe zur Schönheit und besonders zu Gott zum Ausdruck bringen, die sich auf die Kinder und Freunde überträgt. Wir wollen die Schönheit des Heiligen dankbar anerkennen, um in uns selbst und in anderen die geistige Natur zu fördern und zu erwecken. Schönheitsliebe wirkt ansteckend. Wir wollen uns für die verschiedenen Wege, Richtungen und Quellen öffnen, um unseren Schönheitssinn zu schulen. Er entfaltet sich nur langsam, was ihn festigt. Man kann ihn erweitern und kultivieren, indem man die Schönheit besser zu verstehen sucht und sich dankbar für sie öffnet. Wir sollten jeden Tag nach ihr Ausschau halten, Neues entdecken und unsere Kreativität erhöhen.

In der Schönheit finden wir Symmetrie, Rhythmus, Lieblichkeit und Ekstase. Jeder von uns besitzt eine besondere Fähigkeit, die er zu entwickeln vermag und der er die Schönheit des Heiligen in der Welt hinzufügen kann. Unsere Kleidung sollte Anmut und Schönheit zum Ausdruck bringen. Ordnungsliebe und der Sinn für Farbzusammenstellungen machen aus unserem Haushalt einen Tempel geistiger Schönheit. Halten wir unseren Arbeitsplatz ordentlich und sauber und verschönern ihn farblich, übertragen wir den Geist der Harmonie, Schönheit und Güte auch auf andere. Auch wenn sie praktisch und methodisch verläuft, können wir unsere Arbeit zu einem Kunstwerk ausgestalten.

Wir sollten unsere Fähigkeit, Schönheit in irgendeiner Weise zum Ausdruck zu bringen, begrüßen und erweitern. Alle unsere Tätigkeiten können wir künstlerisch ausgestalten, indem wir uns in jedem Augenblick auf Gott ausrichten, der für Schönheit, Heiligkeit, Wahrheit und Wunder verantwortlich ist.

Kirchengebäude brachten als erste Schönheit zu den Menschen. Sie dienten dem Zweck, das Bewusstsein der Massen zu erheben. Die religiöse Kunst inspiriert und beeinflusst uns sehr stark und fördert unseren Idealismus. Die christliche Religion schenkte der Menschheit eine Fülle an Musik. Wir sollten den Religionen der Vergangenheit dankbar sein, denn durch ihr Wirken sind wir heute stärker auf die Schönheit eingestimmt.

Wir möchten Christen werden, die ehrfurchtsvoll in der Gegenwart des Göttlichen durch die Natur wandern und ergriffen den gewaltigen

Musikkompositionen lauschen. Wir können uns für die faszinierende Schönheit öffnen und ihre Kraft in uns aufnehmen. Wir wollen jede Stunde als eine neue 'Leinwand' betrachten, auf die wir unsere Eindrücke von harmonischer Bedeutung zeichnen können, denn Schönheit besitzt einen unvergänglichen Wert.

Erkenntnis, Verständnis, Wahrnehmung und Aufnahme sind die Schlüssel, mit denen wir die großen Schatzkammern öffnen. Wir müssen sie gut pflegen, damit sie niemals rosten. Wir wissen nicht, was der nächste Augenblick bringen mag. Die Schönheit wird sich uns erschließen, sobald wir für dieses große Geschenk bereit sind.

Wir sind das Werk Gottes und mit den Fähigkeiten Seines Geistes ausgestattet. Eine davon ist die Kreativität. Wenn wir den vielfältigen äußeren Lebenssituationen kreativ begegnen, wird das Leben zu einem wundervollen Abenteuer. Der schöpferische Logos, der unsere Erde gestaltete, sprach bei allem: *Es werde*. Wir müssen die in uns ruhenden kreativen Kräfte besser verwirklichen. Dieses Potenzial nutzen wir am wenigsten. Machen wir jeden Augenblick von ihm Gebrauch, werden wir inspiriert. Wenn wir jede praktische Einzelheit und jedes Problem kreativ angehen, entlocken wir ihm eine gewisse Schönheit und sind erstaunt, mit welcher Leichtigkeit es sich lösen lässt. Wir tragen die Verantwortung, als Schöpfer und Künstler die Schönheit in unserer Lebensweise zu porträtieren. Wir können alles künstlerisch gestalten – unser Leben, unser Denken, unsere Meditationen, die Art und Weise, in der wir die Mahlzeit servieren – alles kann zu einem Kunstwerk erhoben werden.

Wir verleihen unserem Bewusstsein Schönheit, wenn wir es erweitern und auf das Gute ausrichten. Wir können lernen, uns über unseren Seelenkörper, der als Kanal oder Bewusstseinsträger wirkt, auf die Quellen und auf das ewige Göttliche Reservoir einzustimmen, um eine inspirierte Idee oder Information einfließen zu lassen. Ein Musiker, der diszipliniert und in Anerkennung der Schönheit der Töne spielt, wird zum Kanal für seine höhere Fähigkeit. Je häufiger wir unsere schöpferischen Kräfte richtig und weise ausüben, desto reicher und wunderbarer werden unsere Tage sein.

Schönheit ist immer ein Gnadengeschenk, das uns überrascht. Wir sollten das Leben stets neu betrachten, um Dingen zu begegnen, die wir nicht erwartet haben und die erbauend wirken. Wenn wir der Schönheit überall und jederzeit begegnen, sei es in einer Beziehung oder während der Meditation, erkennen wir den Geist des Heiligen. Das Leben spirituell möglichst schön zu gestalten, ist ein hohes Ideal, denn es bedeutet, ein Gefäß Gottes zu sein.

Perversion der Schönheit

Es gibt perverse Menschen, die versuchen, alles Ästhetische in der Welt zu zerstören. Ihre Kunstformen sind ausgesprochen hässlich. Ihr Anblick kann sich auf unseren gesamten Organismus schockierend auswirken. Wir sollten uns niemals unwürdige Bilder, Skulpturen oder Filme anschauen. Es gibt zerstörerische Musik-Arten, die unserem physischen Körper und unseren inneren Trägern schaden. Die Perversion macht aus Schönheit Blendwerk, das ansteckend und gefährlich ist.

Einige Komponisten gehören zu jenen Gestalten, die dissonante Musik in die Welt senden. Dissonanz erschüttert den Ätherkörper und löst die Kontur des Astralkörpers auf. Diese inneren Formen, die sich durch jahrelange geistige Arbeit aufgebaut haben, werden zerfressen. Der Leerraum füllt sich mit ausgezackten und unangenehmen Musikformen, die uns schaden, wenn wir erlauben, dass diese Musik gespielt wird. Auf der dunklen Seite der Musik sind Rhythmus und Tempo wild gesteigert, was sich vor allem auf den Äther- und Astralkörper verheerend auswirkt, da sich ihre atomare Struktur verschiebt. Der primitive Takt sinnlicher Musik drückt die Astralschwingungen nieder.

Die Feinde der Kreativität sind Trägheit, Faulheit, Starrheit, Wahl des falschen Zeitpunkts, Zögern, mangelndes Vertrauen und fehlende Gottesbewusstheit. Aus früheren Erfahrungen wissen wir, was diese Übel anrichten können. Deshalb wollen wir jeden Tag einen möglichst neuen, höheren Standard leben und uns anpassen, belehrbar und flexibel sein.

Die Trennung von Schönheit und Spiritualität hat dazu geführt, dass das Theater den Tanz zu einem Element der Unterhaltung gemacht und ihm einen sinnlichen, theatralischen oder spöttischen Akzent verliehen hat. Die Rhythmen vieler weltlicher Tanzformen betonen die primitive, animalische Instinktnatur, die zerstörerisch wirkt.

Schwarze, braune und graue Farben besitzen negative Eigenschaften, die unser Bewusstsein herunterziehen, wenn wir sie fortwährend tragen. Braun macht uns selbstsüchtig, wenn wir es im Überfluss verwenden, es sei denn es handelt sich um ein Goldbraun, die Farbe des Ehrgeizes, die sinnvoll eingesetzt werden kann. Hellere Brauntöne, wie Beige, stehen für Eigennutz. Grau ist die Farbe der Depression, hellere Grautöne geben uns das Gefühl, dass unser Schicksal geplant war.

Das Engelreich verabscheut Verwirrung, Unordnung, Unsauberkeit und Hässlichkeit. Wir tragen die Verantwortung für die Ordnung und kreative Schönheit unseres Heims und die Harmonie unserer Angelegenheiten. Wenn wir die Kräfte, die sie lieben, besser leben, werden sich uns die Engel nähern.

Tanz

Die frühe Menschheit brachte ihre religiösen Gefühle durch den Tanz zum Ausdruck. Ihre wunderbaren Bewegungen glichen dem Wind, der durch die Bäume strich. Mit diesem lebendigen, ausdrucksvollen Gebet priesen und verehrten sie das Göttliche. Der Tanz begleitete jede Zeremonie, wie die Fruchtbarkeitsriten und das Aussäen und Abernten der Felder. Da die ersten Menschen keine Musikinstrumente besaßen, tanzten sie nach dem Rhythmus der Natur.

Der religiöse Einfluss weckt in der Menschheit den Impuls, das, was sie innerlich Gott gegenüber empfindet, in irgendeiner Form zum Ausdruck zu bringen. Der Tänzer oder Musiker vergisst sich selbst, und die innere Schönheit schwingt stärker als das technische Können. Das größte Geschenk der Kunst an die Menschen besteht in der geistigen Kraft, die durch die Kunstform die Atmosphäre segnet.

Der Tanz besitzt nur dann religiöse Bedeutung, wenn er spirituelle Gefühle zum Ausdruck bringt. Je stärker uns die Einheit von Körper und Geist bewusst wird, desto mehr wird der Tanz seine Stellung als aktive Lebensfunktion wiedererlangen. Er reflektiert die Bewegung Gottes in uns. Wir sollten auf die Anmut unseres Körpers achten. In Questhaven bringen wir viele dieser Kunstformen zum Einsatz, insbesondere den heiligen Tanz, den Pythagoras ins Leben rief. Er war die Inspiration für diese Ausdrucksform, an die ich mich aus der pythagoräischen Schule in Griechenland erinnerte.

Ein anmutiger Körper bietet einen wunderbaren Anblick. Nicht jeder besitzt körperliche Schönheit, aber wir alle können den Charme der Anmut kultivieren. Der Tanzunterricht dient einer guten Haltung, einem ausgewogenen Körperrhythmus und fördert die Anmut der Bewegungen.

Aus dem Tanz entwickelte sich die verbale Ausdrucksform und führte zur dramatischen Darstellungskunst, dem heiligen Schauspiel. Die antiken Dramen bestanden aus Chorgesängen, Tanz und Handlung. Das Drama, das die Welt beherrscht, ist die Begegnung zwischen Gott und dem Menschen. Die archetypischen Gedankenformen, die das Drama schufen, wirken sehr stark auf den Zuschauer ein.

Der Tänzer Nijinsky war ein Eingeweihter aus dem Deva-Reich und trug wundervolle Bewegungen in Ballettform vor. Der interpretative Tanz durchbrach die Kristallisation des Balletts und erlaubte eine größere Freiheit der Bewegungen und die spontane Hingabe des Tänzers an die Musik.

Gemälde und Skulpturen

Jede erbauliche Kunst trägt sakramentalen Charakter. Das bedeutet, einem Medium, wie Farbe oder einem Stück Marmor, wird eine Form verliehen, die nicht von dieser Welt ist. Je feiner der Künstler, desto klarer erkennen wir in seinem Bild oder in seiner Skulptur die Impressionen aus den höheren Dimensionen. Betrachten wir ein Gemälde, möchten wir uns auf die Urform des Bildes einstimmen. Wenn jemand der Bildhauerkunst einen neuen und starken Aspekt hinzugefügt hat, hat er in der Tat als ein wunderbarer Kanal gewirkt. Beim Anblick eines Kunstwerkes sollten wir uns fragen, welche Botschaft diese Arbeit übermitteln will. Wir nehmen sie intuitiv auf und erfreuen uns an diesem Quell der Inspiration.

Was die schönen Künste betrifft, besitzt Italien den größten Reichtum an Gemälden und Skulpturen. Florenz ist eine der inspirierendsten Städte von unvergesslicher Schönheit. Die Statue des David von Michelangelo strahlt maskuline Stärke aus, und man ist von Ehrfurcht ergriffen. Die Pieta in Rom, ein wundervolles Meisterstück von Harmonie und Zärtlichkeit, wurde zur geistigen Erbauung erschaffen. Ihre Aura durchstrahlt das Gebäude mit einem weißem Licht. Es gibt wunderschöne Fontänen, deren Wasser über verschiedene

Plastiken strömen und eine zauberhafte Schönheit hervorbringen. Der Aspekt der Schönheit im Vatikan ist einmalig, besonders in der Sixtinischen Kapelle.

In den Gallerien und Kunstpalästen sollte man die Gemälde still und entspannt studieren und sich an den Farben und der Art, wie sie erschaffen wurden, erfreuen und, wenn man die Fähigkeit besitzt, an dem Aspekt der vierten Dimension dieser lebendigen Form. Die Betrachtung eines großartigen Gemäldes gleicht dem Öffnen eines Buches. Neben dem zweidimensionalen Aspekt eines Bildes, das sichtbar an der Wand hängt, strömt etwas von der wahren Landschaft oder Szene in den Raum. Man erkennt die vierte Dimension in den Farbwellen, die wie Weihrauch in die Atmosphäre aufsteigen. Der Archetyp, den der Maler einfing, als er die Inspiration für sein Gemälde aufnahm, ist höchst lebendig – alle Bewegungen, andächtigen Gefühle, der Farbjubel, der Duft und die Klangsymphonie, alles ist zugegen. Es zerfällt nicht mit den Jahren. Im Gegenteil, je mehr das Bild bewundert wird, desto stärker wächst der archetypische Einfluss. Wir sollten unser Lieblingskunstwerk einmal im Jahr oder zumindest alle zehn Jahre aufsuchen und unsere Aura in seinem belebenden Licht baden.

Unserer Bewunderung für die Kunst können wir Ausdruck verleihen, indem wir die Wohnung mit einem Gemälde schmücken. Es muss nicht wertvoll sein, sollte aber etwas bedeuten. Solche Bilder strahlen ihren Einfluss im Raum und im ganzen Haus aus. Gemälde strömen Musik und Farben, die jenseits der Bildfarben liegen, aus, die den Emotionen des höheren Selbst ihres Schöpfers entspringen.

Mein Mann malte recht gut. Um mehr Zeit mit ihm verbringen zu können, begann ich, auch mit Ölfarben zu arbeiten. Meine Bemühungen waren nicht sehr erfolgreich. Aber die Erfahrung lohnte sich, denn ich fand heraus, dass das Malen uns von uns selbst befreit. Wenn wir lesen, sind wir noch Leser. Wenn wir einen Artikel schreiben, sind wir noch Schreiber. Wenn wir malen, hält unser inneres Ideal oder unser höheres Selbst seinen Archetyp in der Nähe unseres bewussten Geistes, und dann erfassen uns die Feuer der Inspiration. Menschen, die sich in diesem Medium ausdrücken, befreien sich. Geisteskrankheiten, Ichbezogenheit, Besitzgier, Eifersucht und neurotische Leiden wurden auf diese Weise geheilt. Alle diese Negativitäten verschwinden in dem heilenden Feuer schöpferischen Wirkens.

Es gibt mystische Kunstwerke, deren Ausdruckskraft uns dem

Göttlichen nahebringt. Wir werden uns der Tatsache bewusst, dass das Leben in den inneren Welten seiner Erscheinungsform auf der physischen Ebene nicht entspricht, denn unser inneres Selbst nimmt Schönheiten, Kraftströme und Bedeutungen auf, die verlorengehen, wenn wir von einer oberflächlicheren Ebene aus denken.

Musik

Wir wurden als Instrumente Gottes geboren, denn unsere Stimme ist ein Instrument. Wir sollten es in die Obhut des erhabenen Schöpfers legen, damit Er uns lehrt, besser zu singen, zu sprechen und seinen Geist der Schönheit sichtbar zum Ausdruck zu bringen. Die keltischen Barden waren Eingeweihte. Sie sangen von den wachsenden Gräsern, den Bäumen und mächtigen Wolken, die den Globus einhüllen. Die Zuhörer hielten ihre Gesänge für Dichtkunst, aber unter den Eingeweihten sprach man von Sphärenmusik. Die Gräser besitzen ihren eigenen Ton, ebenso die Wolkenbewegungen und so fort, bis dieser Planet eins wird im Klang mit dem Sonnensystem, der Galaxie und dem Kosmos. Das meinten die großen Eingeweihten mit „Sphärenmusik". Daran sollten wir denken, wenn wir singen.

Die Kunst des Gesangs, besonders der Gregorianischen Gesänge, Choräle und Oratorien, der Spirituals und großen Hymnen, wirkt aufgrund ihres Rhythmus erhebend. Worte besitzen eine starke, nachdrückliche Kraft, die zusammen mit der Musik eine zwingende Macht ausübt. Wenn wir jedes einzelne Wort bewusst singen, verändern sich Farbe und Gestalt unserer Aura.

Die Musiknoten übermitteln den Klang Gottes. Die Töne des Ewigen Geistes drängen durch viele Welten nach unten. Auf jeder Ebene entdecken sich entwickelnde Intelligenzen diese Noten und lassen sie, ihrer jeweiligen Interpretation entsprechend, widerhallen. Viele der besten Musikkompositionen auf unserer Ebene wurden direkt aus dem Deva- oder Engel-Reich empfangen. Diese Kadenzen zu hören, belebt nicht nur den Geist, sondern wirkt sich auch reinigend auf den Körper aus.

Erheben sich unsere Gedanken und Gefühle, erweitert sich unser Bewusstsein. Die inneren Elemente und Potenziale der Musik führen uns in höhere Dimensionen. Auf der Astralebene besitzt die Musik eine stärkere Wirkung als auf der physischen. Sie erneuert und vergeistigt den Astralkörper, weshalb wir unsere Musik sehr sorgfältig auswählen sollten. Wenn wir das, was wir hören, analysieren, arbeiten wir mit dem Mentalkörper, was uns hilft, die Technik der Instrumente und das Thema der Komposition intellektuell zu erfassen. Die Musik hebt unsere Sinne und gibt uns ein Gefühl von neuen Kräften, die aus unserer Seele oder anderen inneren Quellen emporsteigen. Sie beflügelt uns, so dass wir auf diese Kräfte besser reagieren können.

Lauschen wir mit unserem Kausalkörper, sind wir nicht länger Zuhörer, sondern nehmen an der Musik teil. Sie klingt durch uns. Erfreuen wir uns im höchsten Sinne an großartiger Musik, wird unsere Seele intuitiv die Obertöne auffangen, und wir erfassen ein wenig von der Vorstellung des Komponisten, die ihn sein Werk hervorbringen ließ. Wenn wir Teil einer solchen Musik werden, beginnen Farb- und Energieströme unsere Aura zu durchfluten.

Reagieren wir aufgrund unserer stillen Aufmerksamkeit, unseres Gesanges oder unseres Spieles auf das Beste in der Musik, stimmen wir uns momentan auf die erhabenen Obertöne ein, die das Universum lenken. Die Intelligenzen, die für die irdische Musik verantwortlich sind, fühlen unsere individuelle oder kollektive Reaktion auf die Harmonien der Welt.

Während eines Konzerts begleitet der Archetyp des Komponisten die Aufführung der Komposition, wie bei Beethovens *Neunter Symphonie*. Rachmaninows *Zweites Konzert in C-Moll*, das er als Dank für die Heilung seiner Geisteskrankheit schrieb, bringt die ganze Herrlichkeit seines aufsteigenden Bewusstseins zum Ausdruck. Das Hauptthema bildet die Heilungsmelodie, die auf der Astralebene einen heilenden blauen Kraftstrom ausstrahlt. Über diesem blauen Strom tanzen elektrische Blitze aus der Kausalwelt.

Wenn wir innerlich solcher erhabenen Musik lauschen, kann sie einen Einweihungseffekt auf uns ausüben und uns verwandeln. Sie läutert uns jedesmal erneut, und jeder Komponist besitzt seine eigene wundervolle Art, uns in den Geist der Schönheit einzuführen. Eine sehr melodische Musik verbindet uns mit den inneren Welten. Der sich wiederholende Melodiensatz oder das Thema bildet den lebendigen goldenen Samen des Einfalls, der sich im Geiste des Komponisten festsetzte, um zu keimen, als er diese Musik vorbereitete. Lausche diesem Thema, denn es birgt die Kraft der Kausalebene.

Die Musik besitzt die größte Heilkraft. Manche Orchesterinstrumente sind in der Lage, selbst Krankheitsschwingungen aufzubrechen. Nachdem ich einige schwierige Briefe beantwortet habe, lausche ich der Musik von Grieg, Sibelius oder Puccini. In kurzer Zeit hat sich die Anspannung nach der Beschäftigung mit den Problemen anderer Menschen gelöst und meine Aura von der übermäßigen Sorge befreit. Die Musik von Tschaikowsky wirkt beruhigend und entspannend und bietet uns geistige Unterhaltung, denn die wunderschönen Themen liegen in der höheren Astralwelt. Musik schenkt uns Energie, Vision, Inspiration, klärt den Geist und bringt Freude.

Die Musiker eines großen Symphonieorchesters sind von einem ungeheuren Kraftfeld umgeben. Das Kausal-Licht ist besonders stark, wenn sie die Musik, die sie spielen, inspiriert. Riesige, herrliche Archetypen erheben sich wie eine Fontäne in einer Farbenpracht, die unser Farbspektrum bei weitem übersteigt. Es ist wunderbar, in diese schimmernden Farben einzutauchen. Eine Symphonie gleicht einem farbigen Regenbogen, da jedes Instrument verschieden Farbtöne ausstrahlt. Die Komponisten ziehen gewöhnlich bestimmte Farben mit ihren Kompositionen an. Die Musik von Debussy ist immer von einem leuchtenden Grün-Türkis durchzogen. Diese wundervollen Schattierungen wogen aus seiner Musik hervor, besonders aus der Komposition *La Mer*, der man lauschen sollte, wenn man Entspannung sucht.

Gounod, der aus dem Deva-Reich kam, schrieb eine Musik von gewaltiger innerer Wirkung. Seinem *Sanktus*, auf der Höhe der Kausalebene angesiedelt, entströmen rosa Farbtöne, die mit pinkfarbenen Schattierungen verschmelzen. Das Ganze wird von einem blauroten Schleier umhüllt, in den sich Kamelien ähnelnde Blüten, die aus dem Thema hervorquellen, mischen. Die melodische Musik von Mendelssohn durchziehen türkise Farbtöne. Aus Beethovens Musik erhebt sich ein königliches, mit Safrantönen durchwobenes Purpur. Sie bricht in ungeheuren Wellen hervor, die sich über die Zuhörer und darüber hinaus ergießen, was seinem genialen Talent zuzuschreiben ist. Jedoch in seinem triumphalsten Werk, seiner *Neunten Symphonie*, erstrahlt das Thema in einem wunderschönen Christus-Blau. Auch das Thema in Cesar Francks *Panis Angelicus* leuchtet in einem herrlichen Christus-Blau, durch das ein lichtes Lavendel wogt.

Wunderschöne farbige, duftende Klangströme durchziehen die Zuhörerschaft. Je meisterhafter die Komposition, desto weiter reicht ihre Ausstrahlung. Dabei spielt es keine Rolle, ob wir einer Aufnahme oder einer Originalaufführung lauschen.

Der Engelgesang enthält sehr viel mehr Töne, als unsere Musikskala zu bieten hat. Es gibt achtundachtzig Klaviernoten. Der Lobpreis, den die Engel, besonders zur Weihnachtszeit, in die Atmosphäre tragen, umfasst das Dreifache. Wir wollen uns auf diese Ströme musikalischer Schönheit, die von den Engeln des Gesanges ihren Ursprung nehmen, einstimmen. Im dritten Band der Apokryphen, im Buch Henoch, lesen wir viel über den Gesang der Engel. Sie sind gewöhnlich diejenigen, die große Musiker, wie Tschaikowsky, Grieg und Wagner, die aus diesem inneren Deva-Reich kamen, inspirierten.

Wenn in Richard Wagners Werk *Der Schrei der Walküre* Brunhilde ihren wachrüttelnden Kampfruf ausstößt, entspricht dies dem machtvollen Ruf der erhabenen Natur-Engel. Ein Engel intoniert die harmonischen Melodiestücke, und ein zweiter wird sie in weiter Ferne beantworten. Dieser Einweihungsritus wirkt sich auf die jüngeren Wesen aus, die den gewaltigen Ruf vernehmen. In Wagners *Meistersingern* ist der „Preisgesang", esoterisch gesehen, der Ausdruck der Seele, die ein hohes Ziel erreicht hat. Diese Art der Musik stärkt und bereichert uns innerlich.

Andere Komponisten aus dem Engelreich sind Mozart, Mendelssohn, Sibelius, Debussy und Franck. Musik-Devas sehen die Schönheit der Dinge, niemals die Dissonanz. Aufbauende Musik bringt in ihrer Melodie, ihrem Tempo und ihrem Rhythmus immer Harmonie zum Ausdruck, hebt das Bewusstsein und ist tiefgründig. Sibelius' Thema in *Finlandia* drückt eher seine Sehnsucht nach den inneren Welten als seine Liebe zu Finnland aus. Ein Deva segnet die Erde. Die dieser Musik entströmenden Farben sind blaurot, weiß und grün.

Das Tongedicht von Richard Strauß, *Tod und Verklärung*, erinnert an das Geschehen während des Todes, nur dass dieses von größerer Erhabenheit ist. Strauß bringt die Musikart des Wassermann-Zeitalters zum Ausdruck, und seine Werke gleichen in ihrer Perfektion geschliffenen Edelsteinen. Wir reagieren auf den Einfluss der Musik, da sie uns erleuchtet und uns hilft, unserer Aura die Schwere zu nehmen.

Orgelmusik gleicht dem Gesang des Himmels, der niemals Worte, sondern nur Töne singt. Musik erreicht niemals ihr Ziel; sie erreicht nur das Tor. Wir müssen durch dieses Tor in die höheren Welten schreiten, zu denen sie uns führte. Musik ist das Echo des ewigen *Gloria*.

Farbe und künstlerische Gestaltung

Die Farben beeinhalten sehr viel mehr, als die Welt erahnt. Ihre strahlende Eigenschaft verblasst mit zunehmender Entfernung. Lebhafte Farben besitzen einen Wirkungskreis von ungefähr dreihundert Metern. Farben sind Kraftströme, die wir ineinanderfügen und in unserer eigenen Weise zum Ausdruck bringen können. Die dekorative Kunst ermöglicht es uns, ein Mosaik zusammenzustellen, ein Mandala oder Lebenssymbol, auch wenn uns das Talent für die Malkunst fehlt.

Wir müssen die Farben unterscheiden und ihre spirituelle und psychologische Anwendungsmöglichkeit erkennen, um sie in unserem Leben anzuwenden. Unsere Kleidung, die Wahl des Autos, die Wohnungseinrichtung und die Ausschmückung unseres Heims, bis hin zur Gartengestaltung, sollten unserer Freude an den Farben Ausdruck verleihen.

Wir müssen sorgsam auswählen, womit wir uns in unserem Umfeld umgeben. Die Küchenfarben sollten der Zubereitung der Mahlzeiten dienen. Gelbe und pfirsichfarbene Töne eignen sich für die Küche ebenso wie für das Esszimmer. Grün wäre zu neutral. Wir greifen die Farbkraft auf, die in die Mahlzeit mit einfließt. Farbiges Geschirr bereichert die Mahlzeit und macht sie zu einem Kunstwerk.

Pythagoras lehrte die Bedeutung von Farben, Tönen und Zahlen. Einige Farben besitzen Heileigenschaften – weiß, blau und grün – doch jede wird unterschiedlich angewendet. Ein mittlerer Grünton spiegelt die Farbe der Natur wider und sollte in Krankenhäusern, besonders in Operationssälen, Verwendung finden, denn die Energien der Natur strömen durch diese Farbe in den Patienten auf den Operationstisch. Blaue oder gelbe und in manchen Fällen pfirsichfarbige Krankenzimmer wirken sich heilsam auf den Kranken aus. Ein blauer Raum wirkt entspannend und umhüllt den Patienten mit dem blauen Heilstrahl. Ein pfirsichfarbiger Ton wirkt sich auf einen unter Depressionen leidenden Patienten positiv aus. Diese wunderbaren Strahlen aus pfirsich- und aprikosenfarbigen Tönen mit einem Hauch Rosa beleben ihn.

Die Pfirsich- und Goldtöne des Sonnenuntergangs sind Farben des Glücklichseins. Man sieht sie in der Aura eines Menschen, der in höherem Sinne besonders glücklich ist – es ist die Farbe des Lächelns eines Engels.

Weiß ist die Farbe der Reinheit, Einfachheit und Offenheit. Wir sollten uns auf ihre Frequenzen einstimmen, da sie in höherem Sinne wirken. Nach Pythagoras ist Gold die Farbe der Meisterschaft. Blassblau bedeutet Spiritualität, ein etwas tieferes Blau Wahrheitsliebe, Hingabe und Vertrauen. Dunklere Töne verlieren den hohen spirituellen Wert und sollten keine Verwendung an Wänden finden. Violett oder hellere Purpurtöne, wie Lavendel oder Flieder, besitzen nicht den hohen Wert des Blau, denn ihre Energie weckt nostalgische Erinnerungen an die Vergangenheit, die nur für einige Menschen von Bedeutung sein mag. Dennoch sollte man diese Farben mit Bedacht wählen.

Gelb ist die Farbe der Vernunft und des Mentalkörpers. Ihre Energien stärken unsere Denkfähigkeit. Auch Türkis eignet sich zur mentalen Anregung. Es ist die Farbe der Findigkeit und Erfindungsgabe, die den Geist ebenso belebt wie Gelb. Helle Grüntöne eignen sich besonders für die geistige Belebung. Frühlingsgrün bedeutet Mitgefühl und findet sich in der Aura eines Menschen, der sich liebevoll um eine andere Person oder ein Tier kümmert. Mittelgrüne Farbtöne sind die Farben des Wohlstands und stärken uns, um unser Ziel zu verfolgen und es zu erreichen. Orange, die wärmste Farbe, besitzt mehrere Bedeutungen, wie Mut, Durchhaltevermögen und Zielstrebigkeit. Die helleren Töne, wie Pfirsich oder Aprikose, sind besonders wirksam. Die Strahlen des wunderbaren Rot machen uns mutig und unerschrocken. Es ist die Farbe der Leidenschaft und des Gefühls.

Was die künstlerische Gestaltung betrifft, sollten wir bedenken, dass alles Schwingung und Klang besitzt und Farbe ausstrahlt, wenn es mit Liebe geschaffen wurde. Wir müssen lernen, die Farbe in unserem Heim und an unserem Körper bedeutungsvoll und harmonisch einzusetzen.

Großartige Bauwerke bringen uns Gott näher, da sie in tiefer Ehrfurcht entworfen und errichtet wurden. Architektur drückt Schönheit aus, doch die schönsten Wohnungen sind die, die sich für den Einfluss Gottes öffnen. Die Bauten von Frank Lloyd Wright strahlen die gleiche Schwingung aus wie unsere Tempel, Kirchen und Kapellen. Sein fortgeschrittenes Wahrnehmungsvermögen gestattete es ihm, diese Bauten zu gestalten.

Goethe bezeichnete die Architektur als „gefrorene Musik", und der Schriftsteller Claude Bragdon sprach von „zugefrorenen Fontänen".

Die großen christlichen Kathedralen wirken überall auf der Welt als Kraftorte, die ein Kommunikationsnetz für die Engel-Hierarchie aufbauen. In der Nähe einer solchen Kathedrale können wir die lebendige Kontaktaufnahme spüren. Die Kirchturmspitzen verweisen auf den Standort der Kirche. Im Inneren wurden sie in einer Weise gestaltet, dass sie diesen elektrischen Impuls in die Atmosphäre tragen. Die Religion unterstützte die Künste, denn in der Vergangenheit beauftragte sie viele Künstler, große Werke zu schaffen. Die auserwählten Meisterwerke wurden in ihren Machtzitadellen ausgestellt, damit jeder sie bewundern konnte.

Wir alle sind Geschöpfe der Gewohnheit, und unsere niederen Körper lieben es, sich in ausgetretenen, von uns selbst festgelegten Fahrrinnen zu bewegen, anstatt sich zu weiten und zu wachsen. Evolution bedeutet Ausdehnung. Wir müssen gegen alles Festgefahrene und Starre in uns ankämpfen. Das Neue gehört zu den aus der Kausalwelt einfließenden Kräften. Große Künstler besitzen eine gewaltige Imaginationskraft, die sie neue, konstruktive Formen gestalten lässt. Mögen wir für unsere Seele neue Wohnstätten schaffen und neue Interessensgebiete und Fähigkeiten erschließen

Literatur und Dichtkunst

Gute Literatur ist eine Kunstform, die herausfordert und erleuchtet. Sie wirkt wie eine gesunde Nahrung, die unseren Geist belebt. Gemäß der geistigen Lehrer aus den inneren Welten ist es unbedingt erforderlich, dass wir unseren Geist ausdehnen und unser Verständnis erweitern. Letzteres verlangt, dass wir unseren Lesestoff nicht einseitig wählen. Wir alle bevorzugen bestimmte Richtungen, was angesichts unserer Strahlen natürlich ist; aber im Laufe unserer Entwicklung verschmelzen die Strahlen ineinander, weshalb wir alle mit einbeziehen müssen. Da wir wissen, dass sich der Geist ausdehnen muss, betrachten wir die Lektüre bestimmter Bücher als Disziplin.

Bücher, die nicht nur unseren Intellekt ansprechen, sondern, was noch wichtiger ist, die höheren Seinsaspekte beleuchten, betrachten wir als Ideallektüre. Dieser Aspekt in uns erkennt den goldenen Kern und nimmt ihn in sein Bewusstsein auf. Unsere Fortbildung sollte sich auf die inneren Lehren und eine weise Buchauswahl stützen.

Ein gutes Buch erkennt man an seinem Stil, seiner Intelligenz und der Fähigkeit, das Thema in einer Weise zu überbringen, dass wir die Gedanken des Schriftstellers nachvollziehen können. Damit ein Werk in der heutigen Zeit diesen Ansprüchen genügt, muss es Trivialitäten vermeiden, keine Zeit verschwenden oder extrem sinnlich sein. Eine ideale Lektüre wirkt stimulierend, förderlich und visionär. Wir sollten nur das lesen, was unser Denken anhebt, nicht was unseren Geist herunterzieht. Bücher sollten Brücken sein, die in die Zukunft weisen und unser Verständnis weiten. Laurens van der Post war ein besonderer Schriftsteller, der eine klare Vision besaß. Jedes Wort, das er schrieb, ist wahr. Elisabeth Goudge steht als Beispiel für eine Schriftstellerin mit geistiger Selbstdisziplin und Hingabe, deren Bücher ihre natürliche Hellsichtigkeit offenbaren.

In der Literatur ist das Licht ebenso gegenwärtig wie in der Malerei und in der Musik. Prosa ist die Sprache des Wissens und die Poesie die Sprache der Kraft. Prosa wirkt schön, wenn Natur-Mystiker wie Edwin Way Teale, Thoreau, Emerson, Muir oder Gladys Taber auf diese Weise Bilder zu vermitteln verstehen. Die Schönheit ihrer Mentalwelt, der Welt, in der sie leben, und ihrer Seelenwelt dringen in uns ein. In ihren Schriften gibt es nichts Zerstörerisches, sie wirken nur erhebend. Alles, was unseren Sinn für Schönheit und Vollkommenheit fördert, lohnt sich.

Das Leben muss bis ins Kleinste bedeutungsvoll sein und nichts Allgemeingültiges, Grobes oder gar Vulgäres in sich tragen. Unsere Wortwahl sollte einer Perlenkette gleichen. Da Worte eine magische Wirkung besitzen, wählen wir bewusst heilige Worte. Jeder, der eine schriftstellerische Begabung besitzt, sollte seine Wortwahl bewusst treffen. Unsere Schriften müssen klare Akzente des Heiligen und Schönen setzen.

Alle unsere Fähigkeiten führen uns in eine neue Bewusstseinsdimension, wenn wir sie in der richtigen Weise nutzen. Unter einem spirituellen Künstler versteht man jemanden, der uns an eine andere Welt erinnert und unsere Aufmerksamkeit auf Hinweise dieses erhabenen Raumes, dieser Ewigkeit, lenkt, aus der Schönheit hervorgeht. Wir entdecken, dass jeder Schriftsteller, Musiker, Bildhauer oder Maler ein Prophet oder Seher ist, der uns der inneren Erkenntnis wahrer Schönheit näherbringt.

Dies trifft vor allem für die Poesie zu. Sie verwandelt die Sprache in ein Kunstwerk. In komprimierter Form gibt sie nur Hinweise, was uns anregen soll, um die inneren Welten selbst zu erkunden. Die zarte Poesie ist mystisch, und der Mystiker, der über seine innere Erfahrung schreibt, führt uns in andere Dimensionen. In den höheren Welten sprechen die Meister oft in musikalischer Weise, nicht in Reimen, sondern lyrisch. Ihre Wortwahl ist so ausgezeichnet, dass man kein einziges Wort verändern könnte, doch es ist manchmal schwierig, die Bedeutung zu verstehen. Die poetische Sprache veranlasst uns, über die tiefe Bedeutung des Gesagten nachzusinnen.

Die Poesie vermag, ebenso wie die Musik, zu heilen. Das Versmaß, die Wiederholungen und die Betonungen eines Gedichts verleihen ihm einen bestimmten Rhythmus. Seine unsichtbare Seite gleicht einer Stickerei mit wunderschönen leuchtenden Formen und einem bestimmten Muster. Während wir die einzelnen Worte langsam aussprechen, verändern diese Formen unseren Astralkörper, erfüllen ihn mit Harmonie, durchfluten ihn mit herrlichen Farben und bereichern ihn. Denken wir über die Dichtung nach, benutzen wir unseren Mentalkörper, so dass sich diese Formen in zwei Dimensionen aufhalten, in der Mental- und in der Astralwelt.

Poesie ist Musik in Worten. Ein Gedicht mit unterbrochenem Versmaß, dessen Zeilen sich nicht immer reimen, übermittelt eine stärkere Kraft als Reime. Die archetypische Poesie von Kahlil Gibran gehört zu dieser Art. Oft bergen ein oder zwei Zeilen das Geheimnis oder den Kern des gesamten Werkes. Wir sollten sie im Gedächtnis behalten, um sie bei passender Gelegenheit auszusprechen. Sie öffnen oder segnen uns. Jedes einzelne Wort ist bedeutungsvoll und wirkt sich auf uns aus.

Die Wahrheit und die Kunst sollten sich vereinen, um unsere Gemeinschaft mit Gott zu fördern. Alle Momente der Kunst sind nur das Abbild von Schönheit, Klang und Form in seinem reinsten und harmonischsten Ausdruck. Ein großer Künstler vermag aufgrund seiner Vision in das Reich der Schönheit vorzudringen und in seinem Werk die Kraft jener Welt zu übermitteln.

Wir sehnen uns nach Schönheit und bedürfen ihrer, denn sie ist ein Teil Gottes. Sie ist eine Seiner Ausdrucksformen. Wenn uns Schönheit berührt, werden wir geläutert, gesegnet, erhoben und erneuert. Wir müssen überall die Schönheit sehen, sie suchen und erkennen. Durch Christus, der uns inspiriert, werden wir bewusst inmitten der Schönheit des Geistes wandern.

FLOWER A. NEWHOUSE

lieferbare Bücher